POCHES ODILE JACOB

CW01624104

L'ESTIME DE SOI

CHRISTOPHE ANDRÉ
FRANÇOIS LELORD

L'ESTIME DE SOI

S'aimer pour mieux vivre avec les autres

Odile Jacob
poches

15, RUE SOUFFLOT, 75005 PARIS

www.odilejacob.fr

ISBN : 978-2-7381-5629-7
ISSN : 1621-0654

Depuis sa sortie en 1999, notre livre est devenu l'un des ouvrages de référence pour les personnes qui ont à travailler sur l'estime de soi. Beaucoup de lectrices et de lecteurs l'apprécient, beaucoup de professionnels le prescrivent. Quant à ses deux auteurs, ils persistent à penser qu'il peut être un outil utile de travail sur soi. Voilà pourquoi nous sommes heureux de vous en proposer cette version revue et corrigée.

Pour se réjouir d'exister et pour s'ouvrir au monde, il faut faire taire la douleur de soi. Pour être bien avec les autres, il faut être bien avec soi-même.

Pour tout cela, il faut simplement s'estimer. Nous souhaitons que cet ouvrage vous y aide.

Introduction

« Je ne m'aime pas...

« Enfant, je rêvais souvent d'être une autre personne. Je n'aimais pas ce que j'étais, ce que j'avais : j'aurais voulu avoir d'autres cheveux, d'autres parents, vivre dans un autre endroit. Il me semblait toujours que les autres enfants étaient mieux que moi : plus beaux, plus doués, plus populaires, plus aimés des professeurs.

« Je savais bien qu'il y avait pire. Quand – rarement – je me confiais à ma mère, c'est ce qu'elle tentait de me dire : tu n'es pas la plus malheureuse, ni la plus mal dotée. Mais ce n'était pas une consolation pour moi. D'ailleurs, lorsque je me sentais triste, ce qui m'arrivait souvent, je n'y croyais même plus : j'étais alors persuadée d'être la personne la plus nulle du genre humain.

« Mon adolescence a été terrible. J'étais régulièrement convaincue de ma laideur, de ma difformité physique. J'avais tous les complexes de la terre.

« Les choses se sont un peu arrangées depuis. Mais aujourd'hui encore, lorsqu'un homme tombe amoureux de moi, je pense qu'il y a erreur. Je me dis qu'il se trompe sur mon compte, qu'il est amoureux d'une image, que je suis parvenue par miracle à donner le change ; mais qu'il ne peut pas être amoureux de moi, de ce que je suis *vraiment*. Et si cet homme me plaît, une peur affreuse m'envahit aussitôt : si nous avions une liaison, il ne tarderait pas à s'apercevoir de l'imposture, à découvrir tous mes défauts. Et nul doute alors qu'il ne me juge comme je me juge. Il m'abandonnerait.

Mais moi, je ne peux même pas me quitter. Je suis prisonnière de moi-même, alors que je me déteste. Condamnée à rester seule en ma triste compagnie.

« Et je n'ai même pas mon travail pour me consoler. Au fond, c'est logique : comme je n'ai jamais cru en moi, je végète dans un métier que j'aime peu, en dessous de mes capacités, en dehors de mes intérêts.

« Je ne m'aime pas... »

La jeune femme me parle depuis maintenant une demi-heure. Malgré mon inexpérience – je viens de soutenir mon mémoire de psychiatrie –, je sens qu'il ne faut pas chercher à l'interrompre, ni à la consoler. Parfois, elle se met à pleurer. Elle s'en excuse, sèche ses larmes et reprend son récit. En l'écoutant, je passe en revue les symptômes des différentes formes de dépression dont elle pourrait souffrir. Mais ça ne marche pas... Cette femme n'est pas déprimée, au sens d'une « maladie » dépressive. Est-ce pour autant moins grave ? Je n'en suis pas du tout sûr. Son mal me paraît plus profond, plus intriqué dans son histoire, enfoui jusque dans les plus lointaines racines de son être.

Ma patiente souffrait d'un trouble que je n'appris à reconnaître que plus tard. Jolie et intelligente, elle avait, comme on dit, tout pour être heureuse. Il ne lui manquait qu'une chose : un peu d'estime de soi.

Première partie

VOUS ESTIMEZ-VOUS ? FAITES VOTRE PROPRE DIAGNOSTIC

Chapitre premier

Les trois piliers de l'estime de soi

« Tu es plein de secrets que tu appelles Moi. »
Paul VALÉRY

Faites un petit test auprès de vos proches, de vos amis, de vos collègues : parlez-leur d'estime de soi ; vous constaterez immédiatement chez eux des signes d'intérêt, comme s'il s'agissait d'une notion importante qui les touchait personnellement. Mais demandez-leur de vous en donner une définition aussi précise que possible, ils en seront pour la plupart incapables... C'est que l'estime de soi, pourtant l'une des dimensions les plus fondamentales de notre personnalité, est un phénomène discret, impalpable, complexe, dont nous n'avons pas toujours conscience.

Le concept d'estime de soi occupe une place importante dans l'imaginaire occidental, en particulier aux États-Unis, où le mot *self-esteem* fait partie du vocabulaire courant. En France, nous avons longtemps préféré parler d'amour-propre, témoignant ainsi d'une vision plus affective, voire ombrageuse, du rapport à soi. L'expression « estime de soi » se veut plus objective. Le verbe « estimer » vient en effet du latin *aestimare*, « évaluer », dont la signification est double : à la fois « déterminer la valeur de » et « avoir une opinion sur ». La meilleure synthèse que nous ayons trouvée de l'estime de soi, c'est un adolescent qui nous l'a fournie : « L'estime de soi ? Eh bien, c'est comment on se voit, et si ce qu'on voit on l'aime ou pas. »

Ce regard-jugement que l'on porte sur soi est vital à notre équilibre psychologique. Lorsqu'il est positif, il permet d'agir efficacement, de se sentir bien dans sa peau, de faire face aux difficultés de l'existence. Mais quand il est négatif, il engendre nombre de souffrances et de désagréments qui viennent perturber notre quotidien. Prendre le temps de mieux cerner son estime de soi n'est donc pas un exercice inutile : c'est même l'un des plus fructueux qui soient.

Estime de soi : les questions à se poser

Prenez quelques instants pour réfléchir aux trois séries de questions qui suivent. Les réponses que vous leur apporterez fourniront autant de bonnes indications sur l'estime que vous vous portez.

→ Qui suis-je ? Quels sont mes qualités et mes défauts ? De quoi suis-je capable ? Quels sont mes réussites et mes échecs, mes compétences et mes limites ? Quelle est ma valeur, à mes yeux, aux yeux de mes proches, aux yeux des personnes qui me connaissent ?

→ Est-ce que je me vois comme une personne qui mérite la sympathie, l'affection, l'amour des autres, ou est-ce que, au contraire, je doute souvent de mes capacités à être apprécié et aimé ? Est-ce que je conduis ma vie comme je le souhaite ? Est-ce que mes actes sont en accord avec mes désirs et mes opinions, ou est-ce que, au contraire, je souffre du fossé entre ce que je voudrais être et ce que je suis ? Suis-je en paix avec moi-même ou fréquemment insatisfait ?

→ Quand, pour la dernière fois, me suis-je senti déçu de moi-même, mécontent, triste ? Quand me suis-je senti fier de moi, satisfait, heureux ?

Avoir confiance en soi, être sûr de soi, être content de soi... Les termes et les expressions employés dans le langage courant pour désigner l'estime de soi sont légion. En fait, chacun d'eux se réfère à l'un de ses multiples aspects.

TERME	DESCRIPTION	INTÉRÊT DU CONCEPT
Avoir confiance en soi	Croire en ses capacités à agir efficacement (anticipation de l'action)	Souligne l'importance des rapports entre l'action et l'estime de soi
Être content(e), satisfait(e) de soi	Se satisfaire de ses actes (évaluation de l'action)	Sans estime de soi, même les succès ne sont pas vécus comme tels
Être sûr(e) de soi (1)	Prendre des décisions, persévérer dans ses choix	Rappelle qu'une bonne estime de soi est associée en général à une stabilité de décisions
Être sûr(e) de soi (2)	Ne pas douter de ses compétences et points forts, quel que soit le contexte	Une bonne estime de soi permet d'exprimer ce que l'on est en toutes circonstances
Amour de soi	Se considérer avec bienveillance, être satisfait(e) de soi	Rappelle la composante affective de l'estime de soi
Amour-propre	Avoir un sentiment très (trop) vif de sa dignité	L'estime de soi souffre par-dessus tout des critiques
Connaissance de soi	Pouvoir se décrire et s'analyser de manière précise	Il est important de savoir qui on est pour s'estimer
Affirmation de soi	Défendre ses points de vue et ses intérêts face aux autres	L'estime de soi nécessite parfois de défendre son territoire
Acceptation de soi	Intégrer ses qualités et ses défauts pour arriver à une image globalement bonne (ou acceptable) de soi	Avoir des défauts n'empêche pas une bonne estime de soi
Croire en soi	Supporter les traversées du désert, sans succès ou renforcements pour nourrir l'estime de soi	Parfois, l'estime de soi ne se nourrit pas de succès mais de convictions et d'une vision de soi
Avoir une haute idée de soi	Être convaincu(e) de pouvoir accéder à des objectifs élevés	Ambition et estime de soi sont souvent étroitement corrélées
Être fier (fière) de soi	Augmenter son sentiment de valeur personnelle à la suite d'un succès	L'estime de soi a besoin d'être nourrie par des réussites

Les visages quotidiens de l'estime de soi

En réalité, l'estime de soi repose sur trois « ingrédients » : la confiance en soi, la vision de soi, l'amour de soi. Un bon équilibre entre chacune de ces trois composantes est indispensable à l'obtention d'une estime de soi harmonieuse.

L'AMOUR DE SOI

C'est l'élément le plus important. S'estimer implique de s'évaluer, mais s'aimer ne souffre aucune condition : on s'aime malgré ses défauts et ses limites, malgré les échecs et les revers, simplement parce qu'une petite voix intérieure nous dit que l'on est digne d'amour et de respect. Cet amour de soi « inconditionnel » ne dépend pas de nos performances. Il explique que nous puissions résister à l'adversité et nous reconstruire après un échec. Il n'empêche ni la souffrance ni le doute en cas de difficultés, mais il protège du désespoir.

On sait aujourd'hui, et nous en reparlerons, que l'amour de soi dépend en grande partie de l'amour que notre famille nous a prodigué quand nous étions enfant et des « nourritures affectives[1] » qui nous ont été prodiguées. « Ce dont je suis le plus reconnaissant à mes parents, nous explique Xavier, un artisan de quarante-deux ans, c'est qu'ils m'ont donné la conviction que j'étais quelqu'un de bien. Même quand je les décevais – et ça a été le cas pendant mon adolescence, où j'ai complètement raté mes études et fait un certain nombre de bêtises –, eh bien, j'ai toujours senti qu'ils ne me retiraient pas leur amour, qu'ils étaient persuadés que j'arriverais à faire quelque chose de ma vie. Ça ne les empêchait pas de me passer de sacrés savons. Mais jamais ils n'ont essayé de me faire sentir que j'étais un bon à rien. »

Les carences d'estime de soi qui prennent leur source à ce niveau sont sans doute les plus difficiles à rattraper. On les retrouve dans ce que les psychiatres appellent « les troubles de la personnalité », c'est-à-dire chez des sujets dont la manière d'être avec les autres les pousse régulièrement au conflit ou à l'échec. C'est le cas, par exemple, de cette institutrice de trente et un ans, Isabelle : « Je n'ai jamais pu trouver quelqu'un avec qui faire ma vie. Dès qu'un certain degré d'intimité est atteint, je commence à me sentir menacée. Je ne sais pas de quoi j'ai peur. Pas de perdre ma liberté en tout cas, je n'en fais rien d'intéressant. Comme je ne m'aime pas, il me semble impossible que quelqu'un d'autre puisse m'aimer. Je deviens parano avec mes petits amis, j'ai l'impression que l'un reste avec moi pour le sexe, l'autre pour mon appartement parce qu'il est au chômage, un autre enfin parce qu'il ne sait pas ce qu'il veut. Mais qu'on veuille vivre avec moi parce qu'on m'aime, ça, j'ai du mal à le croire. Et surtout, ça me panique littéralement. Je ne le mérite pas et je ne serai jamais à la hauteur. Je finirai toujours par décevoir. »

S'aimer soi-même est bien le socle de l'estime de soi, son constituant le plus profond et le plus intime. Pourtant, il n'est jamais facile de discerner chez une personne, au-delà de son masque social, le degré exact de l'amour qu'elle se porte.

La vision de soi

Le regard que l'on porte sur soi, cette évaluation, fondée ou non, que l'on fait de ses qualités et de ses défauts, est le deuxième pilier de l'estime de soi. Il ne s'agit pas seulement de connaissance de soi ; l'important n'est pas la réalité des choses, mais la *conviction* que l'on a d'être porteur de qualités ou de défauts, de potentialités ou de limitations. En ce sens, c'est un phénomène où la subjectivité tient le beau rôle ; son observation est difficile, et sa compréhension, délicate. C'est pourquoi, par exemple, une personne complexée – dont l'estime de soi est souvent basse – laissera souvent perplexe un entourage qui ne perçoit pas les défauts dont elle se croit atteinte. « Visiblement, déclare cette mère à propos de sa fille aînée, nous ne la voyons pas avec les mêmes yeux qu'elle. Elle n'arrête pas de nous dire qu'elle se trouve moche. J'ai pourtant l'impression d'avoir une fille de seize ans jolie et intelligente, et c'est comme ça que nos amis la voient aussi. Lorsque nous essayons d'en discuter avec elle, c'est comme si nous ne parlions pas la même langue. »

Positive, la vision de soi est une force intérieure qui nous permet d'attendre notre heure malgré l'adversité. Ne fallut-il pas ainsi au général de Gaulle une estime de soi très robuste pour lancer, depuis Londres, l'appel du 18 juin 1940 alors que la France s'était totalement effondrée face à l'envahisseur ? La vision de son destin personnel se superposait ici avec bonheur à celle qu'il avait d'une « certaine idée de la France »... Si, au contraire, nous avons une estime de soi déficiente, une vision de soi trop limitée ou timorée nous fera perdre du temps avant que nous ne trouvions notre « voie ». C'est ce qui est arrivé à Marianne : « Quand je pense, raconte cette styliste de quarante-cinq ans, que j'ai perdu deux ou trois années à tenter de faire médecine ou pharmacie, alors que j'avais horreur de ça ! Simplement parce que mon père me l'avait conseillé fortement ! À l'époque, je savais que ça ne me plaisait pas et que les études d'art m'attiraient beaucoup plus. Mais je n'étais pas assez sûre de mes capacités à réussir dans ces métiers. J'avais peur d'y tenter ma chance. »

Ce regard que nous portons sur nous-même, nous le devons à notre environnement familial et, en particulier, aux projets que nos parents formaient pour nous. Dans certains cas, l'enfant est chargé inconsciemment par ses parents d'accomplir ce qu'ils n'ont pas pu ou pas su réaliser dans leur vie. C'est ce qu'on appelle « l'enfant chargé de mission[2] ». Une mère ayant souffert du manque d'argent incitera ses filles à ne fréquenter que des jeunes garçons de familles aisées. Un père ayant raté ses études poussera son fils à intégrer une grande école. De tels projets sont légitimes, mais à la condition que la pression sur l'enfant ne soit pas trop forte et tienne compte de ses désirs et de ses capacités propres. Faute de quoi, la tâche sera impossible pour l'enfant, qui sera victime de son incapacité à réaliser la grande vision que ses parents caressaient pour lui.

Le fait de ne pas prendre en compte les doutes et les inquiétudes d'un enfant peut ainsi engendrer chez lui, ultérieurement, une profonde vulnérabilité de l'estime de soi. Écoutons Jean-Baptiste, un étudiant de vingt et un ans : « J'ai toujours eu peur de décevoir mes parents. Mon père n'a pas fait d'études supérieures, pour des raisons que je n'ai jamais bien comprises, alors que ses frères et sœurs ont tous eu de bons diplômes. Mais, du coup, il a toujours voulu que je sois supérieur en tout. Être le premier à l'école, en sport, jouer du piano, il m'a toujours traité comme si mes capacités étaient illimitées. Pendant longtemps, ça m'a soutenu et stimulé, je me souviens d'avoir été un enfant brillant, qu'on admirait. Et sentir que cela faisait plaisir à mon père me plaisait aussi. Mais cela me rendait très anxieux, et inquiet d'échouer. Et aujourd'hui encore, je suis hanté par la crainte de décevoir mon père. À force de sentir qu'il croyait en moi, je me suis moi aussi convaincu que j'étais digne de ce qu'il y a de mieux. Je suis dans une grande école, je ne drague que les jolies filles de bonne famille, je pense que j'aurai une position sociale élevée... Mais cette vision de ce que je mérite ne m'empêche pas de beaucoup craindre l'échec : je suis hypersusceptible et, si je n'arrive pas à ce que je veux, j'en suis malade. Au fond, je suis reconnaissant à mon père de m'avoir donné cette conviction que je méritais le meilleur et que j'étais capable de l'atteindre. Mais il me manque encore une force intérieure, un calme pour résister à l'adversité. Je n'ai pas encore la certitude que je suis à la hauteur de tous ces projets qu'il a eus pour moi. Est-ce que ça me viendra avec l'âge ? »

Dans d'autres cas, une vision de soi limitée poussera le sujet à la dépendance vis-à-vis d'autrui : on peut établir des relations satisfaisantes avec les autres, mais on se limite au rôle de suiveur, on ne passe que sur des voies déjà explorées par d'autres. On a du mal à construire et à mener à bien des projets personnels. « Mes parents, raconte Pierre, cinquante ans, m'ont aimé et donné toute l'affection dont j'avais besoin. Mais ils ont dû rater quelque chose quelque part. Je n'ai jamais osé être moi-même. J'ai l'impression d'avoir passé ma vie à suivre les autres. À attendre qu'on me fasse signe et qu'on me dise : "La voie est libre, il n'y a pas de problèmes, tu peux venir." Par exemple, j'ai fait les mêmes études que mon meilleur copain de lycée. À la fac, je sortais souvent avec les filles avec qui il venait de rompre. S'il avait divorcé, j'aurais été capable d'épouser sa femme... À propos de la fac, je pense, avec le recul, que j'aurais pu faire des études d'ingénieur, si j'avais osé. Mais j'ai préféré un DUT de techniques commerciales ; non par goût, mais par peur de l'échec. Dans mon métier, c'est un peu pareil ; mes supérieurs me reprochent de manquer d'ambition, de ne pas avoir de vision à long terme, malgré mes qualités. Quand j'y pense, d'ailleurs, c'est ce qui est arrivé à mes parents : mon père a ramé toute sa vie dans un boulot inintéressant, ma mère a sacrifié une carrière d'institutrice qui lui aurait plu pour rester au foyer et s'occuper de mes frères et moi. »

La confiance en soi

Troisième composante de l'estime de soi – avec laquelle, du reste, on la confond souvent –, la confiance en soi s'applique surtout à nos actes. Être confiant, c'est penser que l'on est capable d'agir de manière adéquate dans les situations importantes. Quand cette mère dit : « Mon fils n'a pas confiance en lui », elle signifie qu'il doute de ses capacités à faire face aux demandes de son travail, à aller vers les autres pour s'en faire apprécier, etc. Contrairement à l'amour de soi et, surtout, à la vision de soi, la confiance en soi n'est pas très difficile à identifier ; il suffit pour cela de fréquenter régulièrement la personne, d'observer comment elle se comporte dans des situations nouvelles ou imprévues, lorsqu'il y a un enjeu, ou si elle est soumise à des difficultés dans la réalisation de ce qu'elle a entrepris. La confiance en soi peut donc sembler moins fondamentale que l'amour de soi ou la vision de soi, dont elle serait une conséquence. C'est en partie vrai, mais son rôle nous semble primordial dans la mesure où l'estime de soi a besoin d'actes pour se maintenir ou se développer : des petits succès au quotidien sont nécessaires à notre équilibre psychologique, tout comme la nourriture et l'oxygène le sont à notre équilibre corporel.

D'où vient la confiance en soi ? Principalement du mode d'éducation qui nous a été prodigué, en famille ou à l'école. Les échecs sont-ils présentés à un enfant comme une conséquence possible, mais non catastrophique, de ses actes ? Est-il récompensé pour avoir essayé autant que pour avoir réussi ? Comment lui apprend-on à tirer les leçons de ses difficultés, au lieu d'en conclure qu'il vaudra mieux ne pas agir ? La confiance en soi se transmet par l'exemple comme par le discours. Encourager un enfant à accepter l'échec quand on ne procède pas soi-même ainsi ne sert pas à grand-chose. Les enfants savent que les vraies convictions des adultes se jugent plus à leurs actes qu'à leurs propos...

Ne pas redouter outre mesure l'inconnu ou l'adversité témoigne d'un bon niveau de confiance en soi. « Pour recruter un candidat, explique ce chasseur de têtes, je suis plus attentif à son degré de confiance en lui qu'à ses connaissances techniques. Comment je m'y prends pour la tester ? Eh bien, en l'interrogeant sur ses points faibles, les lacunes de son CV. En cherchant à le mettre un peu en difficulté, à le déstabiliser gentiment... S'il joue le jeu, s'il assume ses limites sans se dévaloriser, et ne cherche ni à se protéger ni à contre-attaquer pour se défendre, je me dis qu'il devrait se comporter de même dans l'entreprise. Et que ses collaborateurs le sentiront comme je le sens. »

Certes, une confiance en soi insuffisante ne constitue pas un handicap insurmontable. Mais les personnes qui en souffrent sont souvent victimes d'inhibition, sensible notamment dans de petits actes quotidiens comme écrire une lettre, passer un coup de téléphone, etc. « Au fond, dit ce VRP de trente ans, je pense que je suis plutôt quelqu'un de sympa, avec des possibilités. Je vois bien ce que j'aimerais faire, en tout cas, je suis capable d'en rêver. Ça me paraît possible d'y accéder. Mais à ce jour, je n'ai toujours rien mis en œuvre pour y arriver. Je voudrais, par exemple, arrêter mon boulot de commercial et devenir enseignant. Mais il faudrait que je reprenne des études, j'ai peur de ne pas y arriver. Et parfois, je doute de mon choix : et si je n'étais pas doué pour ce métier ? J'aurais laissé la proie pour l'ombre... »

L'ÉQUILIBRE DE L'ESTIME DE SOI

Ces trois composantes de l'estime de soi entretiennent généralement des liens d'interdépendance : l'amour de soi (se respecter quoi qu'il advienne, écouter ses besoins et ses aspirations) facilite incontestablement une vision positive de soi (croire en ses capacités, se projeter dans l'avenir) qui, à son tour, influence favorablement la confiance en soi (agir sans crainte excessive de l'échec et du jugement d'autrui).

Il arrive cependant que, chez certaines personnes, ces ingrédients soient dissociés. Prenons le cas d'une vision de soi fragile : le sujet n'a que superficiellement confiance en lui ; que survienne un obstacle sérieux, ou qui s'éternise, et l'estime de soi s'effondrera. Autre cas, celui d'un manque d'amour de soi : cette fois, le sujet a réussi un parcours exceptionnel parce qu'il était soutenu par une vision très élevée de lui-même ; mais un échec sentimental fera surgir des doutes et des complexes qu'il croyait enfouis à jamais... Ce peut être enfin un défaut majeur de confiance en soi : le sujet a reçu une éducation parfaite, ses parents l'ont trop protégé, aimé, choyé pour lui éviter de souffrir ou de se confronter tôt aux réalités ; malgré toute l'affection reçue, il sera victime de doutes permanents sur sa capacité à réussir.

	Amour de soi	Vision de soi	Confiance en soi
Origines	Qualité et cohérence des « nourritures affectives » reçues par l'enfant	Attentes, projets et projections des parents sur l'enfant	Apprentissage des règles de l'action (oser, persévérer, accepter les échecs)
Bénéfices	Stabilité affective, relations épanouissantes avec les autres ; résistance aux critiques ou rejets	Ambitions et projets que l'on tente de réaliser ; résistance aux obstacles et aux contretemps	Action au quotidien facile et rapide ; résistance aux échecs
onséquences en cas de manque	Doutes sur ses capacités à être apprécié(e) par autrui, conviction de ne pas être à la hauteur, image de soi médiocre, même en cas de réussite matérielle	Manque d'audace dans ses choix existentiels, conformisme, dépendance aux avis d'autrui, peu de persévérance dans ses choix personnels	Inhibitions, hésitations, abandons, manque de persévérance

Les piliers de l'estime de soi

Une estime de soi ou des estimes de soi ?

Certains chercheurs pensent que l'estime de soi est en fait l'addition de plusieurs estimes de soi, spécifiques à différents domaines, qui peuvent fonctionner de manière relativement indépendante les unes des autres. Par exemple, on peut avoir une bonne estime de soi dans le domaine professionnel et une moins bonne en matière de vie sentimentale. Selon les circonstances et les interlocuteurs, le sentiment de valeur personnelle peut alors varier considérablement. « Dans mon boulot, explique cet ingénieur de quarante ans, je suis un expert reconnu, mais ma vie privée est un demi-échec. Alors, quand je suis dans mon milieu professionnel, je me sens bien, je sais que je suis doué et reconnu comme tel. Je n'hésite pas à donner mon avis, parfois contre celui des autres. Je sais défendre mes idées. Je me sens à l'aise pour rencontrer des personnes nouvelles, clients ou collègues. Le contact est facile, et je me sens digne d'intérêt. Mais, sorti de ce contexte, tout devient plus dur. Je le sens d'ailleurs à ma façon de marcher, de parler, de regarder. Je suis moins à l'aise. J'ai l'impression de ne plus être tout à fait la même personne. J'ai davantage besoin d'être rassuré, je prends moins d'initiatives, moins de risques. Je doute de pouvoir intéresser les femmes qui me plaisent. Lorsque je leur parle, je surveille leurs réactions, avec l'impression de détecter très vite de l'ennui chez elles. »

Chez la plupart des personnes, cependant, un succès ou un échec dans un domaine donné aura tout de même des conséquences dans les autres. Un chagrin d'amour entraînera chez le sujet éconduit ou abandonné un sentiment de perte de valeur personnelle globale. À l'inverse, une réussite dans un domaine précis donnera le plus souvent un coup de fouet à l'estime de soi. Ainsi l'écrivain italo-américain John Fante décrit-il comment un jeune garçon de dix-huit ans, d'origine modeste et peu gâté par la nature, en vient à chérir particulièrement son bras gauche – le « Bras » – qui fait de lui un excellent joueur de base-ball, remontant de cette façon une estime de soi menacée par ailleurs : « Le Bras me permettait d'aller de l'avant, ce cher bras gauche près de mon cœur [...], ce membre saint et béni dont Dieu m'avait fait cadeau ; et si le seigneur m'avait créé à partir d'un pauvre poseur de briques [il s'agit de son père], il m'avait offert un véritable trésor en accrochant cette pure merveille à ma clavicule[3]. »

En revanche, pour d'autres chercheurs, il est impossible de compartimenter l'estime de soi : difficile d'en avoir une bonne dans un domaine sans que cela ne bénéficie au domaine voisin. Inversement, une estime de soi médiocre dans un secteur altérera forcément notre niveau global de satisfaction de nous-même. L'estime de soi ne peut alors se comprendre que comme un regard global sur soi-même. Si ce regard est bienveillant et positif, il nous fera minimiser nos défauts et nous permettra de profiter de nos qualités. Écoutons Laurence, une aide-soignante de vingt-huit ans : « C'est vrai que je ne suis pas une beauté, j'aurais aimé être plus jolie, je ne vais pas essayer de faire croire le contraire. Mais je sais que je peux plaire, j'ai d'autres qualités : je suis drôle, pas trop bête, optimiste. Et je vois que les gens m'apprécient. Alors, tant pis si tout le monde ne se retourne pas sur moi dans la rue. »

À l'inverse, une estime de soi défaillante peut nous rendre trop sévère avec nous-même, malgré nos réussites, et s'avérer un obstacle important au bonheur. « J'ai l'impression d'avoir couru toute ma vie après quelque chose d'inaccessible, raconte ce médecin de quarante-huit ans. J'ai été un adolescent complexé, mais il me semblait qu'en réussissant dans mes études je prendrais confiance en moi. Une fois en médecine, j'ai voulu devenir interne, puis chef de service hospitalier. J'y suis arrivé, car j'y ai mis toute mon énergie : c'était un objectif très important pour moi, pour me convaincre de ma valeur. Mais aujourd'hui comme hier, je doute et je ne me sens pas en règle avec moi-même. J'envie souvent des confrères plus à l'aise que moi dans les réunions de médecins, ou qui me paraissent plus brillants dans leurs travaux scientifiques. Puis je me dis que cette course à la réussite m'a fait négliger mon couple et mes enfants. Ça me donne des regrets, et je doute encore plus de moi. Je n'ai peut-être pas fait les choix qui m'auraient rendu heureux. »

Comment animer une soirée entre amis sur le thème de l'estime de soi

Lors d'une réunion entre personnes qui s'apprécient (important !), demandez à chacun de s'attribuer une note d'estime de soi de 0 à 20. Notez qu'un certain nombre de convives peuvent trouver le jeu idiot ou indiscret. Respectons leur choix, car tout le monde n'est pas obligé d'apprécier les expériences de psychologie appliquée !

Relevez les notes globales. Qui s'accorde une note élevée ? Sur quels arguments ? Qui se positionne en dessous de la moyenne ? Pourquoi cela ? Certaines réponses vous surprennent ? Invitez les participants à les commenter...

En procédant de la sorte, vous obtiendrez la note d'estime de soi que chacun veut bien faire connaître aux autres. La qualité des arguments avancés pour la justifier vous donnera des indications sur le degré d'adhésion de la personne interrogée à ses propos : veut-elle surtout donner une bonne image d'elle-même en affichant confiance ou modestie (ce que les psychologues appellent un « biais de désirabilité sociale ») ou a-t-elle été sincère ?

Notez enfin qu'un certain nombre de participants vont moduler leur réponse selon les domaines : « Physiquement, 8 sur 20. Intellectuellement, 14 sur 20. » Quelles qualités mettent-ils en avant ? Et sur quels points se méjugent-ils ? Ces nuances apportées à leur autoévaluation ne rendent-elles pas leurs propos plus crédibles ?

Les nourritures de l'estime de soi

Une jeune femme nous disait récemment : « Je doute souvent de moi-même. Il y a un tas de choses dans ma vie dont je ne suis pas satisfaite et que j'aimerais changer. Mais il y a aussi des moments où je me sens *fière* de moi, même si je n'aime pas ce mot. Par exemple, quand je passe des moments de détente avec mes trois enfants et mon mari. Là, j'ai une impression de plénitude, de bien-être complet, comme il nous en arrive assez peu dans notre vie, si on y réfléchit bien. Je me sens heureuse de voir que nous formons une famille unie, de sentir qu'on s'aime. Ça, c'est très basique, très émotionnel, presque animal. Et puis il y a quelque chose de plus "pensé", c'est de la satisfaction, l'impression d'avoir *réussi* quelque chose : d'avoir des enfants sympa, même si parfois ils nous cassent les pieds, ouverts aux autres et heureux de vivre. Tout ça, j'ai l'impression que c'est quelque chose qui est dû à mes efforts, au moins en partie, qui ne m'a pas été donné, mais que j'ai construit, c'est une réussite qui n'allait pas forcément de soi : élever trois enfants en continuant de travailler, ce n'est pas si simple. »

Les nourritures de l'estime de soi

sentiment d'être aimé
\+
sentiment d'être compétent

Au travers de toutes nos activités, nous recherchons le plus souvent à satisfaire deux grands besoins, également indispensables à notre estime de soi : nous sentir aimés (appréciés, sympathiques, populaires, désirés, etc.) et nous sentir compétents (performants, doués, habiles, etc.). Dans tous les domaines, nous attendons la satisfaction conjointe de ces besoins : les hommes politiques veulent exercer le pouvoir (compétence), mais veulent aussi être populaires (amour) ; au travail, nous apprécions d'être des experts dans un domaine donné, mais nous voulons aussi être appréciés par nos collègues ; dans notre couple, nous ne recherchons pas que l'amour de notre conjoint, nous voulons aussi qu'il nous admire et nous estime. Par contre, la satisfaction de l'un sans l'autre ne comblera pas nos attentes : être aimé sans être admiré ou estimé est infantilisant, mais être estimé sans se sentir apprécié est frustrant.

Ces nourritures nécessaires à notre ego sont d'autant plus indispensables que l'estime de soi n'est pas donnée une fois pour toutes. Elle est une dimension de notre personnalité éminemment mobile : plus ou moins haute, plus ou moins stable, elle a besoin d'être régulièrement alimentée.

Chapitre II

Estime et mésestime de soi. Votre estime de soi est-elle haute ou basse ?

« Rongé de modestie. »

Jules RENARD

Quelle idée vous faites-vous de vous-même ? Comment vous comportez-vous au moment de passer à l'action ? Comment réagissez-vous aux échecs et aux succès ?

Les réponses à ces questions devraient vous permettre de savoir si vous vous estimez un peu, beaucoup... ou pas du tout *.

PARLEZ-MOI DE VOUS

L'art de ne pas se mettre en valeur

Quand vous parlez de vous, vos propos sont modérés. Vous ne vous prétendez pas courageux, sans pour autant vous décrire comme un lâche ; pas trop gourmand, quoique vous aimiez les bonnes choses ; pas fort en thème, mais pas nul non plus... Vous évitez les affirmations tranchées « j'adore », « je déteste », « je suis comme ça » – à la fois par peur du jugement social (« si je parle de mes qualités,

* Nous vous proposons, à la fin de ce chapitre, un petit questionnaire grâce auquel vous pourrez évaluer rapidement votre niveau d'estime de soi.

on va penser que je suis orgueilleux ; et si j'évoque mes défauts, on croira que je suis faible ») et par méconnaissance de vous-même (« au fond, je ne sais pas bien ce que j'aime et ce que je n'aime pas »). Il est probable que vous ne vous estimez pas beaucoup [1].

Le problème n'est pas que vous vous dévalorisez comme le ferait une personne déprimée ; il est que vous ne vous valorisez pas. Si l'on vous présente une liste d'adjectifs positifs, neutres et négatifs, vous ne choisirez pas pour vous décrire, comme les sujets à haute estime de soi, les qualificatifs positifs. Vous ne choisirez pas forcément non plus les adjectifs négatifs. Mais vous aurez tendance à choisir les neutres [2].

Confessions et autobiographies : deux manières de parler de soi

Dans l'ouvrage monumental qu'il a consacré aux créateurs [3], l'historien Daniel Boorstin compare malicieusement les *Confessions* de Jean-Jacques Rousseau et les *Mémoires* de Benjamin Franklin.

Il semble que l'estime de soi de l'Américain était assez élevée, tandis que celle du Français était plutôt basse.

Même si certains passages sont arrangés en sa faveur, Rousseau se décrit souvent sans complaisance aucune : « Qu'ils [les lecteurs] écoutent mes confessions, qu'ils gémissent de mes indignités, qu'ils rougissent de mes misères. » Franklin, au contraire, propose la saga de sa réussite : « Qui tombe amoureux de lui-même n'aura pas de rivaux », écrit-il par exemple.

Comme le remarque Boorstin, le but de Rousseau était de se confesser et *d'être* sincère, tandis que celui de Franklin était plutôt de le *paraître*, en « portant son image en bandoulière », tel un moderne spécialiste de relations publiques...

Avoir une basse estime de soi est un handicap dans toutes les circonstances où l'on est amené à parler de soi-même pour « se vendre » (entretien d'embauche) ou pour plaire (séduction amoureuse). Cécile, trente ans, conseillère juridique, en fait quotidiennement l'expérience : « Je suis déçue par les gens, j'ai l'impression qu'ils préfèrent toujours les personnes un peu hystériques et qui se mettent en scène. Par exemple, une de mes collègues de travail est très populaire chez nous, alors qu'elle est pleine de défauts. Mais elle n'hésite pas à les crier sur les toits, à dire : "Je suis mauvaise langue, j'adore ce qui est futile, etc." Et du coup, les gens l'aiment bien, parce qu'ils ne s'ennuient pas avec elle, et qu'elle les rassure et les met à l'aise en affichant ses travers en vitrine. Alors que moi, tout le monde me dit que je n'ai pas de défauts, mais j'ai l'impression d'être aussi plus terne, plus grise et ennuyeuse. »

Une image floue

Quand on leur pose des questions sur eux-mêmes, les sujets à basse estime de soi mettent plus longtemps que les autres à répondre – et parfois avec un certain embarras[4]. S'agit-il d'une attitude prudente, d'une forme de sagesse qui consisterait à ne pas prendre position de manière trop franche ? Nullement. Car si on leur demande d'évaluer d'autres personnes, ils sont alors capables d'aller plus vite et de trancher clairement – ce que font justement les sujets à haute estime de soi quand ils ont à parler d'eux-mêmes...

Lorsqu'il se décrit, le sujet à basse estime de soi n'est pas toujours très convaincant. Il lui arrive même de se contredire. L'impression qu'il laisse à son interlocuteur ne peut qu'en souffrir. Si le contexte social nécessite un jugement rapide, comme c'est de plus en plus souvent le cas dans nos sociétés, où les contacts se multiplient et s'accélèrent, le sujet à basse estime de soi, moins cohérent – quoique plus nuancé – que son homologue à haute estime de soi, risque fort d'être systématiquement défavorisé.

Comme le disait un de nos patients, « selon la personne qui est en face de moi, je me sens capable ou minable ». De manière générale, en effet, les personnes à basse estime de soi sont susceptibles de modifier leur discours en fonction de leur entourage et de leur interlocuteur. Nous verrons que leur souci d'approbation sociale prend souvent le pas sur leur besoin d'affirmer leurs points de vue personnels (dont la validité leur paraît de toute façon sujette à caution). Par exemple dire : « Non, je ne suis jamais allé à l'Opéra » alors que l'on se trouve au beau milieu d'un dîner de fans de Pavarotti, ou : « En fait, je préfère les mélos hollywoodiens » en présence d'amateurs de « cinéma d'auteur », voilà qui peut être révélateur d'une bonne estime de soi. À une condition toutefois : que ces révélations ne soient pas des affirmations brutales, destinées à se faire remarquer, mais soient faites dans un mouvement de sincérité cordiale en réponse à une question.

Un très bon exemple de ce problème propre aux sujets à basse estime de soi (ou dont l'estime de soi est rabaissée par la pression de l'environnement) est Zelig, personnage incarné à l'écran par Woody Allen : homme sans identité claire, Zelig s'identifie à tel point à ses interlocuteurs qu'il en adopte successivement toutes les manières d'être, au point de finir par leur ressembler physiquement. Anne-Claire, une enseignante de quarante ans, ne nous dit pas autre chose : « Je me suis longtemps cherchée. Par exemple, je n'avais aucune confiance dans mes goûts vestimentaires. J'avais toujours tendance à m'habiller comme les personnes que j'admirais. C'était une sorte de réflexe primitif : adopter le plumage pour tenter d'atteindre le ramage. Je faisais déjà ça quand j'étais petite : passer mon temps à imiter mes copines, dans leurs manies, leurs tics de langage, leur manière de se coiffer, pour me sentir mieux dans ma peau. »

BASSE ESTIME DE SOI	HAUTE ESTIME DE SOI
Ont le sentiment de mal se connaître	Ont des idées claires sur eux-mêmes
Parlent d'eux de façon plutôt neutre	Parlent d'eux de manière tranchée
Se décrivent de manière plus modérée, floue, incertaine, moyenne	Savent parler d'eux de façon positive
Tiennent sur eux-mêmes un discours parfois contradictoire	Tiennent sur eux-mêmes un discours plutôt cohérent
Ont un jugement sur eux-mêmes peu stable	Ont un jugement sur eux-mêmes assez stable
Leur jugement sur eux-mêmes peut dépendre des circonstances et des interlocuteurs	Leur jugement sur eux-mêmes dépend relativement peu des circonstances et des interlocuteurs
INCONVÉNIENTS Image floue et hésitante	AVANTAGES Image tranchée et stable
AVANTAGES Adaptation aux interlocuteurs, sens de la nuance	INCONVÉNIENTS Trop de certitudes et de simplifications, risque de déplaire à certains interlocuteurs

Quelle image de vous-même donnez-vous aux autres ?

Pourquoi les sujets à basse estime de soi sont-ils si prudents ?

Plusieurs hypothèses sont possibles. La première, sur laquelle nous reviendrons, est qu'ils ont une piètre connaissance d'eux-mêmes. Persuadés que les bonnes solutions ne se trouvent pas en eux, mais chez les autres, ils consacrent plus de temps à observer autrui pour se calquer sur lui qu'à se pencher sur leur propre personne et ses capacités.

Deuxième hypothèse : les sujets à basse estime de soi craignent plus que les autres le jugement social. Ils sont donc plus neutres et prudents lorsqu'ils ont à parler d'eux-mêmes. En outre, et un peu pour la même raison, ils sont plus attentifs à ne pas se tromper ou tromper les autres, ce perfectionnisme les poussant de façon excessive à cultiver la nuance et le doute.

Les manières de se présenter : attention aux variantes éducatives et culturelles

La manière de se présenter ne dépend pas seulement de l'estime de soi, mais aussi du « modèle » valorisé dans votre milieu ou votre culture nationale (même si ceux-ci tendent aujourd'hui à s'uniformiser).

Les Anglais, volontiers adeptes de l'*understatement*, ont longtemps reproché aux Américains d'être « vantards », tandis que ceux-ci trouvaient les Anglais « hypocrites ». Raconter ses succès personnels était considéré comme naturel à Los Angeles, mais vous faisait juger comme « mal élevé » à Londres.

Aujourd'hui, en revanche, quand nous nous rendons dans des congrès aux États-Unis, nous sommes souvent frappés de voir des chercheurs américains de réputation mondiale présenter leurs résultats avec humour et modestie.

En France, les modèles éducatifs varient selon les régions et les milieux. Il existe une certaine forme de « bonne éducation » où l'on est censé parler le moins possible de soi, encore moins de ses réussites, et où le fin du fin consiste à faire assaut de (fausse ?) modestie avec votre interlocuteur qui suit les mêmes règles que vous. De même, des « vantardises » qui choqueraient à Strasbourg font partie d'un jeu social que tout le monde comprend dans certains bars marseillais.

Car ce n'est pas tant la connaissance de soi qui fait la différence que les convictions sur soi : plus l'estime de soi sera élevée, plus on a le sentiment de bien se connaître, et plus ce sentiment est contagieux...

La prudence et les hésitations identitaires des sujets à basse estime de soi peuvent, dans des contextes spécifiques, s'avérer des points forts. Inversement, les certitudes affichées par quelques sujets à haute estime de soi ne seront pas adaptées à tous leurs interlocuteurs et à tous les milieux. Il est vrai, toutefois, que notre monde ne favorise pas la nuance : une basse estime de soi représentera indiscutablement un handicap pour l'atteinte de certains objectifs.

Il faut de tout pour faire un monde...

Imaginez-vous dans la peau d'un journaliste, d'un consultant dans un cabinet de recrutement, ou même d'un psychologue... Vous avez un entretien approfondi avec deux personnes. La première répond rapidement à vos questions sur elle, utilise pour se décrire des mots positifs, prend position de façon tranchée sur ses capacités, est cohérente d'un moment à l'autre de l'entretien. La seconde met plus longtemps à répondre à vos questions, se décrit plutôt de manière neutre que positive, émet peu d'opinions tranchées sur elle-même, se contredit parfois d'un moment à l'autre de l'entretien. Il est probable que la première personne vous apparaîtra plus sûre d'elle-même que la seconde : vous aurez raison de suspecter chez cette dernière une estime de soi plutôt basse. Mais il est aussi possible que, selon vos besoins, la façon de se présenter de la seconde vous convienne davantage, par exemple si vous accordez plus d'importance aux capacités de doute et de nuance chez votre interlocuteur...

Qui peut m'aider à savoir qui je suis ?

Une de nos patientes, le jour où elle vint consulter pour la première fois, nous donna cette explication à sa venue : « Je me cherche. » Elle présentait en effet d'assez gros problèmes d'estime de soi... Les sujets à basse estime de soi sont souvent conscients de ce flou dans la connaissance qu'ils ont d'eux-mêmes. Leurs doutes les conduisent volontiers à entreprendre une psychothérapie. Les bilans de compétence pour les chômeurs (chez qui les problèmes d'estime de soi sont, on l'imagine, très importants), jouent parfois ce rôle d'aide psychologique, ce que confirment ces confidences d'un « outplacer » : « Une partie importante de notre travail consiste à redonner confiance aux gens, car le chômage porte souvent un coup terrible à l'image qu'ils avaient d'eux-mêmes. Les aider à découvrir de nouvelles compétences, ou à croire en celles qu'ils possèdent déjà, les pousser à ne pas trop douter... »

Qui suis-je et que va-t-il m'arriver ?

« Vous avez un besoin important d'être aimé et admiré par les autres. Vous avez tendance à être critique envers vous-même. Par moments, il vous arrive de beaucoup douter de vous. Vous savez que vous avez de grandes capacités que vous n'exploitez pas comme il le faudrait... »

Que penseriez-vous de la personne qui vous tiendrait ce discours ? Sans doute qu'elle a visé juste. La plupart des gens auxquels on fournit un pseudo-portrait tissé de lieux communs tels que ceux-ci tendent à penser qu'il est valide [5]. Une expérience avait montré qu'en adressant un « bilan astrologique » de ce type à cent cinquante personnes qui en avaient fait la demande (suite à une annonce dans la presse), cent trente d'entre elles s'étaient déclarées très satisfaites et s'étaient reconnues dans la description qui était évidemment la même pour toutes [6].

Plus on doute de soi et plus on a de mal à se prendre en main. Autrement dit, plus son estime de soi est basse et plus on a tendance à manquer de discernement et d'esprit critique envers les astrologues et voyants de toutes sortes. Qui ne manquent pas d'en abuser...

Mais les doutes sur eux-mêmes des sujets à basse estime de soi sont aussi utilisés de façon plus contestable par l'astrologie et les pratiques apparentées : voyance, chiromancie, etc. Le questionnement sur soi est vieux comme le monde, et la quête pour comprendre et maîtriser sa « vraie personnalité » explique en grande partie le succès durable des astrologues au travers des siècles. On peut supposer que leur clientèle se recrute surtout chez les personnes dans le doute, plus volontiers à basse estime de soi. Les certitudes sur soi-même et les repères sécurisants sur l'avenir sont ainsi savamment dispensés. Comme les agences matrimoniales disparaîtraient sans les timides, et les détectives privés sans les paranoïaques, les astrologues, parapsychologues et autres voyants seraient condamnés à la faillite si une découverte miraculeuse apportait à l'humanité le secret de l'estime de soi...

De quoi êtes-vous capable ?

Plus on s'estime, mieux on agit : on prend des décisions et l'on s'y tient. Et plus on se comporte ainsi régulièrement, plus on s'estime... C'est ce double mouvement, axé sur le choix, la prise de décision et sa mise en œuvre, que nous allons maintenant aborder.

J'y vais ou j'y vais pas ?

En général, les sujets à basse estime de soi ont du mal à prendre des décisions. Ils hésitent, ils tergiversent. Parfois même, ils se livrent à la procrastination, remettant volontiers au lendemain ce qu'ils pourraient faire le jour même : « J'irais voir ce client important un autre jour », « J'écrirais cette lettre délicate ce week-end », « J'aimerais bien la revoir, mais il est trop tard pour l'inviter au cinéma ce soir, j'essaierai demain »... Cette attitude, bien connue des psychiatres, peut être le symptôme de troubles psychologiques plus sérieux, comme une tendance dépressive ou un trouble obsessionnel compulsif. Mais il se peut également qu'elle ne soit qu'un trait de caractère lié à l'estime de soi.

Le dilemme du choix

Agir ou ne pas agir... Le sujet à basse estime de soi rencontre le même genre de difficultés lorsque, confronté à une alternative, il lui faut prendre une décision. « Choisir, c'est éliminer, nous racontait un de nos patients. Et éliminer, moi, je n'ai jamais su : j'ai trop peur de me tromper. »

Les hésitations portent souvent sur des aspects anodins de la vie quotidienne : « Au début de notre liaison, Jean-Michel m'énervait beaucoup. Au restaurant, il mettait un temps fou à se décider à choisir pour finalement prendre la même chose que les autres. »

Elles sont alors augmentées par toute forme de pression sur le sujet : « Quand il est stressé, mon mari met des heures le matin à choisir sa cravate. En temps normal, il fait ça très vite ; en fait, il s'en fiche, la mode et le look, il s'en fiche un peu. Mais quand il a un rendez-vous de travail important, c'est comme si son stress se portait sur ça : il a peur de commettre une faute de goût, et hésite interminablement. »

Mais ces hésitations pèsent aussi parfois sur des décisions existentielles plus importantes. « À un moment de ma vie professionnelle, raconte ce patient, on m'a proposé un nouveau poste, qui impliquait un déménagement. Il y avait des avantages et des inconvénients des deux côtés : le genre de situation que je déteste. Tout compte fait, j'ai laissé ma femme décider pour moi. Elle a finalement choisi de rester là où nous étions, pour les enfants. Aujourd'hui, je le regrette un peu ; c'est sûr, nous sommes bien ici, mais ma carrière stagne. Je ne sais pas si c'était le bon choix. Mais partir aurait peut-être été pire... »

Il est souvent nécessaire d'aborder ce type de problèmes en psychothérapie. La principale explication de cette difficulté à choisir vient de ce que les patients pensent qu'il existe *a priori* une « bonne » et une « mauvaise » solution dans le débat qu'ils ont à affronter. Et qu'il faut à tout prix choisir la bonne, sous peine de conséquences graves et définitives. En fait, les choses apparaissent rarement de cette manière : la plupart des choix que nous offre l'existence sont des choix où chaque solution présente à la fois des avantages et des inconvénients, des choix où rien n'est déterminé *a priori*. En revanche, c'est souvent la manière dont nous allons nous engager qui fera *a posteriori* que le choix sera bon ou mauvais. Rien n'est écrit d'avance, et notre futur dépend de nous-même.

L'influence de l'entourage

Comme il éprouve des difficultés à se décider, le sujet à basse estime de soi préfère souvent se laisser influencer par son entourage (parents, amis, bonnes ou mauvaises fréquentations), en particulier lorsqu'il s'agit pour lui d'un important choix de vie : quelles études suivre ? avec qui se mettre en couple ? vers quel métier s'orienter ? La voie du conformisme sera souvent la plus tentante. On parle parfois de « plasticité psychique » pour décrire cette forte sensibilité à l'avis des autres. Des phrases telles que : « C'est une girouette », ou : « Avec lui, c'est le dernier qui parle qui a raison » traduisent bien l'agacement que ce comportement peut générer.

Persister dans ses choix

Pour atteindre des objectifs personnels, il vaut mieux avoir une bonne estime de soi. La persévérance n'est pas, en effet, la caractéristique des sujets à basse estime de soi, qui ont tendance à renoncer dès qu'ils rencontrent des difficultés ou qu'ils entendent un avis contraire au leur. La réussite d'un régime alimentaire, par exemple, dépend beaucoup du niveau d'estime de soi[7] : s'il est bas, les bonnes résolutions ne durent qu'un temps et s'effondrent en cas d'échec (« ça ne marchera jamais ») ; l'estime de soi n'en sort pas grandie, ce qui altère un peu plus les chances de réussite à la prochaine tentative.

Le niveau d'investissement personnel dans une décision compte énormément. Les sujets à haute estime de soi feront certes preuve de plus de persévérance dans les choix qui sont vraiment les leurs – vouloir séduire une personne qui leur plaît ou réussir dans une activité qui les passionne –, mais ils le seront moins dans les domaines qu'ils auront peu investis. Ils sont ainsi capables d'annuler un rendez-vous qui les ennuie, ou de revenir sur une parole donnée...

À l'inverse, les sujets à basse estime de soi persistent dans les choix qui leur ont été dictés par le conformisme social. Cela aboutit parfois à un travail peu intéressant, un couple peu épanouissant, des contraintes pesantes (le déjeuner chez la vieille tante tous les premiers dimanches du mois). Une fois engagés dans ces « choix », ils ont du mal à décider d'arrêter ou de rompre. Nul masochisme là-dedans, mais une difficulté avec les processus décisionnels : les sujets à basse estime de soi se sentent plus facilement et plus rapidement engagés par leurs actes. Leur tendance naturelle est donc de *continuer*, là où un autre, dont l'estime de soi est haute, dira : « Stop, j'arrête, ce n'est pas ce que je souhaite. »

À certains moments, toutefois, une bonne estime de soi peut conduire à des choix contestables. Un adolescent doué et très sûr de lui peut ainsi abandonner ses études pour aller vivre sa passion (faire du rock en vivant de petits boulots) malgré les obstacles (dont les réactions de ses parents). Un camarade du même âge qui s'estime moins aura peut-être les mêmes rêves, mais il n'osera pas les réaliser et poursuivre des études en respectant le souhait de ses parents. Des années plus tard, cela s'avérera peut-être le bon choix. Il arrive ainsi qu'une estime de soi à maturation tardive puisse s'avérer bénéfique, en évitant des choix risqués trop précoces.

BASSE ESTIME DE SOI	HAUTE ESTIME DE SOI
Prises de décisions parfois laborieuses ou différées	Prises de décisions en général plus faciles et banalisées
Souvent inquiets des conséquences possibles de leurs choix	Agissent aussi efficacement que possible pour faire réussir leurs choix
Tiennent parfois trop compte de l'entourage dans leurs prises de décisions	Tiennent volontiers compte d'eux-mêmes dans leurs prises de décisions
Renoncent vite en cas de difficultés dans leurs décisions personnelles	Capables de persévérer dans leurs décisions personnelles malgré les difficultés
Subissent parfois des situations dictées par l'environnement	Se dégagent des situations dictées par l'environnement s'ils les perçoivent comme contraires à leurs intérêts
INCONVÉNIENTS Parfois hésitants ou conventionnels	AVANTAGES Peuvent être novateurs
AVANTAGES Comportements prudents et réfléchis, patients	INCONVÉNIENTS Parfois trop sensibles à leurs intérêts à court terme

Comment vous engagez-vous dans l'action ?

ÊTES-VOUS SENSIBLE À L'ÉCHEC ET À LA CRITIQUE ?

Quand l'échec laisse des traces

Il arrive à tout le monde d'échouer ; ce n'est pas un drame. Du moins, si votre estime n'est pas trop basse... Dans ce cas, on se remet difficilement d'un échec, on ne le range pas au rayon des souvenirs ; au contraire, sa trace émotionnelle reste douloureuse et durable. Prenons, par exemple, un groupe d'étudiants venus chercher leurs résultats à un examen de fin de cycle. L'échec entraîne une « réaction dépressive » immédiate chez tous les étudiants collés. Cette réaction est, bien sûr, passagère... sauf chez les sujets à basse estime de soi : en les revoyant quelque temps plus tard, on constate en effet sa persistance[8].

Ce phénomène peut s'expliquer de trois façons. D'un point de vue comportemental, les sujets à haute estime de soi s'engagent plus rapidement dans de nouvelles actions qui les distraient de l'échec et contribuent à leur faire oublier celui-ci. D'un point de vue psychologique, une haute estime de soi aide à relativiser et à ne pas se sentir *globalement* dévalorisé par *un seul* revers. D'un point de vue émotionnel, enfin, les sujets à basse estime de soi sont plus fréquemment habités par des émotions négatives que la déception due à l'échec vient, bien évidemment, alimenter et relancer.

On retrouve le même phénomène dans le cas de la critique. Personne n'aime se faire critiquer, mais les sujets à basse estime de soi y sont plus sensibles, en intensité et en durée, que les autres. Qu'on leur adresse un message négatif, et l'on est à peu près sûr de les entendre dire qu'ils n'en ont pas dormi pendant huit jours ! « Pour moi, déclarait un patient, toutes les critiques sont vraies. » Étant immédiatement assimilée à un jugement social et à un rejet plus qu'à une information utile, la critique déclenche chez ces sujets des émotions de tristesse et de désarroi parfois disproportionnées par rapport au message – mais toujours inversement proportionnelles au niveau d'estime de soi.

Là où cela fait mal...

Les critiques et messages négatifs seront d'autant plus mal vécus qu'ils porteront sur des secteurs fortement investis par le sujet à basse estime de soi. C'est, par exemple, une jeune mère de famille qui doute d'elle-même et qui ne travaille pas pour se consacrer à l'éducation de ses enfants : elle aura toutes les chances de fondre en larmes si on lui fait des remarques insistantes sur le comportement de sa progéniture. Telle autre, jeune embauchée et très désireuse de faire bonne impression, mais impressionnée par son nouveau job, craque en réunion sous les remarques d'un patron dont l'habituelle mauvaise humeur ne gêne plus personne... sauf elle.

Un cas désespéré

Le malheureux Vatel, cuisinier du prince de Condé, fut sans doute la victime d'une estime de soi vulnérable qu'un échec, survenu dans un domaine très investi, mit à mal : en 1671, comme les poissons et les coquillages qu'il attendait pour un repas princier n'arrivaient pas à temps, il coinça le manche d'un couteau dans l'embrasure d'une porte et se suicida en se jetant sur la lame !

Un moral en dents de scie

Beaucoup de nos patients à basse estime de soi ont un mauvais moral et souffrent de ce que les psychiatres appellent une « dysthymie ». Sans être un état dépressif avéré, ce trouble entraîne fréquemment – au moins un jour sur deux[9] – une humeur triste. La « faible estime de soi » est un des critères exigés pour porter le diagnostic de dysthymie ; et l'on peut même aller au-delà : il est possible en effet que, dans un nombre important de cas, le niveau d'estime de soi soit à l'origine même du trouble, en rendant les personnes qui en souffrent trop vulnérables aux événements de vie qu'elles doivent affronter.

Je veux savoir la vérité...

Mais voici un paradoxe : bien qu'ils en souffrent, les sujets à basse estime de soi sont parfois ceux qui recherchent le plus la critique ! « J'ai besoin de savoir, nous disait une jeune femme. Je ne supporte pas d'être dans le doute. Quand je ne suis pas contente de moi, je recherche toujours à avoir confirmation de la part des autres. Si on me dit que ce n'était pas si mal, j'ai tendance à ne pas en croire un mot. Et à chercher à entendre aussi ce qui n'allait pas. Car j'ai toujours l'impression que les critiques sont plus sincères que les compliments. Ce qui est idiot, c'est qu'ensuite je rumine ce qu'on m'a dit pendant des semaines, et j'en suis malade. Mon conjoint se méfie de moi maintenant : au début de notre couple, il rentrait dans mon jeu et me disait franchement ce qui n'allait pas quand je le lui demandais. Mais il a vite compris que ça n'arrangeait rien du tout. »

Des travaux scientifiques ont démontré ce phénomène. On

répartit, par exemple, des personnes volontaires en trois catégories, selon qu'elles ont une haute ou une basse estime d'elles-mêmes, ou qu'elles sont franchement déprimées. On leur propose alors de recevoir des informations positives ou négatives les concernant (« à partir des questionnaires que vous avez remplis, nous pouvons vous donner vos points forts *ou* vos points faibles »). Ceux qui demandaient plus volontiers à entendre des informations négatives sur eux-mêmes étaient bien sûr les sujets déprimés (82 % d'entre eux). Mais les personnes à basse estime de soi n'étaient pas loin derrière, puisque 64 % d'entre elles choisissaient de recevoir des critiques... Ce qui n'était le cas que de 25 % des individus à haute estime de soi [10].

Il faut sans doute nuancer ce résultat expérimental. Ainsi, il semble que les sujets à basse estime de soi recherchent ces messages négatifs dans les seuls domaines qu'ils jugent modifiables, peut-être d'ailleurs parce qu'ils pensent pouvoir y progresser [11]. Dans les autres domaines, ils font comme tout le monde : ils préfèrent qu'on leur fasse des compliments ! Leur comportement serait donc tout à fait adapté et fonctionnel...

Qui ose me critiquer ?

Et les sujets à haute estime de soi ? Eh bien, ils ne cèdent pas au paradoxe : « Quand j'ai été mauvais, explique Richard, quarante-cinq ans, je n'en rajoute pas en allant demander leur avis aux autres ; je ne vais tout de même pas donner le bâton pour me faire battre... J'en tire moi-même les conclusions, c'est tout. » Le fait est que de tels sujets n'accordent pas une importance démesurée au bien-fondé de la critique. Ils sont capables, en recevant des messages négatifs, de se concentrer sur leurs points forts. Ils se laissent donc moins contaminer par leurs émotions négatives. Au vrai, ils trouvent plus crédibles les interlocuteurs qui disent du bien d'eux que ceux qui en disent du mal [12]. Ils procèdent donc à un filtrage des messages trop désagréables. Contrairement aux sujets à basse estime de soi, ce sont les louanges plus que les critiques qui leur permettront de modifier l'image qu'ils ont d'eux-mêmes [13].

Mais attention : cela ne veut pas dire qu'ils soient indifférents aux critiques. Au contraire, elles les mettent souvent de mauvaise humeur. Et alors, gare ! Car ils risquent, s'ils se sentent remis en cause, d'être tout à coup beaucoup plus attentifs aux défauts d'autrui... On a ainsi pu montrer que les sujets à haute estime de soi se souvenaient de trois fois plus d'erreurs commises par leur entourage s'ils avaient eux-mêmes été pris en défaut [14]. Voilà pourquoi il faut vous méfier de votre supérieur hiérarchique, s'il a une haute estime de lui-même, les jours où il a subi un gros revers...

Un ordinateur susceptible

Dans son film *2001, l'odyssée de l'espace,* Stanley Kubrick traçait en 1968 l'étonnant portrait d'un ordinateur surdoué et surpuissant, dénommé Hal 9000.

Conscient de ses capacités – ses concepteurs avaient-ils programmé une fonction « haute estime de soi » ? –, Hal était aussi très susceptible.

Après avoir commis une erreur (en annonçant une panne qui n'existait en fait pas) et avoir refusé de le reconnaître, Hal se met à espionner les astronautes qui, inquiets de sa défaillance, se posent des questions à son sujet et se demandent s'il ne faut pas le déconnecter.

Rendu furieux par leurs doutes, il provoque la mort de quatre d'entre eux, avant d'être déprogrammé *in extremis* par le dernier passager survivant.

Avec ou sans public ?

Nous pourrions rajouter encore un point : si les prises de décisions pouvaient se faire en l'absence de toute conséquence sociale, les différences entre sujets à haute et sujets à basse estime de soi s'estomperaient grandement. En effet, la plupart des recherches confirment qu'un des principaux freins à l'action sous toutes ses formes chez les seconds, c'est le regard et le jugement d'autrui. Et ses conséquences : risque d'être critiqué et rejeté.

Une des études conduites à ce sujet montrait, par exemple, que, lorsque des personnes savent que leurs décisions seront jugées par d'autres, elles minimisent la prise de risque si elles ont une basse estime d'elles-mêmes, ce qu'elles ne font pas, bien sûr, si elles en ont une haute. Par contre, en cas de décisions sans jugement social, il n'y a plus de différences entre les groupes à haute et à basse estime de soi [15].

Voilà pourquoi les sujets à basse estime de soi n'aiment en

général pas la compétition. C'est ce qu'expliquait Justine, six ans, pour justifier son refus de participer à certains jeux de société avec des enfants de son âge : « Je n'aime pas les jeux où on peut perdre. » Chez les adultes, certains apprentissages de nouveaux sports peuvent jouer le rôle d'un test d'estime de soi : apprendre le roller ou le surf des neiges devant un parterre de badauds sera plus désagréable en cas d'estime de soi basse...

La prévention de l'échec

Plusieurs moyens sont possibles pour prévenir l'échec. Ils sont plus volontiers utilisés par les personnes à basse estime de soi.

Le plus simple et le plus radical est... d'agir le moins possible ! Mais on peut aussi adopter la tactique dite du « pessimisme défen-

Basse estime de soi	Haute estime de soi
Sur le coup, réagissent émotionnellement à l'échec	Sur le coup, réagissent émotionnellement à l'échec
L'échec laisse une trace émotionnelle durable	L'échec laisse peu de cicatrices émotionnelles durables
S'effondrent s'ils sont critiqués sur les points où ils pensent être compétents (et en principe non critiquables)	Peuvent résister à des critiques sur des points sensibles, ou s'en défendre énergiquement
Recherchent les informations négatives sur eux-mêmes	Recherchent peu les informations négatives sur eux-mêmes
Se justifient après un échec	Ne se sentent pas obligés de se justifier après un échec
Après un échec, se comparent avec les plus forts (« lui au moins, il aurait réussi.. »)	Après un échec, se disent que beaucoup d'autres auraient échoué à leur place
Se sentent rejetés si critiqués	Ne se sentent pas rejetés si critiqués
Forte anxiété d'évaluation par autrui	Faible anxiété d'évaluation par autrui
Inconvénients Par rapport à la critique, souffrance durable et quelquefois excessive, et anxiété anticipée	Avantages Résilience et résistance à l'adversité
Avantages Motivation à ne pas échouer, capacité d'écoute des avis critiques	Inconvénients Peuvent ne pas assez tenir compte des critiques

Votre réaction à l'échec et à la critique

sif », qui consiste à dire à son entourage qu'on ne croit pas en ses chances de succès (ou en celles de ses proches) pour limiter, par exemple, la déception en cas d'insuccès. Écoutons Sylvie, trente-cinq ans, qui dirige une agence de voyages : « Je me souviens d'une de mes camarades de faculté. Elle était toujours incroyablement pessimiste. Elle disait : "Ça sera dur, je ne suis pas sûre d'y arriver, ils ne vont pas en prendre beaucoup cette année, je sens qu'ils vont corriger sévère, etc." Au début, moi qui suis plutôt optimiste de nature, ça m'effrayait un peu. Je m'imaginais qu'elle devait être très stressée à force de voir les choses comme ça. En tout cas, moi ça m'aurait mis dans des états terribles d'avoir ces pensées-là toujours en tête. Mais en fait, c'était son caractère, sa façon d'être. Elle n'était pas si stressée que ça. Elle manquait de confiance en elle. Mais ses examens, elle les avait... »

COMMENT RÉAGISSEZ-VOUS AU SUCCÈS ?

Stress et réussite

On sait depuis longtemps que certains événements heureux peuvent être stressants ! Un des questionnaires les plus connus en la matière [16] recense parmi les événements de vie « déstabilisants » le mariage, les promotions professionnelles, la naissance d'enfants, etc. Paradoxal ? Pas vraiment, si on se rappelle la définition du stress : ce qui se passe chez un individu qui doit s'adapter à un changement survenu dans son environnement [17]. La perte du sentiment de contrôle que ressentent souvent les personnes confrontées à de grands changements explique les différences que l'on constate entre les sujets à haute estime de soi et ceux à basse estime de soi. Les premiers sont plus habitués au contrôle de leur environnement [18]. Ils considèrent plus volontiers que les événements favorables sont plus ou moins sous leur contrôle (« si j'ai gagné au Loto, c'est tout de même parce que j'ai acheté le billet et coché les bons numéros ! »). Les seconds, quant à eux, y voient plus facilement l'intervention d'un destin qui pourra aussi bien s'avérer contraire à l'échéance suivante. Ainsi ce cadre administratif de trente-sept ans : « Moi, mon problème, ce sont les responsabilités. Comme je suis travailleur et méticuleux, on me propose régulièrement des promotions. Mais ça me stresse beaucoup chaque fois. Je pense aussitôt à toutes les responsabilités supplémentaires que cela représente, à la charge de travail. Et puis aussi, je me demande tout de suite si je serai à la hauteur, si je ne vais pas décevoir, montrer mes limites. Jusqu'à présent, ça s'est bien passé, mais si le vent tournait un jour ? »

Le « bonheur anxieux »

Nous avons souvent été frappés chez certains de nos patients par ce qu'on appelle le « bonheur anxieux [19] », c'est-à-dire la difficulté qu'ils éprouvent à savourer les bons moments, à se réjouir de leurs réussites. Au lieu de cela, ils anticipent la fin de ces instants : ceux-ci ne dureront pas, ou bien ils seront suivis d'un revers, de difficultés, etc. Cette conscience excessive de la fragilité du bonheur témoigne des doutes profonds éprouvés par les patients quant à leurs capacités à faire face aux aléas de l'existence, laquelle est perçue comme une succession interminable d'épreuves. On s'interdit de trop se réjouir pour ne pas se sentir trop malheureux ensuite. Un peu comme ces vieux paysans à qui le grand beau temps fait systématiquement dire : « On va le payer »...

Le syndrome de l'imposteur

Ce trouble que les psychiatres rencontrent souvent touche des sujets qui ont réussi dans leur domaine, à qui l'on a confié des responsabilités et manifesté de la confiance, mais qui doutent d'eux-mêmes. Évidemment, ils ne parlent pas de cela, ni ne le montrent. « Est-ce que je mérite vraiment d'occuper ce poste ? » s'interrogent-ils sans cesse. Ils redoutent de commettre une erreur qui révélerait à tout le monde qu'ils ne sont pas à la hauteur, se demandent s'ils ne prennent pas la place de quelqu'un d'autre... En général, ce sont des sujets dont le niveau d'estime de soi n'a pas progressé au même rythme que leurs compétences : même devenus des experts, ils se regardent toujours comme s'ils étaient des débutants.

Ce syndrome peut affecter *transitoirement* des sujets à haute estime de soi lorsque, par exemple, ils obtiennent des promotions assez rapides, ou s'ils changent d'entreprise en prenant des responsabilités plus lourdes. C'était le cas de l'un de nos patients, Jacques, qui occupe un poste de direction dans le monde de l'édition : lorsqu'il fut débauché de son entreprise par un concurrent, à des conditions financières très avantageuses, il perçut que les attentes que l'on plaçait en lui étaient très élevées – proportionnelles au salaire qu'on lui versait. Cela déclencha chez lui des insomnies et des crises anxieuses comme il n'en avait jamais connu...

Mais le syndrome de l'imposteur peut aussi être *chronique* chez les sujets à basse estime de soi, qui pensent souvent : « Je ne vois pas ce qu'on me trouve », malgré toutes les compétences dont ils disposent par ailleurs. Il provoque alors chez eux des souffrances multiples, dominées par une tension anxieuse permanente dans l'accomplissement de leurs tâches : il s'agit de l'anxiété de performance, qui peut les conduire à des états dépressifs paradoxaux pour des personnes apparemment sans problèmes et en pleine réussite matérielle.

Pourquoi tant de gêne ?

Complimentez une personne qui ne s'estime guère : elle manifestera une certaine gêne. C'est le cas, par exemple, des timides. Dans les groupes d'affirmation de soi, où ils s'entraînent à mieux communiquer[20], les timides travaillent fréquemment sur ce phénomène bien connu des psychothérapeutes. On s'aperçoit alors qu'ils sont pour la plupart très gênés de devoir répondre à un compliment, au point parfois d'être furieux contre les personnes qui leur en font. Et l'on peut observer chez eux toute une variété de stratégies destinées à s'en protéger.

STRATÉGIE	PHRASE TYPE
Limiter son rôle dans la performance	« Mais non, je n'ai aucun mérite... »
Généraliser la performance	« N'importe qui en aurait fait autant à ma place »
Répondre par un compliment	« Vous aussi, vous vous en sortez très bien... »
Dévaloriser sa performance	« Ce n'est vraiment pas grand-chose... »

L'art de se protéger des compliments chez les sujets à basse estime de soi

Chez les sujets à haute estime de soi, les choses sont plus simples : le succès ou les félicitations concordent avec ce qu'ils pensent d'eux-mêmes ; ce sont pour eux des confirmations qu'ils acceptent sans trouble excessif, y répondant en fonction des codes sociaux de leur culture d'origine. Les Nord-Américains sont, par exemple, plus à l'aise dans cet exercice que les Européens, chez lesquels la modestie est considérée comme une qualité sociale majeure. Quant aux Asiatiques, leur faire un compliment frôle parfois l'incorrection ! Un de nos amis nous racontait un jour comment, lors d'un voyage en Chine communiste, il avait tenté de faire la cour à la jeune femme qui servait d'interprète à son groupe de touristes. À peine avait-il commencé à la complimenter sur sa beauté que celle-ci devint extrêmement confuse, puis furieuse, et se mit à répéter à chacune de ses phrases : « Exagération ! Exagération ! »

Pourquoi tant de gêne ? Si les sujets à basse estime de soi sont mal à l'aise avec le succès et ses conséquences sociales, c'est que celui-ci les plonge dans un dilemme qu'on nomme « dissonance cognitive » – c'est-à-dire de contradiction interne entre l'idée qu'ils se font d'eux, limitée ou négative, et les faits qu'ils vivent, succès ou compliments. C'est aussi parce que les sujets à basse estime de soi anticipent immédiatement la suite de leurs réussites : le succès signifie qu'ils vont devoir ensuite « assurer » et tenir leurs promesses... En d'autres termes, ils aiment la réussite sur le plan émotionnel, car elle leur fait du bien, mais la redoutent psychologiquement, car elle contredit la vision qu'ils ont d'eux-mêmes et les place dans une situation où ils vont *devoir* être à la hauteur...

BASSE ESTIME DE SOI	HAUTE ESTIME DE SOI
Aiment réussir	Aiment réussir
La réussite dérange leur vision d'eux-mêmes	La réussite confirme leur vision d'eux-mêmes
Émotions mitigées	Émotions positives
Peur de ne pas être à la hauteur ensuite, que cela ne dure pas	Se posent peu ce genre de questions
INCONVÉNIENTS Plaisir gâché (bonheur anxieux), peu de bénéfices des succès sur l'estime de soi	AVANTAGES Motivation accrue, bénéfices des succès sur l'estime de soi
AVANTAGES Humilité, modestie	INCONVÉNIENTS Dépendance à la récompense

Comment réagissez-vous au succès ?

Dynamiques de vie et estime de soi

Nous avons abordé quelques-unes des multiples conséquences sur les individus des niveaux d'estime de soi. Bien sûr, les choses sont souvent plus nuancées dans la vie quotidienne qu'elles ne peuvent l'apparaître sur les tableaux que vous venez de lire, inspirés des travaux de la psychologie expérimentale, où la séparation entre sujets à haute et basse estime de soi est nette.

On sait, par exemple, que l'estime de soi peut varier chez une même personne qui adoptera les comportements caractéristiques des sujets à haute estime de soi à certains moments favorables et reviendra à des attitudes de basse estime de soi après un échec. C'est ce que traduit l'expression « le succès lui est monté à la tête » : en période de succès, certaines personnes prennent de l'assurance et changent à un point tel que même leurs proches ne les reconnaissent plus.

On sait aussi que l'estime de soi peut être relativement compartimentée : une personne présentant une estime de soi globale limitée peut avoir une activité dans laquelle au contraire son estime de soi est très haute ; ses réactions dépendront donc du secteur en jeu.

BASSE ESTIME DE SOI	HAUTE ESTIME DE SOI
Peur d'échouer	Envie de réussir
Regardent vers le bas pour se rassurer	Comparent vers le haut pour s'aider à progresser
Ne prennent pas de risques	Prennent des risques
Quand l'objectif est atteint, « en restent là »	Cherchent à repousser leurs limites
Se sentent protégés par les habitudes	Se sentent stimulés par les nouvelles expériences
Préfèrent être moyens en tout, ne pas avoir de lacunes	Préfèrent exceller dans leurs domaines de compétences, et acceptent de moins briller dans d'autres
INCONVÉNIENTS Autolimitations, progrès lents, raisonnent à partir de leurs échecs	AVANTAGES Autodéveloppement, progrès rapides, raisonnent à partir de leurs succès
AVANTAGES Prudence, maîtrise	INCONVÉNIENTS Prises de risques, dispersion

Estime de soi et choix de vie

Mais les différences que nous avons étudiées tendent tout de même à peser durablement sur la vie de tous les jours. Le niveau global d'estime de soi d'une personne donnée influence considérablement ses choix de vie, et son style existentiel. Ainsi, on a pu montrer qu'une haute estime de soi est associée à des stratégies de recherche de développement personnel et d'acceptation des risques, tandis qu'une basse estime de soi engendre plutôt des stratégies de protection et d'évitement des risques[21]. Dit autrement, la personne à haute estime de soi a envie de réussir, là où celle à basse estime de soi a peur d'échouer.

Il est clair que ces deux stratégies auront des conséquences spécifiques sur le long terme. Une estime de soi élevée va pousser la personne à explorer des environnements plus variés, avec plus de conviction ; et donc lui permettre de mieux trouver « sa voie », au prix de quelques échecs et revers. Pendant ce temps, une estime de soi basse va inciter le sujet à se limiter à des périmètres où il se sent en sécurité, avec un risque d'échec minime. La personne à estime de soi haute cherchera, par exemple, à se dépasser même une fois ses objectifs atteints, là où la personne à basse estime de soi « en restera là ». L'une pense : « Qui ne tente rien n'a rien », quand l'autre se dit : « Un bon tiens vaut mieux que deux tu l'auras. »

Attention cependant de ne pas vous autocataloguer trop vite ! À moins de figurer dans une catégorie extrême, pensez donc à raisonner en vous disant non pas : « Je me comporte ainsi parce que mon estime de soi *est* haute ou basse », mais : « Je me comporte ainsi parce que ce que j'ai vécu *a élevé ou abaissé* mon estime de soi »...

QUESTIONNAIRE 1 – « VOTRE NIVEAU D'ESTIME DE SOI »

Le questionnaire ci-après se propose de vous donner une indication sur votre niveau d'estime de soi. Lisez attentivement chaque formulation et répondez sans prendre trop de temps en cochant d'une croix la colonne qui se rapproche le plus de votre point de vue *actuel*. Pour connaître nos commentaires, reportez-vous en annexe à la page 269.

Évaluez votre estime de soi

	tout à fait d'accord	d'accord	pas d'accord	pas du tout d'accord
1) Dans l'ensemble, je suis satisfait(e) de moi				
2) Parfois, je pense que je ne vaux rien				
3) Je pense que j'ai un certain nombre de bonnes qualités				
4) Je suis capable de faire les choses aussi bien que la plupart des gens				
5) Je sens qu'il n'y a pas grand-chose en moi dont je puisse être fier (fière)				
6) Parfois, je me sens réellement inutile				
7) Je pense que je suis quelqu'un de valable, au moins autant que les autres gens				
8) J'aimerais pouvoir avoir plus de respect pour moi-même				
9) Tout bien considéré, j'ai tendance à penser que je suis un(e) raté(e)				
10) J'ai une opinion positive de moi-même				

Chapitre III

Votre estime de soi n'est pas haute ? Ne désespérez pas !

« L'amour de soi, sans être toujours coupable, est la source de tout mal. »

Emmanuel KANT

Peut-être avez-vous l'impression que nous vantons les mérites de la haute estime de soi et que, à nos yeux, une estime de soi basse est une source inépuisable d'inconvénients dans l'existence. Il est vrai que nous sommes psychothérapeutes : dans nos consultations, nous voyons des gens qui souffrent, des gens dont l'estime de soi est plutôt altérée. Nous avons donc tendance à associer basse estime de soi et difficulté à affronter la vie. Il existe certainement des personnes bien adaptées malgré la faible estime qu'elles ont d'elles-mêmes, mais celles-là ne viennent pas consulter. Par ailleurs, chaque société sécrète son « être idéal ». Dans la nôtre, qui est urbaine, compétitive et assez matérialiste, cet être idéal – homme ou femme – vanté par les médias a souvent le profil de l'entrepreneur ou du leader. Autrement dit, il réunit les caractéristiques d'une haute estime de soi : ambition élevée, obstination malgré les obstacles, prise de risques, pouvoir de persuasion. Ce n'est pas une raison, toutefois, pour penser qu'une *bonne* estime de soi est forcément haute. Au contraire. De multiples exemples prouvent que la basse estime de soi n'est pas dépourvue d'avantages et qu'une haute estime de soi comporte parfois de graves inconvénients. C'est ce que nous allons voir maintenant.

Les bienfaits d'une basse estime de soi

Être accepté par les autres

C'est l'un des objectifs prioritaires des sujets à basse estime de soi. Pour y parvenir, ils utilisent différents moyens.

D'abord, ils sont prêts à beaucoup de concessions et de renoncements pour être appréciés, évitant ainsi de heurter trop souvent les intérêts des autres. De plus, dans beaucoup de milieux, leur manière modeste de se présenter est plus appréciée que les « vantardises » d'un sujet à haute estime de soi. Enfin, l'attention qu'ils portent aux critiques leur permet de mieux saisir les attentes d'autrui : ils sont à l'écoute.

Sauf si vous envisagez de réussir sur un mode compétitif, où l'important est de l'emporter sur les autres, une basse estime de soi peut vous aider à être accepté, apprécié et soutenu par les gens qui vous entourent.

Tenir compte des conseils et des points de vue différents du sien

Les personnes à basse estime de soi tiennent davantage compte des conseils qui leur sont prodigués. Ce faisant, elles améliorent leurs performances[1]. Une basse estime de soi peut ainsi être le moteur d'une forme de réussite : grâce à la modestie qui favorise l'acceptation par les autres, à l'écoute des points de vue différents du sien qui améliore sa compréhension d'une situation ou d'un problème, à un travail acharné pour compenser le manque de confiance dans ses capacités.

L'humilité, vertu religieuse

De manière générale, la plupart des religions ont encouragé leurs adeptes à faire preuve d'humilité, qui est une forme de l'abaissement volontaire de l'estime de soi. Pour les croyants, l'humilité est d'abord une des conditions nécessaires pour se rapprocher de

Dieu. Elle permet aussi de mieux respecter les autres, en ne se considérant pas comme leur supérieur.

Les douze échelons de l'humilité selon saint Benoît[2]

Ces règles, au départ destinées à la vie au sein d'une communauté religieuse, ont connu une portée beaucoup plus large et un impact majeur sur la conception occidentale de l'estime de soi. En voici les principes centraux :

1. « Se mettre constamment devant les yeux la crainte de Dieu. »
2. « Ne pas aimer sa volonté propre et ne pas se complaire dans l'accomplissement de ses désirs. »
3. « Se soumettre en toute obéissance, pour l'amour de Dieu, au [père] supérieur. »
4. « Obéir à des ordres durs et rebutants, voire même souffrir toutes sortes de vexations, et savoir alors garder patience en silence. »
5. « Ne pas cacher, mais confesser humblement à son abbé toutes les pensées mauvaises qui surgissent dans le cœur et les fautes commises en secret. »
6. « Que le moine soit content en tout abaissement et dénuement. »
7. « Non seulement se dire des lèvres inférieur à tous et le plus misérable, mais encore le croire du fond du cœur. »
8. « Que le moine ne fasse rien qui ne soit recommandé par la règle commune du monastère et par l'exemple des anciens. »
9. « Que le moine sache retenir sa langue et garde le silence sans rien dire tant qu'il n'est pas interrogé. »
10. « Ne pas être enclin ni prompt à rire. »
11. « Que le moine, quand il parle, le fasse doucement et sans rire, humblement et sérieusement, en peu de mots, raisonnablement et sans éclats de voix. »
12. « Que le moine manifeste toujours l'humilité de son cœur jusque dans son corps au regard d'autrui, c'est-à-dire qu'à l'office divin, à l'oratoire et partout dans le monastère, au jardin, en chemin, aux champs ou n'importe où, assis, en marche ou debout, il ait toujours la tête inclinée et les yeux baissés. »

Un exemple de cette importance accordé à l'humilité est donné par la célèbre « Règle » de saint Benoît qui, bien qu'écrite au VIe siècle de notre ère, continue d'être appliquée dans les monastères bénédictins. La Règle édicte les douze échelons de l'humilité que tout moine se doit de franchir et de respecter.

Les rapports entre humilité, estime de soi et religion dépassent le cadre de cet ouvrage. Nous pouvons simplement remarquer que les religions qui valorisent le plus l'humilité sont celles qui dévalorisent en même temps la réussite sociale et matérielle, ce qui prouve que leurs fondateurs avaient compris l'antagonisme entre l'humilité et la réussite dans ce bas monde...

La modestie, vertu civique

La modestie est la cousine laïque de l'humilité. Étymologiquement, « modestie » vient du latin *modestus*, dérivé de *modus* (« qui observe la mesure, modéré, tempéré »). Cela nous renvoie aux études destinées à mesurer le niveau d'estime de soi dans des populations générales : les sujets qu'on regroupe alors sous l'appellation de « basse estime de soi » sont plutôt des personnes à estime de soi moyenne, car les chiffres les plus bas correspondent en fait aux états dépressifs avérés[3].

Dans nos sociétés, la modestie a toujours été considérée comme une vertu. C'est qu'elle joue un rôle social de premier plan, poussant à la réserve et à l'altruisme, à servir la collectivité plutôt que ses seuls intérêts. Les Romains de l'Antiquité l'avaient bien compris : lorsqu'un général avait remporté une grande victoire, il pouvait défiler en triomphe dans Rome, mais, pendant qu'il goûtait les délices de la célébrité sous les acclamations de la foule, un esclave était chargé de murmurer à son oreille : « *Memento mori* » (« Souviens-toi que tu es mortel »). On savait déjà que l'estime de soi d'un militaire ayant pris goût au succès pouvait représenter un danger pour la République...

Un exemple de succès
dans la basse estime de soi : Darwin

La modestie et la crainte de heurter autrui se retrouvent tout au long de la vie de Darwin : il obéit docilement à son père en suivant des études de médecine, alors qu'il ne supporte pas la vue du sang, et ses contemporains le décrivent « comme un homme extraordinairement modeste et affable, soucieux de ne froisser personne[4] ».

Au retour de son expédition aux îles Galapagos, au cours de laquelle il rassembla des centaines d'observations fondamentales, Darwin ne rechercha pas une carrière honorifique, mais se retira dans la campagne anglaise avec sa femme. Bien qu'ayant déjà imaginé les fondements de sa théorie explicative de l'évolution des espèces, il ne les publia pas, mais chercha à les confirmer en poursuivant pendant plus de dix ans de méticuleuses observations et classifications naturalistes. Ce fut seulement lorsqu'il apprit qu'un autre naturaliste plus jeune que lui, Wallace, allait publier une théorie voisine de la sienne dans un journal scientifique qu'il osa s'affirmer (après avoir demandé conseil à ses amis) en publiant en 1859 son article sur l'origine des espèces dans le même numéro. Par la suite, attaqué très violemment par de nombreux contradicteurs, il laissa des amis plus renommés et plus combatifs que lui assurer sa défense.

Et c'est un homme modeste, visiblement à basse estime de soi, qui provoqua une des grandes révolutions de l'histoire des sciences, à l'égal de celles de Galilée, de Newton ou d'Einstein.

Les inconvénients d'une haute estime de soi

De la confiance à la suffisance

Azincourt, 25 octobre 1415. Pressés d'en découdre avec l'envahisseur, les nobles de l'armée du roi de France, Charles VI, lancent leur cavalerie contre les archers anglais dans les pires conditions qui soient : soleil de face, terrain étroit et boueux... Les Anglais n'en croient pas leurs yeux : « Les Français étaient en la terre molle jusqu'au gros des jambes, ce qui leur était moult grand travail : car à grand-peine pouvaient-ils ravoir leurs jambes et se tirer de la terre [...]. Quand se vint au joindre, les Français étaient comme jà hors d'haleine [...]. Finalement, les archers d'Angleterre, légèrement armés, frappaient et abattaient les Français à tas, et semblaient que ce fussent enclumes sur quoi ils frappassent[5]. » Les représentants les plus guerriers de la noblesse française, qui composaient la chevalerie de l'armée royale, avaient sans doute une haute estime d'eux-mêmes. Cela ne les a pas empêchés d'aller au désastre et d'y conduire leur pays, sans tenir compte du précédent de Crécy, soixante-dix ans plus tôt, où le même genre de charge mal préparée avait conduit au même massacre. Ce scénario s'est d'ailleurs reproduit plusieurs fois dans l'histoire de France, jusqu'à cette exaltante doctrine de « l'attaque à tout prix » prônée par l'École de guerre et qui valut à toute une génération de jeunes Français d'être fauchée par les mitrailleuses allemandes sur les champs de bataille de l'automne 1914.

Des entreprises trop prétentieuses

Le monde économique n'est pas en reste, qui doit faire avec ses « entreprises prétentieuses[6] ». Victimes d'un « élitisme aveugle », de leur « assurance de leader » ou de leur « suffisance technologique », de grandes firmes comme Coca-Cola à la fin des années 1960, IBM et Jaguar dans les années 1970, ont ainsi failli disparaître. Un excès d'estime de soi les avait conduit à ne plus tenir compte des besoins de leurs clients et à manquer de vigilance face au dynamisme de concurrents plus petits.

Une trop grande estime de soi peut dangereusement abaisser la vigilance d'individus placés en situation compétitive – et la guerre en est une. Parce qu'ils méprisent l'adversaire, ou qu'ils ne tiennent pas compte des conseils que leur prodiguent des sujets à l'estime de soi plus basse, mais au réalisme plus grand, ils connaissent l'échec. C'est le message de la fable de La Fontaine, « Le Lièvre et la Tortue », qui met en scène un lièvre à haute estime de soi, coiffé sur le poteau par une tortue évidemment plus lente, mais plus constante dans son effort... Ces phénomènes se retrouvent dans le sport. On se souvient des propos du joueur brésilien Romario en juillet 1998, juste avant la finale de la Coupe du monde de football ; il avait déclaré à *L'Équipe* que « les Français pourraient bien en prendre trois [buts][7] ». On connaît la suite : trois buts à zéro, marqués par une équipe de France sans vedettes à l'ego hypertrophié.

D'une manière générale, une estime de soi élevée peut rendre hermétique à des informations importantes : nous savons que les personnes à haute estime de soi supportent mieux les échecs, en partie car elles ont tendance à les « externaliser », c'est-à-dire à en attribuer les raisons à des causes étrangères à elles-mêmes. Mais, en procédant systématiquement ainsi, elles évitent des remises en question parfois salutaires. On sait que les hommes de pouvoir aiment s'entourer de courtisans et de flatteurs, ce qui les conduit parfois à perdre le contact avec la réalité.

De la persévérance à l'obstination : ne pas perdre la face

On a pu montrer que les sujets à haute estime de soi persistaient parfois dans leurs efforts, même quand ceux-ci étaient non productifs, et en dépit des conseils qui leur étaient dispensés[8]. Deux conditions à cela : il suffit qu'ils soient personnellement investis dans l'atteinte de l'objectif (ils ne s'acharneront pas pour un but dans lequel ils n'ont pas placé leur estime de soi) et qu'ils soient *a priori* persuadés qu'une solution existe[9].

Là encore, l'histoire militaire est riche de ce type de comportements. Pendant la Première Guerre mondiale, le général Nivelle établit au printemps 1917 le plan d'une offensive contre les lignes allemandes qu'il veut décisive (le haut commandement craint à la fois l'arrivée imminente des renforts américains qui nous « volerait » la victoire, et l'arrêt des combats par les Russes qui soulagerait l'armée allemande). Hélas, peu avant la date fixée, le général prussien Ludendorff renforce considérablement ses positions défensives dans le secteur prévu. Nivelle maintient pourtant ses plans. Au premier soir, les Français n'ont progressé que de cinq cents mètres, au lieu des dix kilomètres prévus. Des milliers d'hommes sont déjà morts. Dès les premiers jours, les chars Schneider, qui devaient « assurer la victoire », s'avèrent trop lourds, trop lents, trop vulnérables. Sourds aux avertissements de certains de ses officiers supérieurs, et sûr de lui malgré les inquiétudes des hommes politiques, le général Nivelle s'obstine dans son offensive. En deux semaines, les Français ont perdu cent quarante-sept mille hommes. Nivelle est enfin relevé de ses fonctions, tandis que des mutineries éclatent dans soixante-huit des cent douze divisions de l'armée française [10].

Ce mécanisme qui lie haute estime de soi et obstination peut aussi s'observer dans la vie courante, lorsqu'une personne trop confiante dans ses capacités s'obstine imprudemment dans une voie trop risquée, comme nous l'explique Bruno, trente-deux ans, jouissant visiblement d'une haute estime de soi :

« J'ai toujours eu l'impression que la vie était facile pour moi. Mes parents étaient sympa, me laissaient très libre, j'avais ce qu'on appelle une "bonne nature", mes sœurs m'admiraient. À l'école, j'avais plein de copains, j'étais plutôt chef de bande, et même si mes résultats scolaires étaient plutôt limites, j'en faisais juste assez pour "passer" et ça ne m'empêchait pas de dormir. Je garde un très bon souvenir de mon adolescence, je plaisais aux filles, je n'ai fait que m'amuser et pratiquer les sports que j'aimais. Je gagnais ma vie en convoyant des voiliers, en donnant des leçons de ski l'hiver, en revendant des voitures de sport d'occasion que j'achetais à un bon prix, et aussi, il faut bien le dire, en "tapant" de temps en temps mes parents qui auraient tout fait pour moi. Je n'avais pas vraiment d'ambition professionnelle, je me disais qu'il fallait d'abord que je profite de ma jeunesse, et qu'on verrait bien après. De toute façon, j'avais l'impression que je pourrais réussir dans plein de domaines.

« Au bout du compte, c'est la fille que j'ai épousée qui m'a poussé à "m'installer", comme on dit. Et là j'ai eu l'idée d'ouvrir un magasin de surf et de voile dans une station de bord de mer. Je connaissais bien le domaine, et puis ça me permettait de garder un peu du style de vie que j'aimais. Mon père, qui est commerçant, a voulu me dissuader de cette idée : ce genre de marché lui paraissait trop saturé à cet endroit, il trouvait que je devais d'abord me former en faisant un stage, que j'apprenne un peu de comptabilité, que je prenne un associé expérimenté... Mais j'ai passé outre : comme j'avais à peu près toujours réussi dans tout ce que j'entreprenais, conclure une affaire ou séduire une fille, j'avais une grande confiance en moi. Et puis j'étais sûr qu'avec mon bagout et mes connaissances techniques mon affaire allait prospérer. Eh bien ce ne fut pas le cas ! Mais là encore, au lieu de me retirer à temps, j'ai pratiqué la fuite en avant, j'ai réussi à emprunter encore plus en convainquant des amis ou ma banquière de l'intérêt de l'affaire, j'ai acheté du matériel très sophistiqué. Mais ça n'a pas retourné le marché. Bref, il m'a fallu deux ans de plus pour continuer à m'enfoncer et finir par déposer mon bilan. Maintenant, je rame pour payer mes dettes.

« Finalement, ça a été le premier échec de ma vie, et ça m'a fait mal, mais, dans un sens, c'est une bonne leçon. Je crois que j'avais tendance à me prendre pour Superman, et c'est une attitude trop risquée à long terme. »

Estime de soi et prise de risque

Les individus à haute estime de soi ont peut-être plus de chances que les autres de vivre une existence heureuse, mais elle risque aussi d'être plus courte ! Les conduites à risque paraissent en effet plus fréquemment associées à une haute estime de soi : plusieurs études [11] ont montré que certains des sujets à haute estime de soi possédaient plus volontiers des motos, conduisaient plus souvent sous l'influence de l'alcool, étaient plus souvent verbalisés pour excès de vitesse, etc. Les travaux manquent sur les amateurs de sports dangereux, mais on peut imaginer que la prise de risque qu'ils supposent est aussi l'expression d'une haute estime de soi.

Quand une haute estime de soi devient un péché

De même que la modestie – abaissement volontaire de l'estime de soi – est valorisée par de nombreuses religions, l'orgueil – une forme de haute estime de soi – est dénoncé comme un péché qui éloigne de Dieu et de ses semblables. Dans la religion chrétienne, l'orgueil est le premier des péchés capitaux, mais on peut lui trouver des rapports avec tous les autres.

L'orgueil (autrefois « vaine gloire »)	« Je vaux plus que les autres »
L'envie	« Je mérite plus qu'eux ce qu'ils possèdent »
La colère	« Je mérite attention et approbation en toutes circonstances »
L'acédie (dégoût spirituel, par exemple par paresse)	« Je n'ai pas besoin de faire d'efforts »
L'avarice	« Les autres ne méritent pas ma générosité »
La gourmandise	« Je mérite ce qui se fait de meilleur »
La luxure	« J'ai le droit d'utiliser les autres pour mon plaisir personnel »

Les sept péchés capitaux et leurs rapports avec une haute estime de soi

Mais cette critique de l'orgueil n'est pas réservée aux religieux, elle se retrouve chez de nombreux moralistes et philosophes. L'un d'entre eux a consacré des pages d'une lucidité dévastatrice à l'étude de « l'amour-propre » : La Rochefoucauld.

Après avoir combattu dans plusieurs guerres, dont la Fronde, et connu les fastes de la cour de Louis XIV, ce grand seigneur se retira de la politique pour écrire des maximes, qui dès leur parution en 1665 connurent un immense succès. Pourtant, La Rochefoucauld n'a pas une vision très riante de la nature humaine : pour lui, toutes nos actions, même apparemment les plus nobles, sont commandées par notre « amour-propre » – au sens de l'amour qu'on se porte à soi-même. Près de trois siècles avant Freud, La Rochefoucauld met l'accent sur l'importance de nos désirs inconscients et notre tendance à nous les masquer.

La fréquentation de la cour du Roi-Soleil fournit sans doute à l'observation de ce grand moraliste un vivier inépuisable de personnalités à haute estime de soi.

Dans ses *Mémoires*, Saint-Simon raconte que le duc de Chevreuse et lui-même restèrent sans voix en arrivant un jour chez le fils de La Rochefoucauld, sans doute bien élevé par son moraliste de père : surprise, honte, horreur, le maître des lieux était en train de jouer aux échecs avec un *domestique* !

La Rochefoucauld, précurseur de la psychologie de l'estime de soi

Voici quelques réflexions extraites des *Sentences et maximes morales* :
« La vertu n'irait pas si loin, si la vanité ne lui tenait pas compagnie. »
« Quelque bien qu'on nous dise de nous, on ne nous apprend rien de nouveau. »
« Nous ne ressentons nos biens et nos maux qu'en proportion de notre amour-propre. »
« Si nous n'avions point d'orgueil, nous ne nous plaindrions pas de celui des autres. »
« On n'aurait guère de plaisir, si on ne se flattait jamais. »
« Si la vanité ne renverse pas entièrement toutes les vertus, du moins elle les ébranle toutes. »

Même si notre rôle, en tant que thérapeutes, est d'aider nos patients à augmenter une estime de soi souvent insuffisante, il n'est pas toujours évident, on le voit, de départager les avantages intrinsèques de la haute et de la basse estime de soi. En fait, le rôle du *milieu* paraît déterminant : peut-être est-il surtout important d'avoir une estime de soi en accord avec les valeurs des gens qui nous entourent ? Si vous rêvez de devenir un patron médiatique ou un explorateur de l'extrême, mieux vaut posséder une haute estime de soi ; mais, si votre idéal est d'être l'un des membres apprécié d'une équipe au service d'une œuvre commune, une estime de soi modeste pourra mieux vous servir.

Chapitre IV

Stable ou instable ?
Testez la solidité de votre estime de soi

« Les gens de ma sorte avec un excès d'estime de soi souffrent en proportion une fois qu'elle est menacée. »

William BOYD

Le niveau de l'estime de soi (est-elle haute ou basse ?) ne suffit pas à expliquer l'ensemble des réactions d'un individu. Il est nécessaire de prendre également en compte son degré de résistance aux événements de la vie quotidienne, tant il est vrai que l'estime de soi est l'objet de *fluctuations*.

Il arrive en effet que certaines personnes donnent l'impression de n'être pas aussi sûres d'elles-mêmes qu'elles cherchent à le faire croire. Elles s'échinent à se mettre en valeur, évoquant sans arrêt leurs qualités et les succès qu'elles rencontrent ; mais qu'un événement survienne qui menace tout ce bel édifice et, soudain, leur comportement change : elles veulent avoir le dernier mot en toute circonstance, se montrent excessivement susceptibles et entrent dans de violentes colères dès lors qu'on les critique. Elles qui paraissaient si fortes dévoilent dans ces moments-là toute leur fragilité. À croire que les efforts qu'elles déployaient pour nous convaincre de leur valeur étaient avant tout destinés à les convaincre elles-mêmes... Une jeune fille de dix-sept ans, Faustine, nous livre son expérience :

« Mes parents avaient invité des amis à eux à passer une semaine dans notre maison de vacances. Le mari m'avait beaucoup impressionnée au début. Il était très beau, bien vêtu, même quand il était en tenue décontractée : on avait l'impression que ses vêtements étaient toujours neufs ou fraîchement repassés. C'était un beau parleur et, surtout, il n'arrêtait pas de donner des conseils à tout le monde, avec une espèce de gentillesse condescendante qui m'agaçait. J'avais l'impression que sa démarche tranquille, son sourire permanent, tout était construit et calculé ; à mon avis, il observait quel effet il produisait sur tout le monde. Il parlait souvent de ce qu'il avait fait de bien : son travail, ses voyages. L'air de rien, il n'arrêtait pas de nous agiter sa réussite sous le nez.

« Un soir, tout le monde participait à un jeu de société où il faut faire deviner des mots à ses partenaires, sans parler mais à l'aide de dessins. Il n'arrêtait pas de parler et de faire le malin, alors qu'il était nul. Avec mon petit frère, on a commencé à le chambrer, et, peu à peu, tout le monde a ri de lui avec nous. Il a commencé à s'agacer et, à la fin, il s'est carrément mis en colère en disant que nous trichions ; et il a quitté la table de jeu en claquant la porte.

« Personne n'en revenait ! On avait l'impression qu'il était devenu quelqu'un d'autre. Comme l'a dit ma mère après le départ de ces amis, au fond, il n'était pas si sûr de lui que ça, ce type, pour s'énerver comme ça sous les remarques débiles de deux ados. »

Alors, stable ou instable, cette estime de soi ? C'est ce que nous allons voir maintenant.

Les quatre grands types d'estime de soi

En observant les associations possibles du niveau et de la stabilité de l'estime de soi, on aboutit à une classification en quatre catégories qui permettent de bien comprendre tout un ensemble de réactions *.

* Nous vous proposons à la fin de ce chapitre un petit guide pour vous aider à faire le diagnostic des profils d'estime de soi.

Niveau de l'estime de soi / Stabilité de l'estime de soi	Haute	Basse
Stable	Haute estime de soi Stable (hautes estimes de soi résistantes)	Basse estime de soi Stable (basses estimes de soi résignées)
Instable	Haute estime de soi Instable (hautes estimes de soi vulnérables)	Basse estime de soi Instable (basses estimes de soi motivées à changer)

Les quatre grands types d'estime de soi

Les deux profils d'une haute estime de soi

➤ Haute et stable

Les circonstances « extérieures » et les événements de vie « normaux » ont peu d'influence sur l'estime de soi du sujet. Ce dernier ne consacre donc pas beaucoup de temps et d'énergie à la défense ou à la promotion de son image. Par exemple, lors d'une réunion professionnelle au cours de laquelle on demande à chacun des participants d'expliquer aux autres son activité et de leur suggérer des idées pour faciliter le travail en commun, le sujet dont l'estime de soi est haute et stable fera preuve de conviction en exprimant son point de vue. Si un interlocuteur le contredit, il écoutera celui-ci sans se montrer tendu et cherchera à le convaincre plutôt qu'à le déstabiliser.

➤ Haute et instable

Bien qu'élevée, l'estime de soi de ces sujets peut ici subir des à-coups importants, notamment lorsqu'ils sont placés dans un contexte compétitif ou déstabilisant. Ils réagissent alors avec vigueur à la critique et à l'échec, qu'ils perçoivent comme autant de menaces, et pratiquent l'autopromotion en mettant en avant leurs succès ou leurs qualités de manière excessive. Si l'on reprend l'exemple de la réunion de travail, le sujet dont l'estime de soi est haute et instable essaiera de se présenter sous un jour favorable, mais tendra à monopoliser le temps de parole. En cas de contradiction, l'irritation le gagnera rapidement, et il cherchera à « mater » son interlocuteur par une critique ou par une plaisanterie agressive.

➤ Des différences qui se révèlent face à l'adversité

Notre nouvelle classification met en évidence deux profils bien différents. D'une part, des individus émotionnellement stables, qui ne se décontenancent pas facilement face à l'adversité et qui gardent une certaine cohérence dans leurs propos et dans leur conduite, que le contexte soit favorable ou défavorable. D'autre part, des sujets plus vulnérables, qui se sentent facilement agressés et remis en question quand ils se trouvent dans des contextes hostiles ou tout simplement critiques. Au « repos », ces deux profils ne se différencient guère. Mais l'écart se forme et se creuse lorsque l'environnement change : la compétition, la remise en question, l'échec sont autant de tests pour la stabilité de l'estime de soi.

HAUTE ESTIME DE SOI STABLE	HAUTE ESTIME DE SOI INSTABLE
Peu de fluctuations de l'estime de soi au quotidien	Fluctuations importantes de l'estime de soi en réponse à des situations quotidiennes
Peu d'énergie consacrée à l'autopromotion	Beaucoup d'énergie consacrée à l'autopromotion
Peu d'énergie consacrée à se défendre ou à se justifier des critiques ou échecs lorsqu'ils sont mineurs	Beaucoup d'énergie consacrée à se défendre ou à se justifier des critiques ou échecs même s'ils sont mineurs
Écoute rationnelle des critiques	Écoute émotionnelle des critiques

Hautes estimes de soi au quotidien

➤ Une tonalité émotionnelle différente

Les états d'âme du sujet dont l'estime de soi est haute et stable sont beaucoup plus tempérés et positifs que ceux de son homologue instable. L'impression dégagée est en général beaucoup plus paisible : il n'est pas en état d'hypervigilance vis-à-vis de son environnement social. Ce n'est pas le cas du sujet à l'estime de soi instable, qui redoute la survenue d'une menace, d'un défi, ou d'une injustice (non-reconnaissance de son mérite). Chez une personne ayant une idée élevée d'elle-même, la fréquence excessive d'émotions négatives ou hostiles (tension, inquiétude, ressentiment, jalousie, colère, affliction, etc.) signe le plus souvent une estime de soi instable[1]. « Je n'arrive pas à croire que mon patron soit aussi content de lui qu'il cherche à nous le faire croire, explique cette secrétaire : il passe la moitié de son temps à se mettre en colère, il est toujours stressé, il n'arrête pas de dire du mal de tout le monde dès qu'il en a l'occasion. C'est dommage, parce qu'il y a des moments où il est charmant. »

➤ Une haute estime de soi peut-elle être fragile ?

Une estime de soi haute et stable est solide, résistante. Le sujet ne remet pas sa valeur en question à chaque moment. Il peut donc accepter de ne pas contrôler totalement une situation sans se sentir pour autant inférieur ou diminué. À l'inverse, une personne à l'estime de soi instable, quoique haute, fonctionne comme si tous les défis rencontrés, du plus petit au plus grand, représentaient des rendez-vous majeurs avec son image publique. Ce qui la rend beaucoup plus vulnérable.

Douleur de soi

À la fin de sa vie, le très grand pianiste Sviatoslav Richter accorda une entrevue à la chaîne de télévision Arte. Voici quelques extraits de la transcription de cet entretien[2] :

« On revient au vieil homme assis à sa table, qui nous dit tout ce qu'il pense de la dérisoire vanité de Karajan.

« Il dit, Richter, qu'il n'a jamais trouvé la clé de Mozart, qu'il n'a jamais vraiment su le jouer.

« Puis il lit une dernière phrase sur son vieux cahier : "Je ne m'aime pas." Il lève la tête. Il regarde droit devant lui. Puis il se couvre la tête de ses mains, dans un grand silence. »

Finalement, on peut se demander si les personnes à haute estime de soi instable ne sont pas au fond des sujets à basse estime de soi qui cherchent à donner le change, à elles-mêmes et à leur entourage. Ces individus seraient alors en lutte contre une image d'eux-mêmes plus fragile qu'ils ne veulent l'avouer.

➤ Pourquoi ces différences ?

Il est possible que la réponse à cette question réside dans certaines attitudes parentales. On retrouve souvent, en effet, chez les personnes à estime de soi haute et instable :

— Un écart trop grand entre la valorisation de l'enfant par les parents (« tu es le plus fort, mon chéri ») et les compétences réelles de celui-ci (il se rend bien compte qu'il n'est pas le plus fort, justement), visibles dans les résultats qu'il obtient en situation de compétition sociale (ne pas avoir les meilleures notes en classe, ou ne pas être le plus populaire dans la cour de récréation).

— Des parents idéalisés et distants, qui s'occupent bien d'eux-mêmes et mal de leur progéniture, d'où la nécessité pour l'enfant d'attirer leur attention, de se faire valoir, de leur montrer ses mérites pour être enfin digne de leur intérêt.

— Des parents qui présentent eux-mêmes une haute estime de soi instable. Il s'agit alors d'une transmission directe du modèle parental, par imitation.

— Des parents qui ne s'intéressent à leur enfant qu'en fonction des compétences de celui-ci.

Quant aux sujets dont l'estime de soi est haute et stable, on observe fréquemment :

— Des modèles parentaux qui présentent eux-mêmes les caractéristiques d'une estime de soi haute et stable, offrant donc à l'enfant des occasions régulières de voir comment répondre calmement à une critique ou comment être estimé par les autres sans avoir à se faire valoir en permanence.

— Des parents soucieux d'une valorisation réaliste de l'enfant, ajustée à ses compétences ou à ses possibilités réelles.

— Des parents proches et disponibles, qui ne contraignent pas l'enfant à toujours trop en faire pour obtenir leur attention.

Introvertis et extravertis

Les psychologues parlent souvent d'introversion et d'extraversion. Ces deux dimensions de notre personnalité permettent aussi de dévoiler quelques différences entre les sujets à haute estime de soi stable et ceux à haute estime de soi instable.
Si vous êtes extraverti, vous êtes sensible aux réactions de votre environnement extérieur, aux éloges ou aux critiques des autres, à l'admiration d'un public. Vous exprimez volontiers votre point de vue ou vos émotions (prototypes : l'homme politique, le commercial).
À l'inverse, si vous êtes introverti, vous êtes plus préoccupé par votre monde intérieur, moins sensible aux variations de votre environnement et aux attitudes de votre entourage, vous exprimez peu vos émotions (prototypes : le chercheur, l'informaticien).
Ainsi, deux personnes à haute estime de soi se comporteront différemment en société.
Le sujet à haute estime de soi extraverti s'exprime volontiers, apprécie les éloges, réagit ouvertement à la critique, peut paraître « vantard » aux personnes moins à l'aise que lui pour se mettre en valeur.
Le sujet à haute estime de soi introverti est plus silencieux, semble moins sensible aux éloges. Si on le contredit, il n'a pas l'air de s'émouvoir immédiatement, mais peut par la suite se défendre avec vigueur, ce qui surprendra ses interlocuteurs qui le croyaient indifférent.

Les deux profils d'une basse estime de soi

➤ Basse et instable

L'estime de soi de ces personnes est globalement sensible et réactive aux événements extérieurs, qu'ils soient positifs ou négatifs. Elle passe régulièrement, à la suite de succès ou de satisfactions, par des phases où elle est plus élevée qu'à l'habitude. Cependant, ces progrès sont souvent labiles, et son niveau redescend peu après, quand de nouvelles difficultés surgissent. Les sujets qui entrent dans cette catégorie font des efforts pour se donner à eux-mêmes et aux autres une meilleure image. Dans notre exemple de la réunion de travail, il s'agirait d'un sujet que l'on n'entend pas beaucoup, qui se présente avec modestie. Quand il avance des idées, c'est avec prudence, en guettant les réactions des autres. Contredit, il est vite déstabilisé et a tendance à ne pas s'opposer fermement à l'opinion adverse. Toutefois, s'il sent qu'il est accepté, il peut se détendre et mieux s'expliquer.

➤ Basse et stable

Ici, l'estime de soi est peu mobilisée par les événements extérieurs, même favorables. Le sujet semble consacrer peu d'efforts à la promotion de son image et de son estime de soi, dont il accepte et subit en quelque sorte le bas niveau. Dans notre exemple, ce personnage risque de passer inaperçu. Il faut le solliciter pour qu'il parle et, dans ce cas, il préfère en général se rallier aux opinions émises avant lui. Si on insiste pour qu'il s'explique mieux, on a vite l'impression de le mettre au supplice. Il peut à ce moment émettre des points de vue assez négatifs.

Le Journal *de Jules Renard*

Tenu de 1887 à 1910, le *Journal* de Jules Renard est un chef-d'œuvre d'intelligence et de finesse d'observation. On perçoit à sa lecture que son auteur disposait d'une estime de soi plutôt basse et instable. De nombreuses notes témoignent de ses réflexions sur la psychologie de l'estime de soi :

« J'aime beaucoup les compliments. Je ne les provoque pas, mais je souffre quand on ne m'en fait pas, et, quand on m'en fait, j'arrête tout de suite : je ne laisse pas la personne s'étendre comme je voudrais. »

« D'expérience en expérience, j'en arrive à la certitude que je ne suis fait pour rien. »

« Envieux par instants, je n'ai jamais eu la patience d'être ambitieux. »

« Je veux faire les choses bien, et je désire que quelqu'un, n'importe qui, s'en aperçoive. »

« Le bonheur, c'est d'être heureux ; ce n'est pas de faire croire aux autres qu'on l'est. »

« Je deviens un peu plus modeste, mais un peu plus orgueilleux de ma modestie. »

« Une résignation à ressort. »

➤ L'envie de progresser

Les sujets dont l'estime de soi est basse et instable sont désireux d'améliorer leur condition et leurs états d'âme. Ils agissent en conséquence. Ceux dont l'estime de soi est basse et stable paraissent, quant à eux, « résignés ». Ils fournissent peu d'efforts pour se valoriser à leurs yeux ou à ceux d'autrui. Là encore, c'est la présence d'un environnement social qui permettra le plus clairement d'établir les différences : les premiers sont alors soucieux de ne pas se trouver en échec ou rejetés, tandis que les seconds s'y résolvent à l'avance.

➤ Le désir d'être accepté

Les personnes à l'estime de soi basse et instable sont beaucoup plus sensibles qu'elles ne le laissent paraître au regard que la société porte sur elles. Elles ont le triomphe modeste et la souffrance discrète. « Il y a des enfants que j'aime par-dessus tout, nous dit un jour une institutrice : ce sont les modestes, les petites souris grises, soucieuses de bien faire. Il faut voir comme ils sont heureux lorsqu'ils obtiennent une bonne note. Tout reste à l'intérieur d'eux, mais ils rayonnent, on sent qu'ils sont sur un petit nuage. Leurs déceptions sont discrètes elles aussi ; ils n'affichent pas leur peine, mais elle est bien là, c'est émouvant. Ces enfants me touchent, car je me retrouve en eux. J'étais exactement comme ça à leur âge. Toujours dans le doute sur moi, toujours soucieuse de bien faire. Très rassurée quand ça marchait, doucement triste quand je ne réussissais pas comme attendu. D'ailleurs, je suis encore comme ça aujourd'hui... »

➤ Aux origines de la basse estime de soi

Comme précédemment, les parents semblent jouer un rôle non négligeable. Ainsi, on retrouve souvent chez les personnes à estime de soi basse et instable :

— Un déficit de renforcements et d'encouragements de la part des parents, malgré une affection réelle. « Mes parents m'aimaient bien, mais ne m'ont jamais encouragé ou rassuré sur ma valeur. »

— Des compétences de l'enfant limitées (par exemple à l'école) ou une impopularité auprès des autres enfants. « J'étais un mauvais élève à l'école, nous dit l'un. Ça m'a complexé de façon très

Basse estime de soi stable	Basse estime de soi instable
Peu de fluctuations d'estime de soi au quotidien	Fluctuations vers le haut possibles
États émotionnels régulièrement négatifs	États émotionnels mixtes : négatifs mais avec des moments positifs
Pas d'efforts pour augmenter l'estime de soi	Efforts pour augmenter l'estime de soi
Impact émotionnel du feed-back, mais peu de conséquences comportementales	Impact émotionnel du feed-back, et conséquences comportementales d'ajustement
Conviction de l'inutilité de la poursuite d'objectifs personnels	Désirabilité sociale détournant des intérêts personnels

Basses estimes de soi au quotidien

durable et très profonde, même si je ne me le suis jamais avoué pendant toutes les années où j'étais en échec. » « Je n'ai jamais réussi à être appréciée des autres enfants, nous raconte l'autre. J'avais au maximum une ou deux copines, aussi marginales que moi. Je ne sais pas bien à quoi c'était dû : ma timidité, mes lunettes, mes cheveux roux... Mais aujourd'hui encore, je doute de ma capacité à plaire aux autres. »

— Une surprotection parentale avec peu de valorisation de l'enfant[3]. « Ma mère me couvait tout en me répétant que j'étais son gros bébé, que sans elle je n'aurais que des ennuis, etc. Comment voulez-vous que je sois sûr de moi aujourd'hui ? »

Chez les personnes à estime de soi basse et stable, les mêmes types de causes sont retrouvés, en général plus accentuées. Quelques différences spécifiques sont cependant à signaler :

— Des événements de vie ayant provoqué chez l'enfant un sentiment d'absence de contrôle sur son environnement, par exemple le décès ou un état dépressif avéré d'un des parents.

— Des carences affectives importantes. Les troubles de l'estime de soi s'accompagnent alors d'autres manifestations pathologiques, dont nous reparlerons.

Cioran, une basse estime de soi stable ?

Essayiste et moraliste français d'origine roumaine, Emil Michel Cioran (1911-1995) a laissé une œuvre qui atteint aux sommets du nihilisme. La lecture de ses aphorismes[4] représente sans doute une des meilleures introductions possibles à la psychologie des personnes à basse estime de soi stable :

« Pour l'anxieux, il n'existe pas de différence entre succès et fiasco. Sa réaction à l'égard de l'un et de l'autre est la même. Les deux le dérangent également. »

« Une seule chose importe : apprendre à être perdant. »

« C'est une grande force, et une grande chance, que de pouvoir vivre sans ambition aucune. Je m'y astreins. Mais le fait de m'y astreindre participe encore de l'ambition. »

« Mon mérite n'est pas d'être totalement inefficace, mais de m'être voulu tel. »

« Le plaisir de se calomnier vaut de beaucoup celui d'être calomnié. »

« Tout succès est infamant : on ne s'en remet jamais, à ses propres yeux, s'entend. »

« La seule manière de supporter revers après revers est d'aimer même l'idée de revers. Si on y parvient, plus de surprises : on est supérieur à tout ce qui arrive, on est une victime invincible. »

« Condition indispensable à l'accomplissement spirituel : avoir toujours mal misé. »

« Marcher dans une forêt entre deux haies de fougères transfigurées par l'automne, c'est cela un *triomphe*. Que sont à côté suffrages et ovations ? »

Idéaliser les sujets à haute estime de soi stable et dévaloriser les autres serait, là encore, une erreur. Tout ne peut se résumer à l'estime de soi chez une personne. Il existe des personnages à haute estime de soi stable dont les autres traits de caractère les rendent désagréables. Car si la haute estime de soi est souvent un des ingrédients du succès, elle n'est nullement une garantie d'élévation morale : Al Capone, Hitler, Tamerlan et la plupart des grands dictateurs de l'histoire ont le plus souvent été des personnages à haute estime de soi. Il serait imprudent, cependant, d'en faire des modèles...

La stabilité de l'estime de soi peut aussi varier selon les domaines. Colbert, le Premier ministre de Louis XIV, présentait ainsi une haute estime de soi à double visage. Dans sa fonction de ministre, il avait toutes les caractéristiques d'une haute estime de soi stable : ténacité à faire aboutir des réformes indispensables à l'État, capacité à travailler dans l'ombre de son roi, sans rechercher à briller (ce qui n'était ni facile ni recommandable aux côtés d'un tel souverain). Dans son positionnement social, par contre, ce grand bourgeois anobli ne sut jamais se faire accepter à la Cour, où il se montra toujours froid et glacial (madame de Sévigné le surnommait « Le Nord »), et fit preuve d'âpreté et d'avarice pour asseoir sa fortune en profitant de ses fonctions.

Comme au chapitre précédent, il faut donc relativiser. Selon les circonstances, la plupart d'entre nous adoptent des comportements variables. Parfois, nous nous sentons en confiance, et notre estime de soi se montre stable. D'autres fois, parce que nous sommes fatigués ou que nous ne nous sentons plus en sécurité, nous adoptons des réflexes qui signent une estime de soi instable...

Comment diagnostiquer les différents profils d'estime de soi ?

Nous vous proposons de tester l'estime de soi des personnes qui vous entourent, ainsi que la vôtre, à travers les réactions à quatre situations clés : succès, compliments, échecs, critiques.

Observez (sur un nombre suffisant de situations) les réponses dans ces moments, révélateurs de la stabilité de l'estime de soi.

Type d'estime de soi	Réaction type en réponse à un succès	Réaction type en réponse à un compliment
Estime de soi haute et stable	« Je suis content, ça me fait plaisir d'y être arrivé »	« Merci beaucoup »
Estime de soi haute et instable	« Je vous l'avais bien dit, et attendez, vous n'avez encore rien vu, ceux qui n'y croyaient pas ont l'air malin aujourd'hui »	« Encore, encore ! »
Estime de soi basse et instable	« Est-ce que je vais être à la hauteur maintenant ? »	« Oh, vous savez, je n'ai aucun mérite »
Estime de soi basse et stable	Tombe gravement malade huit jours après	« Arrêtez, ça ne m'intéresse pas »

Les réactions aux succès et aux compliments

Type d'estime de soi	Réaction type en réponse à un échec	Réaction type en réponse à une critique
Estime de soi haute et stable	« Je n'ai pas réussi cette fois-ci »	« Ah bon... et pourquoi me dites-vous ça ? »
Estime de soi haute et instable	« Qu'est-ce que vous y connaissez, vous, d'abord ? »	« Et vous, vous vous êtes regardé ? »
Estime de soi basse et instable	« J'ai eu des problèmes de préparation, je n'ai pas été bon »	« Vous croyez ? »
Estime de soi basse et stable	« Oui, je suis nul, vous ne l'aviez pas encore remarqué ? »	« Oui, et plus encore que vous ne le dites »

Les réactions aux échecs et aux critiques

Deuxième partie

COMPRENDRE L'ESTIME DE SOI

Chapitre V

D'où vient l'estime de soi ? Que faire avec bébé ?

« Et elle était sincèrement curieuse de découvrir comment Yvette conservait son contentement d'elle-même, cet attribut solide qui lui avait été conféré, semblait-il, à la naissance. »

Anita Brookner

« Je me souviens d'avoir grandi dans l'indifférence. » La jeune femme qui s'exprime ainsi a le regard triste et calme. Quand elle raconte son enfance, elle le fait sans ressentiment particulier, sur le ton du constat.

« Mes parents, poursuit-elle, n'étaient ni gentils ni méchants. Simplement, je ne les intéressais pas. Ils n'étaient guère sensibles à mes peines, pas davantage à mes joies. Et d'ailleurs, j'ai vite pris l'habitude de ne plus les leur montrer. Mais aussi, de ne plus en ressentir. Je me sentais sans intérêt, mais passivement, sans me révolter, et presque sans en souffrir. Du moins, ce n'était pas clair à ma conscience. Devenue adulte, j'avais ce sentiment tenace d'être quelqu'un sans importance. Enfant sans intérêt et adulte sans importance. Petite fille, je me souviens d'avoir entendu mes parents parler de ces histoires atroces de gens morts dans leur appartement sans que personne ne s'en aperçoive. Ça me perturbait à un degré anormal : aucune fillette de mon âge ne se tracassait pour ça ; moi, si. Et aujourd'hui, je me sens toujours concernée par ce genre de fait divers. C'est la trace de mon enfance : la peur d'être oubliée morte comme je l'ai été vivante. »

Dans les récits de nos patients, nous entendons souvent l'histoire d'une estime de soi malmenée et mal construite dès l'enfance. Parfois aussi, mais généralement hors de nos cabinets de consultation, nous rencontrons, à l'inverse, des adultes qui, malgré un « mauvais départ », ont réussi à construire une estime de soi très forte, se sont montrés très résistants face à l'adversité, dès leur enfance, ou plus tard, en reconstruisant une estime de soi solide. Dans tous les cas, pour comprendre l'estime de soi d'un adulte, il faut toujours se pencher sur celle de l'enfant qu'il fut.

Les premiers pas de l'estime de soi

À partir de quel âge peut-on parler d'estime de soi chez un enfant ? Un nouveau-né plus attendu qu'un autre a-t-il déjà une estime de soi supérieure à celle de son voisin moins choyé ? Sans doute l'apparition régulière de visages parentaux souriants et attentifs joue-t-elle un grand rôle dans la constitution de l'estime de soi future. Mais les chercheurs d'aujourd'hui ne s'autorisent pas à parler d'estime de soi à ce stade précoce de la conscience.

Les débuts de l'estime de soi sont en fait tout simplement corrélés à ceux de la conscience de soi, dont nous avons vu qu'elle était l'une de ses composantes importantes. Il semble que ce soit vers l'âge de huit ans que les enfants accèdent à une représentation psychologique globale d'eux-mêmes [1] qui puisse être mesurée et évaluée scientifiquement. Ils sont alors capables de dire qui ils sont au travers de différentes caractéristiques – aspect physique, traits de caractère – et de décrire leurs états émotionnels. Ils perçoivent leurs invariants, comprennent qu'à travers les différents moments qu'ils vivent ils restent les mêmes. Le regard qu'ils commencent à porter sur cette personne dont ils prennent peu à peu conscience constitue la base de leur future estime de soi.

Pour autant, l'observation des enfants montre que les choses se mettent en place avant cette huitième année, même si elles sont difficiles à évaluer scientifiquement. Encore mal étudiée par les chercheurs, l'estime de soi des jeunes enfants est une réalité bien connue des parents, ce que vont nous montrer les observations suivantes.

Faire plaisir à Maman

Céleste, neuf mois, a compris comment faire du bruit en appuyant sur un jouet reçu à Noël. Voyant que sa mère s'en amuse, elle répète l'opération plusieurs fois en l'observant et, chaque fois, éclate de rire. « Elle est fière d'elle », dit la mère.

Cette fierté est-elle déjà de l'estime de soi ? La conscience que Céleste a d'elle-même n'en est peut-être pas encore là. Mais cette même mère, quand nous l'interrogeons sur le phénomène, nous répond : « L'estime de soi de mes enfants ? Mais tant qu'ils sont tout petits, ils n'en ont pas, d'estime de soi ! Ce n'est pas vraiment la leur. Elle dépend trop de l'estime que moi je leur porte. »

De fait, pour parler d'estime de soi, une certaine autonomie vis-à-vis des parents est nécessaire.

Réussites de tout-petits

Louise, trois ans, vient pour la première fois de sa vie d'attraper le pompon du manège. Jusqu'à présent, elle voyait les plus grands s'en saisir. Au début, elle ne s'est pas lancée dans la compétition. Puis, elle a essayé, mais sans succès. Aujourd'hui, ayant réussi son exploit, elle regarde autour d'elle avec fierté ses parents, sa sœur aînée, les spectateurs éventuels. Lorsqu'elle reçoit son ticket en récompense, elle refuse de s'en servir, préférant le garder comme trophée. En descendant du manège, elle est l'objet d'attentions de la part de sa sœur et de ses camarades, comme un footballeur qui vient de marquer un but. D'un coup, son estime de soi vient d'être augmentée. Son comportement va s'en trouver modifié pour le restant de l'après-midi : Louise sera plus calme, plus autonome par rapport à ses parents, plus entreprenante avec les autres enfants.

Les réussites enfantines pèsent sur l'estime de soi, et l'on peut même les hiérarchiser : réussir une performance à la maison, par exemple un puzzle, sera gratifiant, mais moins qu'en milieu extérieur, par exemple s'élancer d'un toboggan élevé. Et, bien sûr, rien ne vaudra une victoire dans un jeu compétitif (gagner « à la course » ou à un jeu de société).

Se faire une place

Dès l'âge de trois ou quatre ans, l'enfant commence à se préoccuper de son acceptation sociale. Le lien entre cette préoccupation et l'estime de soi est très étroit, comme le montre la petite Marion. Entre deux et trois ans, elle se demande si elle est jolie avec ses cheveux bouclés (elle est la seule à la crèche à en avoir) et pose souvent la question à ses parents. À trois ans, elle pleure certains soirs parce qu'elle trouve que ses amis ne l'aiment pas assez. Entre trois et quatre ans, alors que ses parents et sa sœur cadette sont assez indifférents à leur propre façon de s'habiller, elle commence à passer du temps devant sa garde-robe le matin, en expliquant : « Vanina, elle a dit qu'elle mettrait sa jolie robe aujourd'hui. Alors, moi aussi, il faut que je sois belle. »

Se faire valoir

Les tentatives des enfants pour se valoriser aux yeux d'autrui commencent elles aussi assez tôt. Ainsi, entre six et huit ans, ils comparent leurs parents respectifs : « Ma mère, elle est plus belle que la tienne ! » « Mon père, il est pompier ! » Plus tard, entre huit et douze ans, les rêveries sur la filiation sont assez fréquentes : « Mes parents ne sont pas mes parents, en fait. Je suis la fille de... » Suit le nom d'un personnage valorisant, célèbre ou prestigieux.

Mais ils peuvent être aussi en butte à des difficultés de l'estime de soi. On sait, par exemple, que certains enfants sont « complexés » par leurs parents. La chose est souvent anodine. Une mère de famille nombreuse nous racontait ainsi que, pour elle, le premier signe d'entrée dans l'adolescence était le moment où ses enfants commençaient à avoir « honte » d'elle. Ils lui demandaient alors de ne pas marcher trop près d'eux, de ne plus les accompagner à la porte du collège, ou de ne pas les embrasser devant leurs camarades. Mais le rejet porte ici plus sur la fonction parentale que sur la personne même du parent. Les choses sont plus douloureuses lorsque les parents sont hélas réellement porteurs de caractéristiques marginalisantes. Ce fut le cas de l'une de nos patientes qui nous raconta toute sa culpabilité d'avoir eu honte de sa mère qu'une maladie de la hanche faisait boiter. À la mort de celle-ci, elle avait fait une très grave dépression, durant laquelle elle s'était beaucoup reproché d'avoir maltraité une mère que son infirmité rendait déjà certainement très malheureuse.

Avoir honte de ses racines

De nombreux écrivains ont raconté, dans leurs souvenirs d'enfance, comment ils avaient pu ressentir de la honte vis-à-vis de leur milieu d'origine. Par exemple John Fante, dans *Le Vin de la jeunesse* :
« Dans l'obscurité, je rejoins à tâtons la chambre de ma mère. Mon père dort à côté d'elle, et je la secoue doucement pour ne pas le réveiller. Je chuchote : "Tu es sûre que papa n'est pas né en Argentine ?"
"Non, ton père est né en Italie."
Je retourne me coucher, inconsolable et dégoûté [...].
Je commence à croire que ma grand-mère est une indécrottable ritale. C'est une petite paysanne boulotte qui se promène les mains croisées sur le ventre, une vieille dame simple qui adore les petits garçons. Elle entre dans ma chambre et tente de discuter avec mes amis. Elle parle anglais avec un accent déplorable, elle allonge les voyelles comme des cerceaux qui roulent. En toute simplicité, elle aborde un de mes copains et, avec un sourire dans son vieux regard, elle lui demande : "Tou aimes aller à la scola des bonna sœurs ?" Alors je grince des dents. Mannaggia ! Tout est foutu ; maintenant ils sauront que je suis italien[2]. »

Certains enfants ont, quant à eux, recours à la mythomanie. Ils racontent des histoires imaginaires dans lesquelles ils se donnent un rôle avantageux, ou disent connaître des secrets « très importants » pour se valoriser aux yeux de leurs auditeurs. Bien que les enfants mythomanes ne soient pas à proprement parler des menteurs, ils finissent plus ou moins par croire ce qu'ils racontent et, ainsi, par se mentir à eux-mêmes. Pascal, architecte, parlant de son filleul âgé de seize ans, nous en donne un bon exemple :

« J'aime beaucoup ce garçon, mais il me fait aussi pitié. Il faut toujours qu'il en rajoute. Ses parents et moi redoutons les vacances d'été dans la maison familiale, où tous les cousins se retrouvent. Il doit y être mal à l'aise, peut-être à cause de son échec scolaire par rapport à eux. En tout cas, il se sent obligé de se faire mousser : raconter qu'il a pris l'avion à côté de Carole Bouquet, avec qui il a beaucoup parlé ; affirmer qu'il est ceinture noire de judo ; parler de ses contacts avancés pour créer une société d'informatique...

« Tout le monde est gêné, car le mensonge est totalement évident. Personne n'ose lui en parler, par gentillesse. Un jour, j'ai essayé de lui parler en tête à tête après une soirée très pénible, où il s'était rendu ridicule en mentant plus que d'habitude. Mais j'ai compris qu'il ne pouvait pas revenir en arrière : pour ne pas perdre la face ; et aussi parce qu'il y croyait à moitié lui-même, tellement il avait envie que ce soit vrai... C'est un pauvre garçon, dans le fond. Mais tout ça ne l'aide pas à s'en sortir. Il a pourtant des qualités sur lesquelles il pourrait s'appuyer. Mais c'est comme s'il ne les voyait pas, ou s'il n'y croyait pas. »

RÉCRÉ, TON UNIVERS IMPITOYABLE...

Les adultes ont la mémoire courte... Contrairement à ce que beaucoup d'entre eux pensent, les cours de récréation tiennent plus de *Dallas* ou de *Dynasty* que de *La Petite Maison dans la prairie* ! Conflits, alliances, jalousies, exclusions, banissements, humiliations représentent en effet une partie du quotidien de chaque écolier[3]. Il en est de même pour la compétition et pour la comparaison sociale.

L'impact de ces événements sur l'estime de soi est plus important que les parents n'ont tendance à le croire. En tout cas, lorsque nos patients à l'estime de soi fragile nous en parlent en thérapie, ils n'ont aucun mal à retrouver, certes *a posteriori*, des souvenirs de ce type parfois très violents ou humiliants. Écoutons Marie-Claire, une assistante sociale de quarante ans :

« Je suis déjà allée en thérapie chez une psychologue alors que j'avais sept ou huit ans. C'était à cause de mes problèmes à l'école. Je n'aimais pas beaucoup cet univers. Je me souviens très clairement des rentrées scolaires. J'étais terrifiée par la masse des élèves. Je les classais en deux catégories : ceux qui étaient plus forts et plus grands que moi ; et ceux qui étaient plus dégourdis et plus populaires. Après quelques jours, je finissais par repérer une troisième catégorie de population, à laquelle je me rattachais sans joie : les isolés martyrisables.

« Même mes bonnes performances scolaires (je ne voulais pas en plus me mettre les professeurs à dos) ne me rassuraient pas : en tant que bonne élève fragile, j'étais alors cataloguée parmi les "chouchous à lunettes" et persécutée en tant que telle. J'avais des complexes terribles sur moi, je me trouvais nulle et sans intérêt aucun. Il me semblait même que les autres ne s'étaient pas complètement rendu compte à quel point j'étais nulle. Je faisais des cauchemars où tout le monde me poursuivait pour me frapper ou me cracher dessus, je somatisais, j'avais toujours mal quelque part, surtout les dimanches soir, à l'idée de reprendre l'école le lendemain.

« Mais, bien sûr, je n'osais pas parler de tout ça à mes parents : j'avais peur qu'ils ne me comprennent pas. Et puis, eux-mêmes ne me paraissaient pas si doués que ça, ils me faisaient un peu honte, je les sentais fragiles. »

Les enfants d'âge scolaire se livrent, sans que l'on s'en doute toujours, à des comparaisons sociales très attentives[4]. Si on le leur demande, la plupart d'entre eux sont capables de classer précisément leurs camarades dans différents domaines : beauté, popularité, performances scolaires, etc., de se positionner eux-mêmes dans ce classement et d'en tirer les conclusions qui s'imposent : « Alexandra, elle est plus belle que moi, alors la maîtresse la préfère » (Luce, cinq ans) ; « Adrien m'a volé mon jouet, et j'ai pleuré, mais comme c'est lui le plus fort, il ne me l'a pas rendu » (César, trois ans).

À partir d'observations rigoureuses en milieu naturel, des chercheurs ont pu établir des profils de comportements sociaux assez nets chez les enfants de vingt-quatre à trente-six mois[5] :

— Les « leaders » adoptent de nombreux comportements « affiliatifs » qui consistent en offrandes à d'autres enfants ou en sollicitations pour les faire participer à leurs jeux. Ils peuvent intervenir comme médiateurs dans les conflits de leurs camarades, mais aussi se montrer dominants pour récupérer un objet.

— Les « dominants agressifs » ont des comportements affiliatifs moins nombreux, mais recourent beaucoup à l'agressivité.

— Les « dominés craintifs » évitent les compétitions ou les conflits. Ils ont souvent des conduites de retrait social, mais adoptent aussi des comportements affiliatifs.

— Les « dominés agressifs » s'engagent dans les compétitions, qui se passent mal pour eux, et ont recours alors aux conduites agressives.

Ces profils comportementaux, et notamment les conduites de dominance ou de soumission, deviennent de plus en plus stables à partir de l'âge de dix-huit mois.

On imagine sans peine (bien que, à notre connaissance, ce type de travaux n'aient pas été conduits) les corrélations entre ces comportements et le niveau d'estime de soi. Les enfants « leaders » bénéficient de nombreuses occasions de valorisation ; ils sont moins vulnérables émotionnellement et pourraient correspondre à des profils d'estime de soi haute et stable. Les enfants « dominants agressifs » ressemblent quant à eux davantage à des profils d'estime de soi haute et instable, avec une perception plus rapide des menaces sur leur leadership et des réactions plus vigoureuses pour défendre celui-ci, le tout accompagné d'un savoir-faire relationnel global moins bon.

CONSEILS AUX PARENTS

Les cinq domaines les plus importants dans la constitution de l'estime de soi des enfants et des adolescents[6] sont : l'aspect physique (« est-ce que je plais aux autres ? ») ; les compétences athlétiques (« est-ce que je suis bon[ne] en sport ? est-ce que je cours vite ? est-ce que je sais me défendre ? ») ; la popularité auprès des pairs (« est-ce qu'on m'aime bien dans ma classe, mon école, est-ce que j'ai beaucoup d'amis ? ») ; la conformité comportementale (« est-ce que je suis considéré(e) comme quelqu'un de fiable par les adultes, est-ce que je respecte les règles sociales : politesse, discipline, etc. ? ») ; la réussite scolaire (« ai-je des résultats corrects ? »).

Mais il ne suffit pas que l'enfant soit performant, de son point de vue ou de celui des autres, dans ces domaines. Être premier de la classe n'a jamais protégé d'un gros chagrin... En fait, toutes les études le montrent, les enfants à haute estime de soi se trouvent compétents dans les domaines où ils jugent qu'il est important de l'être ; et ils se contentent de performances médiocres dans les autres. Observons par exemple Jacques et Jean. Ces deux jeunes garçons ont à peu près le même profil : ils ne sont pas très doués pour les études ni forts en muscles ou en adresse, mais ils sont populaires, car ils ont intégré les règles de leur groupe social, et sont plutôt satisfaits de leur apparence. Cependant, leurs scores d'estime de soi sont très différents (voir figure page suivante). Jacques considère que les domaines où il n'excelle pas ne sont pas de première importance. De ce fait, il se sent mieux dans sa peau que Jean, aux yeux de qui la réussite scolaire et athlétique est indispensable à une bonne estime de lui-même.

Jacques

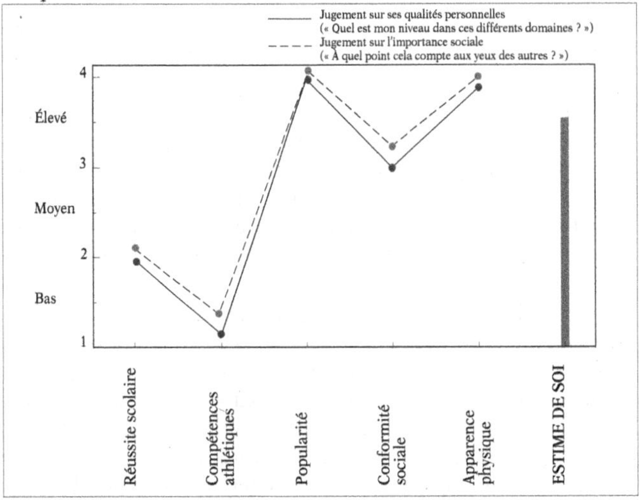

Jean

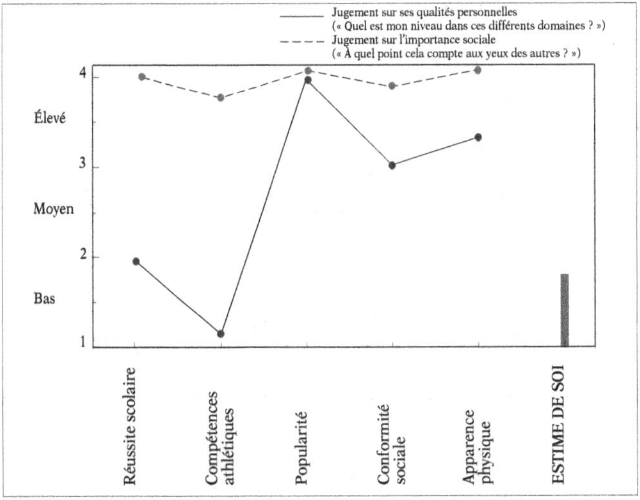

Estime de soi et attentes de performances
(d'après S. Harter in *R. F. Baumeister,* op. cit.*)*

Alors, parents, un conseil : prenez toujours au sérieux les doutes et les plaintes de votre enfant lorsqu'il porte un jugement sur lui-même. L'effort en vaut la peine.

Tout d'abord, en ouvrant le dialogue avec lui à ce sujet, en vous montrant intéressés et à l'écoute de ses doutes, vous l'entraînerez à utiliser plus tard, quand il sera adulte, ce que l'on appelle le « soutien social » : parler à des proches de ses difficultés pour obtenir en retour des informations ou des émotions positives. Nous verrons plus loin combien ce soutien joue un rôle important dans l'estime de soi.

Ensuite, grâce à vos conseils et à votre expérience, vous l'aiderez à relativiser ses inquiétudes. Attention toutefois à respecter certaines règles, présentées dans le tableau ci-dessous. Souvenez-vous également que, si ces dialogues n'ont pas lieu dès l'enfance, il est inutile d'espérer qu'ils se produisent à l'adolescence : à ce moment de sa vie, et bien qu'il soit confronté à des difficultés aussi sérieuses que lorsqu'il était plus jeune, les capacités de votre enfant à se confier et à se dévoiler à vous sont en effet beaucoup plus faibles...

CONSEIL	DITES
Prenez le temps d'écouter attentivement votre enfant, de bien lui faire préciser l'intégralité de sa pensée et de ses préoccupations, avant de commencer à le rassurer	« Tu as peur de ne pas être assez jolie, c'est bien ça ? Je vais te dire ce que j'en pense, mais, d'abord, dis-moi pourquoi ça te tracasse comme ça ? Tu penses à ça depuis quand ? »
Évitez de minimiser l'importance de ses soucis : « Oh, écoute, il y a des choses bien plus graves dans la vie : les petits Africains qui meurent de faim ne se posent pas ce genre de questions »	« Je vois bien que ça te tracasse de t'être fâchée avec Fanny. J'ai l'impression que ça te rend vraiment triste. Je comprends, ce n'est pas agréable de se fâcher avec des amis, ça arrive même aux adultes... »
Essayez de montrer à votre enfant que ses doutes sont probablement partagés par d'autres enfants	« Tu crois que la maîtresse préfère tous les autres à toi ? Tu ne penses pas que, parfois, les autres ont l'impression aussi que la maîtresse ne les aime pas ? »
Ne cherchez pas à le rassurer trop vite, à peine compris son problème : « Ah, c'est ça qui te tracassait depuis lundi ? Mais ce n'est rien, mon chéri, ça n'a absolument aucune importance »	« Ah, c'est ça qui te tracassait depuis lundi ? Bon, eh bien, je préfère que tu me l'aies dit, je ne comprenais pas ce qui t'arrivait. Tu veux bien m'en parler un peu plus ? »
Si vous pensez pouvoir apporter des réponses à votre enfant, essayez d'abord de le faire réfléchir à ses propres solutions	« Comment arriver à ce que ta maîtresse s'occupe plus de toi ? »

L'écoute parentale

Si vous décidez d'aider votre enfant à consolider son estime de soi, essayez aussi d'éviter les excès.

Ne vous montrez pas trop intrusif en cherchant à être présent dans chacun de ses problèmes. Il est normal qu'il affronte seul un certain nombre de difficultés. Veillez simplement à ce qu'elles demeurent à sa portée. N'intervenez que si votre enfant est manifestement dépassé ou angoissé.

Ne jouez pas non plus au « psy » en voulant tout savoir des états d'âme de votre rejeton, alors qu'il s'y montre réticent. Inutile de vous lancer quotidiennement dans des interprétations sauvages du genre : « Je sais bien que si tu es méchant avec nous, c'est parce que tu es malheureux. » Forcer l'accès aux doutes sur l'estime de soi de votre enfant peut augmenter son envie de ne rien vous en dire. Et risque même de diminuer l'estime qu'il se porte, son sentiment d'intégrité et d'autonomie psychologiques.

Exercice pour les parents

Rentrée chez elle, une petite fille dit à sa mère : « Maman, à l'école, Angèle et les autres, elles ne me prennent jamais pour jouer. »
D'après vous, quelle est la réponse susceptible de mieux aider cette petite fille qui doute d'elle-même ?

Réponse A :
« Angèle est une idiote et ses copines aussi, ne t'occupe pas d'elles. Tu n'as qu'à jouer dans ton coin tranquillement. Et si elles ne sont pas gentilles avec toi, j'irai voir la maîtresse. »
Réponse B :
« Ah, zut ! Et ça te rend triste ? Bon, raconte-moi ça. Qu'est-ce qu'elles te disent exactement ? Et que fais-tu alors ? »
Réponse C :
« Ah, elles ne te prennent jamais pour jouer ? Je vois, je vois... Ça te rappelle quand tu étais petite et que les grands ne voulaient pas jouer avec toi, hein ? Et c'est pour ça que cette année tu as de moins bonnes notes... Tu as peur de ne pas être intéressante, que plus personne ne t'aime... »

Vous avez répondu A :
Un peu interventionniste, non ? Le risque est que la fillette en arrive à la conclusion que : 1) les personnes qui la rejettent ou la critiquent sont sans valeur, ce qui est une façon artificielle de protéger son estime

de soi ; 2) sans sa mère ou sans défenseur, elle ne peut être socialement reconnue, ce qui n'est pas bon non plus pour l'estime de soi.

Vous avez répondu B :

Bonne réponse ! Avant de prendre position, vous cherchez à comprendre comment l'enfant voit la réalité. Bénéfices pour l'estime de soi : se sentant important et respecté, l'enfant participera à la recherche de solutions.

Vous avez répondu C :

Vous êtes plutôt intrusif et interprétatif. Risqué pour l'estime de soi. Si les interprétations sont vraies, l'enfant va penser qu'il est transparent au regard des autres, que ses parents sont tout-puissants et comprennent bien mieux que lui ce qui se passe et ce qu'il faut faire ; et chez certains, cela dure toute la vie... Si en revanche les interprétations sont fausses, l'enfant se sentira seul et incompris : même ses parents ne peuvent se rapprocher de lui...

La pression des parents... et celle des copains

Le jugement des autres

L'importance que votre enfant accorde aux différents domaines de l'estime de soi que nous avons décrits plus haut ne dépend pas de son seul jugement, mais de celui que des personnes significatives sont susceptibles de porter sur ses compétences.

Il existe pour un enfant quatre sources principales de jugements significatifs, donc quatre sources d'estime de soi : ses parents, ses enseignants, ses pairs (les enfants de sa classe et plus largement de son école), ses amis proches. Quand elles « fonctionnent » toutes, ces quatre sources d'approvisionnement permettent plénitude et solidité de l'estime de soi. Si l'une ou l'autre est défaillante, les autres peuvent y suppléer : on supporte mieux une mésentente avec un enseignant si on sait être apprécié par ses parents et ses amis.

Cependant, quatre sources de jugement, cela fait aussi quatre sources de pression autour de quatre rôles sociaux que l'enfant doit bien tenir s'il veut son compte d'estime de soi : être bon fils ou bonne fille, bon(ne) élève, bon(ne) camarade de classe, bon copain ou bonne copine. Autrement dit, il doit fournir quatre fois plus d'efforts pour préserver une bonne image sociale !

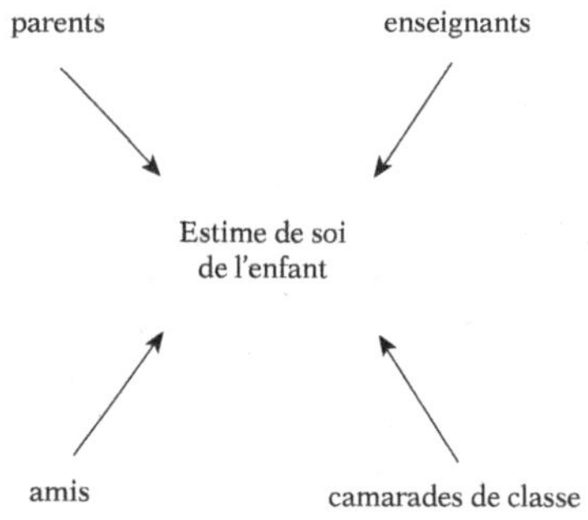

Quatre sources de pression sur l'estime de soi

L'importance respective de ces différentes sources de renforcement de l'estime de soi varie selon l'âge.

— Chez les très jeunes enfants, l'avis qui a le plus de poids est celui des parents. Puis, au fur et à mesure de leur développement, c'est l'importance des pairs qui s'affirme. Ainsi, Marie, deux ans et demi, répond à sa mère qui veut qu'elle mette un pantalon : « Lucie, elle m'a dit qu'on avait le droit d'avoir des robes pour la gym, elle le sait mieux que toi de toute façon. Toi, tu ne vas pas à l'école, alors... »

— Entre trois et six ans, on constate, en quantité et en complexité, une véritable explosion du réseau relationnel de l'enfant[7]. Cette tendance est d'ailleurs plus nette chez les garçons que chez les filles : celles-ci préfèrent les interactions en dyades, alors que leurs congénères évoluent plus volontiers au sein de bandes. Cette période, comparée par certains à une « petite adolescence » (conduites d'oppositions, rôle important des copains, premiers échappements à l'autorité parentale, etc.), est en fait une période clé pour la construction de l'estime de soi, en particulier dans sa dimension sociale, puisque l'enfant se montre très préoccupé de sa popularité.

Mais les parents ne sont pas complètement mis sur la touche. Outre qu'ils restent les plus importants pourvoyeurs d'amour, ce sont encore leurs avis qui comptent dans les domaines de la conformité comportementale et de la réussite scolaire. Par contre, c'est l'avis des pairs qui est considéré comme capital en ce qui concerne l'aspect physique, les compétences athlétiques et la popularité. D'où la difficulté des parents à rassurer leurs enfants dans ces trois domaines : « Mais, Maman, tu ne te rends pas compte ! », ou encore : « Papa, tu ne comprends rien ! »

— À l'adolescence, le mouvement qui fait reculer les parents comme principaux pourvoyeurs de l'estime de soi s'accentue progressivement au profit des personnes extérieures au cercle familial. Cependant, l'impact de l'approbation parentale reste très grand et ne commence à diminuer vraiment que lorsque le jeune quitte la famille. Une enquête du Comité français d'éducation pour la santé, réalisée auprès de quatre mille adolescents, a montré, comme vous le verrez dans le tableau suivant, que les parents ne sont pas des interlocuteurs si mal placés que cela pour la discussion[8].

Interlocuteur	Pourcentages de jeunes (12-19 ans) estimant qu'il est facile de parler de leurs préoccupations à l'interlocuteur en question
Ami(e)s du même sexe	83 %
Mère	78 %
Ami(e)s de sexe opposé	58 %
Père	51 %
Sœur	42 %
Professionnel de santé	38 %
Frère	37 %
Employeur ou collègue (pour les non scolarisés)	27 %
Enseignant (pour les scolarisés)	24 %
Psychiatre ou psychologue	6 %
Quelqu'un d'autre	36 %

À qui se confient les adolescents ?

Du suicide chez l'adolescent

Phénomène en constante augmentation, le suicide est aujourd'hui, en France, la deuxième cause de décès chez les jeunes : environ mille morts par an [9]. Quant au nombre de tentatives de suicide, il est bien plus élevé encore. Pourquoi cette fréquence ? Et pourquoi à l'adolescence ? Certains psychologues expliquent en partie ce phénomène en invoquant un problème d'estime de soi [10].

De nombreux adolescents, on le sait, risquent de présenter un épisode dépressif. Mais la dépression n'explique pas toutes les tentatives de suicide. Certains travaux ont ainsi montré qu'il existait chez l'adolescent une corrélation entre risque suicidaire et basse estime de soi [11]. Comme nous le verrons plus loin, les changements corporels vécus par l'adolescent ne sont pas étrangers à ses problèmes d'estime de soi. De même l'échec scolaire ou les difficultés d'insertion professionnelle, points communs à de nombreux adolescents suicidants [12].

On a aussi parlé du rôle joué par le conformisme social. Comme par contagion, les tentatives de suicide semblent augmenter dans la population après la médiatisation d'un suicide réussi [13]. Le phénomène ne date pas d'aujourd'hui. En 1774, déjà, lors de la parution des *Souffrances du jeune Werther*, le célèbre roman de Goethe, l'Europe connut une véritable épidémie de suicides parce que les jeunes lecteurs imitaient le geste du héros, qui se donne la mort à la fin du livre ! Or ce conformisme, on l'a vu, menace davantage les sujets dont l'estime de soi est fragile.

Enfin, l'adolescent reste très attaché émotionnellement à ses parents, et l'estime qu'il se porte entretient un rapport direct avec la qualité de la relation qu'il a avec eux [14]. Cependant, comme tout, dans son comportement, leur donne le sentiment du contraire, il s'expose à des critiques croissantes de la part de ses géniteurs, d'où une perte importante de soutien social qui n'est pas toujours compensée par le soutien de ses camarades. Résultat : son estime de soi s'effondre à un moment où ses capacités de revalorisation par d'autres expériences sociales ne sont pas encore tout à fait au point. Les plus faibles craquent...

C'est ce qui explique que les tentatives de suicide adolescentes sont souvent un acte d'appel au secours. Elles peuvent aussi, dans certains cas, être une tentative pathétique et désespérée de se redonner un peu d'importance, de se revaloriser : les psychiatres qui travaillent aux urgences dans les services de réanimation savent bien que c'est souvent au moment de la tentative de suicide de leur enfant que les parents arrivent à lui exprimer ouvertement leur affection et leur attachement.

« À l'âge de seize ans, raconte Yasmina, vingt-trois ans aujourd'hui, j'ai fait trois tentatives de suicide. J'étais très malheureuse à l'époque, et surtout, complètement paumée. Je n'avais plus aucun repère ; mon père n'était jamais à la maison, ma mère travaillait comme une folle pour nous nourrir, mes petits frères me cassaient les pieds, les profs du collège m'engueulaient tout le temps. J'avais l'impression que personne ne me comprenait, que personne ne m'aimait. Je me souviens que, la première fois où j'ai avalé les comprimés de ma mère, je m'étais fait tout un cinéma en imaginant mon enterrement : je voyais les gens pleurer, regretter, dire que j'étais une chic fille, et tout ça. Tout ce que je n'entendais jamais en réalité. Ça me faisait presque du bien de penser à ça, ça me donnait presque du courage pour avaler les cachets... »

Les oraisons funèbres sont souvent le moment de notre existence où nous recevons le plus de compliments, où notre entourage, au lieu de nous rappeler incessamment nos défauts, se concentre enfin sur nos qualités. Tant que notre société célébrera de la sorte les disparus plutôt que de s'occuper d'eux quand ils sont vivants, qui pourra reprocher à certains adolescents de faire des tentatives de suicide pour « attirer l'attention sur eux » et d'essayer de remonter ainsi leur estime de soi ?

De l'inconvénient d'être l'aîné... ou le cadet

Après la naissance d'une petite sœur, les affres d'Évangéline, trois ans, ont inquiété ses parents. Ne l'avaient-ils pas un jour retrouvée toute seule, assise dans l'escalier, murmurant : « Maman, Maman, est-ce que tu m'aimes ? » Depuis la naissance du bébé, elle se remettait aussi à faire des bêtises provocantes, à parler comme un tout-petit, à faire pipi au lit... « Elle se dévalorise, elle se met en échec », disait la mère. « Elle se fait du mal elle-même », disait le père. L'estime de soi d'Évangéline n'était pas au mieux...

C'est dur de partager ses parents

La naissance d'une sœur ou d'un frère cadets représente toujours un coup porté à l'estime de soi de l'aîné qui, souvent, s'inquiète et souffre d'avoir perdu son statut d'objet d'amour unique. Selon le profil psychologique, cette souffrance prend différents visages : opposition ouverte, conduites régressives, recherche d'attention, etc. Dans tous les cas, elle témoigne des doutes profonds de l'enfant quant à l'amour que lui portent ses parents – « N'en préfèrent-ils pas un autre ? se demande-t-il. Sont-ils capables de partager vraiment ? » – et, par conséquent, des doutes qu'il a sur lui-même – « Qu'ai-je fait pour qu'ils me punissent ainsi en me mettant un intrus dans les pattes ? Est-ce que je ne leur suffisais pas pour qu'ils soient obligés d'apporter un autre enfant dans la famille ? »

Que vienne au monde un troisième enfant, et c'est au tour du cadet de changer, parfois très douloureusement, de statut : il devient « l'enfant du milieu ». L'aîné, lui, a déjà passé le cap, et l'arrivée du « petit dernier » peut même être vécue par lui comme un bienfait puisque, dans certains cas, c'est son prestige d'aîné qui en ressort grandi.

Marquer son territoire

➤ Estime de soi et rang de naissance

Les aînés et les enfants uniques, semble-t-il, réussissent mieux que les autres dans leurs études : ils enregistreraient des résultats légèrement plus élevés à l'école ou lorsqu'ils passent des tests d'intelligence, et auraient plus de chances d'être admis dans les meilleures universités [15]. Est-ce parce qu'ils ont une plus haute estime d'eux-mêmes ? Ce serait à la fois trop simple... et trop injuste. En fait, tout n'est pas rose pour les aînés, qui seraient moins détendus en société et moins populaires que les cadets [16] ! Ceux-ci bénéficieraient donc d'un autre type d'estime de soi, plus centré sur les relations sociales que sur la performance. Comment l'expliquer ? Par une affaire de territoire. Pour répondre aux attentes des parents, l'aîné investirait son estime de soi dans la réussite et la performance, tandis que, la place du bon élève étant déjà prise, le cadet privilégierait le relationnel.

➤ L'art de la dissuasion

Clémence (cinq ans) et Aude (trois ans) font des dessins sur la table du salon familial. Aude réussit à esquisser un bonhomme maladroit mais convaincant, équivalent à ceux que son aînée réussissait au même âge. Sitôt qu'elle aperçoit le dessin de sa petite sœur, Clémence s'écrie : « Il est nul ton bonhomme, il est mal dessiné ! » Peu après, Aude abandonne la table pour aller jouer à autre chose. Pendant le restant de la matinée, elle refusera de dessiner.

Le même scénario se reproduit pour l'écriture : les tentatives d'Aude sont fréquemment parasitées par les interventions de son aînée, qui s'évertue à la décourager de poursuivre ses efforts. Résultat inévitable : Aude est moins attirée par les matières scolaires que sa sœur aînée. Elle s'y sent plus vite en échec. Et donc a tendance à moins les investir. Était-elle pour autant moins douée au départ ?

On observe fréquemment chez les aînés des tentatives plus ou moins discrètes pour dissuader le cadet de venir mettre en péril leur domination dans les domaines où ils excellent. Clémence, douée pour les matières scolaires, a systématiquement critiqué sa sœur dans ce domaine pour y maintenir son leadership. En revanche, elle lui a facilement abandonné le domaine des compétences physiques. Chez leurs petits voisins de palier, Octave et Charles, c'est l'inverse : l'aîné, dyslexique, a cédé à son puîné le secteur des compétences scolaires, mais veille jalousement à affirmer sa suprématie athlétique. Dans les deux cas, un peu comme le pilote de tête d'une course automobile observant en permanence ses poursuivants dans le rétroviseur, les aînés sont contraints à une surveillance régulière des efforts de leurs cadets, ce qui les rend souvent plus anxieux que ces derniers...

➤ Le stress de l'aîné

Cette anxiété est le signe que le rang de naissance n'influe pas seulement sur le niveau d'estime de soi, mais aussi sur la stabilité de celle-ci. Pour un aîné, l'estime de soi est d'abord très fortement « nourrie » par les parents qui lui consacrent plus de temps, prennent plus de photos de lui qu'ils n'en prendront des suivants, etc. Puis, ces nourritures doivent être partagées : quoi qu'en disent les géniteurs, si l'amour est sans limites, le temps parental, lui, en a.

D'où un sentiment de menace, une conscience plus aiguë qu'il est possible de perdre ce dont on a bénéficié. Et une estime de soi moins stable.

Pour un cadet, par contre, l'affection reçue des parents est partagée dès la naissance. La menace d'une perte possible est donc moins présente à l'esprit de l'enfant (sauf à l'arrivée d'un benjamin). D'autre part, il se tournera plus spontanément vers l'autre nourriture relationnelle de l'estime de soi : l'approbation et l'estime des pairs, dont son aîné a moins besoin puisqu'il dispose de celles des parents. Sentiment de menace moindre, meilleure diversification des sources de valorisation vont donc aboutir à une estime de soi plus stable.

Aînés	Cadets
Estime de soi légèrement plus élevée	Estime de soi légèrement moins élevée
Estime de soi moins stable	Estime de soi plus stable
Estime de soi davantage nourrie par les parents et par les figures d'autorité	Estime de soi plus diversifiée (pairs et relations extérieures)
Performances légèrement supérieures	Bien-être émotionnel légèrement supérieur
Estime de soi investie dans des domaines proches des désirs des parents	Estime de soi investie dans des domaines différents des désirs des parents
Plus légitimistes	Plus révolutionnaires

Rang de naissance et estime de soi

L'esprit de rébellion

Clémence et Aude, nos deux fillettes de tout à l'heure, sont en vacances chez leurs grands-parents. Là, elles retrouvent tous les jouets que ceux-ci ont achetés depuis la naissance de Clémence. Très vite, un conflit éclate : chaque fois qu'Aude s'approche d'un jouet, Clémence se jette sur elle pour le lui reprendre. « Celui-ci, lui explique-t-elle, Papi et Mami me l'ont acheté à moi, et pas à toi ; alors il est à moi, tu ne le prends pas. » De fait, parce qu'elle est plus âgée que sa sœur, Clémence a reçu plus de cadeaux : simple effet chronologique. Mais que peut penser Aude de la situation ? Va-t-elle accepter un ordre établi qui la désavantage honteusement ? Ou bien va-t-elle se révolter contre sa condition ? Ce serait son intérêt. Et c'est d'ailleurs ce qu'elle fit immédiatement, en attaquant sa sœur et en provoquant l'intervention des grands-parents qui procédèrent à un partage équitable des jouets.

Pendant des années, un chercheur américain, Frank J. Sulloway, a comparé les destins personnels en fonction du rang de naissance[17]. Ces recherches rétrospectives tendent à montrer que les aînés sont en général plus conservateurs et les cadets plus révolutionnaires. C'est particulièrement vrai en sciences : sur les vingt-huit grandes révolutions scientifiques de notre histoire, vingt-trois ont été dirigées par des cadets. De façon générale, les aînés ont plutôt défendu les théories déjà en place. Pour expliquer par exemple que la France fut un des derniers bastions à résister aux idées révolutionnaires de Darwin sur l'évolution des espèces, Sulloway rappelle que le déclin de la natalité y fut plus précoce que dans les autres pays européens du XIXe siècle. De ce fait, les savants français qu'il a rencensés avaient en moyenne 1,1 frère ou sœur, alors que cette moyenne était de 2,8 dans les autres pays occidentaux... En politique, les grands révolutionnaires (Danton, Lénine, Trotski, Castro, etc.) ont été dix-huit fois plus nombreux chez les cadets que chez les aînés. Il y a certes des exceptions, comme Che Guevara. Mais Sulloway les explique en montrant que le Che était un faux aîné, un « cadet fonctionnel » : atteint d'un asthme sévère dès l'enfance, il fut choyé par sa mère, et ses quatre cadets s'alliaient pour le tourmenter.

Peut-on en déduire que, en raison de la manière dont ils ont été valorisés, les aînés investissent davantage leur estime de soi dans la défense des traditions (car ils sont en première ligne pour en bénéficier), ne laissant aux cadets qui veulent augmenter leur estime de soi qu'une alternative : plutôt que de se battre sur le terrain des aînés, où ceux-ci sont en position de force, modifier le terrain lui-même ? De nombreux récits vont dans ce sens, comme celui de Marie-Françoise, soixante-cinq ans, qui nous parle de ses deux filles :

« Nous avons eu trois enfants, deux filles aînées et un garçon. Nos deux filles étaient très proches et ont toujours été en rivalité. Mais elles ont eu des comportements très différents. L'aînée a squatté chez nous jusqu'à l'âge de vingt-quatre ans ; j'ai dû la mettre dehors, car elle s'encroûtait complètement. Sa cadette, par contre, est partie à dix-huit ans et l'aurait fait encore plus tôt si nous l'avions laissée libre de ses choix. L'aînée a choisi un métier que j'aurais aimé faire (elle est psychomotricienne), car je me suis toujours piquée de psychologie. La cadette a choisi de devenir musicienne, un métier artistique, jamais pratiqué dans la famille, ce qui a beaucoup inquiété son père au début : en tant qu'ingénieur, il avait du mal à croire qu'on pouvait vivre de ça. L'aînée a longtemps vécu dans la même ville que nous, sa cadette a déguerpi dès qu'elle l'a pu. J'aurais encore beaucoup d'exemples comme ça. Les choix de notre aînée ont toujours été plus conformistes que ceux de sa puînée. Mais finalement, l'important c'est que l'une et l'autre se soient construit une vie agréable. »

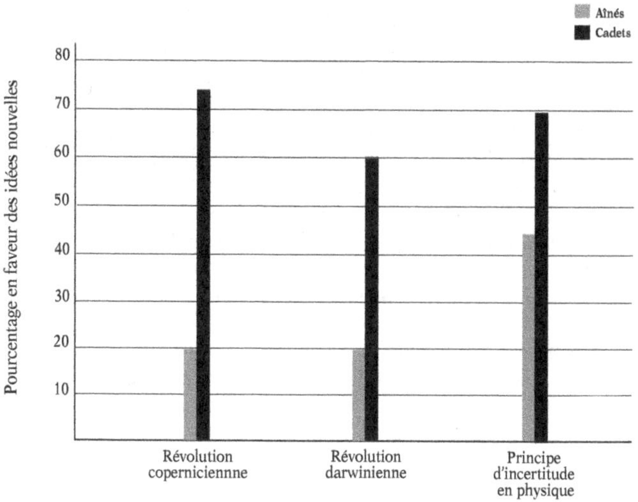

Rang de naissance des savants et acceptation des idées nouvelles dans l'histoire des sciences (d'après F. J. Sulloway, op. cit.*)*

RÉUSSIR À L'ÉCOLE

Le choc de la scolarisation

Nessim et Élie, trois ans, rentrent à l'école maternelle. Nessim a deux sœurs aînées qu'il accompagnait souvent avec sa mère jusqu'au portail de l'école et qui lui en ont vanté les avantages. En tant que benjamin, avec de nombreux cousins et cousines, il est habitué aux rapports de groupe et dispose de bonnes compétences sociales. Élie, quant à lui, est enfant unique, choyé et valorisé par ses parents de façon excessive. Il a été assez peu socialisé jusqu'à cette rentrée scolaire, car il était confié à une nourrice qui l'adorait et le chouchoutait.

Après une semaine d'école, Nessim se montre plus confiant en lui qu'il ne l'était auparavant ; il est fier de montrer ses dessins, de parler de sa maîtresse et de ses nouveaux copains ; il a connu quelques déceptions, mais elles ont été résolues par les conseils de ses aînées ; le samedi matin, il est déçu de ne pas aller en classe. Les parents d'Élie, par contre, se font du souci : leur fils n'aime pas aller à l'école, fait des caprices au moment de s'y rendre, paraît désemparé. Il a été déçu par l'école, dont ses parents lui avaient brossé une description idyllique. La maîtresse leur confirme qu'il connaît des problèmes d'insertion : il a tenté de s'imposer aux autres le premier jour, mais a vite été marginalisé et remis à sa place, ce qui semble l'avoir beaucoup déstabilisé.

L'estime de soi de Nessim a apparemment bénéficié de sa scolarisation, tandis que celle d'Élie en a pris un petit coup, qui sera sans doute transitoire, mais l'amènera à certaines révisions...

FAMILLE	ÉCOLE
Milieu non compétitif	Milieu compétitif
Interlocuteurs connus	Interlocuteurs inconnus (au début)
Centrée sur l'enfant	Centrée sur le groupe
Consignes à l'enfant hautement personnalisées	Consignes à l'enfant faiblement personnalisées (au début)
Possibilités de régressions (réparation de l'estime de soi en se faisant materner)	Peu de possibilités de régressions (même si le rôle de l'école *maternelle* est en principe celui-ci)

Impact de la scolarisation sur l'estime de soi

Entre la vie à la maison et l'école, le changement peut en effet être brutal pour votre enfant et avoir des répercussions sur son estime de soi. En le préparant, en lui donnant des informations adaptées sur son nouveau milieu, vous pouvez amortir ce choc. Mais attention : évitez de promouvoir abusivement l'école comme l'avaient fait les parents d'un petit garçon qui lui répétaient régulièrement, quand il était en maternelle : « Au CP, tu apprendras à lire. » Évidemment, le soir de sa première journée de CP, il ne savait pas encore lire, ce qui avait déclenché chez lui un fort sentiment de déception et de dévalorisation.

Une bonne estime de soi fait-elle un bon élève ?

Plus l'estime de soi d'un enfant est élevée, meilleures seront les notes qu'il obtiendra à l'école[18]. Ce constat, fait par la plupart des spécialistes, n'est pas d'une originalité bouleversante. On sait bien, en effet, que les enfants ayant une bonne estime d'eux-mêmes sont issus le plus souvent d'un contexte familial favorable : on s'est occupé d'eux et de leurs études. Mais d'autres observations ont été faites qui apportent des éléments intéressants. Par exemple, on a montré que le niveau d'estime de soi prédit assez bien la valeur des stratégies qui seront mises en place par l'enfant lorsqu'il rencontrera des difficultés scolaires[19] : une estime de soi élevée est alors associée à des comportements plus adaptés, comme la recherche de soutien social, une relative confiance dans l'avenir, des capacités de remise en question, une confrontation active à la réalité, etc. « L'an dernier, raconte le jeune Cédric, quinze ans, c'était dur, je pédalais complet en maths. J'en ai parlé à mes copains et je me suis aperçu que je n'étais pas le seul à avoir du mal. Mon père m'a dit aussi qu'il avait eu du mal dans ses études avec les maths. Et pourtant, il est ingénieur ! Alors, ça m'a rassuré, et je n'ai pas décroché. J'ai essayé de travailler un peu plus la matière. Je me suis dit que ça finirait par aller mieux. Après un trimestre, j'avais de nouveau des résultats corrects. »

Une basse estime de soi est en revanche plus facilement corrélée à des attitudes peu productives et qui risquent d'aggraver la situation : fatalisme, évitement du problème, anticipations négatives, etc. Écoutons Inès, dix-huit ans : « J'ai décroché dans mes études en seconde. J'ai mal démarré l'année, j'avais du mal à suivre le rythme un peu plus élevé que nous imposaient les professeurs. Après deux ou trois mauvais résultats, j'ai commencé à douter de moi et à avoir le dégoût du lycée. Le soir, en arrivant, je jetais mon cartable dans un coin et, si mes parents ne me disaient rien, je ne l'ouvrais pas jusqu'au lendemain. En seconde, ça ne pardonne pas. Puis, je me disais que je n'étais pas faite pour les études, puisque ça m'avait toujours stressée et demandé des efforts. » Si, comme le montrent certaines études, les « mauvais » élèves présentent des scores d'estime de soi plus bas que les « bons », c'est le mythe du cancre insouciant et heureux de vivre qui prend du plomb dans l'aile [20] ! L'école est déjà un lieu où la compétition et la comparaison sociale existent, où l'échec entraîne de la souffrance et altère insidieusement l'estime de soi.

L'influence du milieu scolaire

Globalement, les systèmes scolaires compétitifs améliorent l'estime de soi des sujets chez lesquels elle est haute et altère celle des autres. À l'inverse, les systèmes non compétitifs valorisent relativement moins l'estime de soi des bons élèves, mais améliorent celle des mauvais [21]. C'est assez logique, car, dans les systèmes non compétitifs, les réussites ne sont pas excessivement valorisées, ni les échecs durement sanctionnés ou trop soulignés. Du coup, les sujets à basse estime de soi se sentent moins menacés par une ambiance d'émulation dont on a vu qu'elle convenait aux sujets à haute estime de soi, que ces derniers la vivent avec calme ou avec tension.

Le fait, pour un élève, de redoubler sa classe a-t-il des incidences sur la valeur qu'il s'accorde ? On pourrait le craindre. Mais les études qui ont été menées sur ce thème semblent indiquer qu'il n'en est rien – sans doute parce qu'en répétant leur programme ces élèves se trouvent moins en difficulté [22].

Dans la même optique, les élèves placés dans des classes de rattrapage, avec une pédagogie spéciale et adaptée, présenteraient, selon les mêmes travaux, des niveaux moyens d'estime de soi supérieurs aux élèves restés dans les classes normales ! Les mêmes résultats ont été retrouvés auprès d'élèves intellectuellement handicapés et montrent que ceux-ci se surévaluent dans des classes spécialement adaptées, mais se dévaluent s'ils restent dans un cursus normal [23].

Plusieurs explications sont possibles : effets d'une pédagogie plus valorisante et insistant sur les réussites plus que sur les échecs, ou absence de comparaisons sociales défavorables ? Les problèmes se posent peut-être à la sortie de ces classes, pour la réinsertion : que deviennent des élèves habitués à un micromilieu peu compétitif lorsqu'ils sont remis dans un circuit social qui, lui, l'est grandement ?

Pour une meilleure prise en compte de l'estime de soi à l'école

Les « écoles nouvelles » (La Source, La Prairie, Decroly, etc.) ont fleuri en France dans les années 1970 à la suite du mouvement soixante-huitard et de l'exemple de Summerhill, en Grande-Bretagne[24]. Elles insistaient sur l'absence de système encourageant la compétition (notes, prix, etc.), la multiplication des activités offrant à chaque enfant la possibilité de briller dans au moins un domaine, l'absence de rapports de contrainte et de hiérarchisation.

Voici le témoignage d'une ancienne élève de La Prairie, à Toulouse : « J'ai beaucoup de bons souvenirs de cette période. Nous n'avions pas la pression de la part des enseignants, les adultes étaient très proches de nous, nous respectaient dans nos différences, nous encourageaient à nous exprimer librement, à ne pas nous réprimander ou à nous exclure. Cette période m'a beaucoup donné confiance en moi. Par contre, quand j'ai dû intégrer un enseignement normal, en seconde, j'ai eu du mal. Je trouvai les cours ennuyeux, les enseignants distants et peu intéressés par nous. Ça m'a dégoûtée de faire des études supérieures longues. »

Au fond, le principal mérite de ces écoles d'un genre différent n'est-il pas de chercher à développer l'estime de soi des enfants qui les fréquentent ? Il est regrettable que cet objectif ne soit pas davantage au centre des préoccupations de l'école publique. Il ne paraît en rien incompatible avec l'acquisition de connaissances et de méthodes de travail.

Comment aider mes enfants à faire l'ENA ?

La réussite scolaire des enfants préoccupe légitimement beaucoup de parents. Ils savent qu'ils peuvent jouer un rôle actif en ce domaine. Cependant, la plupart des études montrent que ce rôle ne réside pas tellement dans l'aide scolaire directe (« il va encore falloir que je vérifie son travail et que je lui fasse réciter ses leçons »), mais plutôt dans des attitudes éducatives globales qui tendent à responsabiliser l'enfant au-delà de la sphère scolaire : l'écouter, l'encourager à exprimer ses opinions, lui demander son avis (et en tenir compte !) pour des décisions familiales le concernant (comme le lieu de vacances ou la décoration de sa chambre), lui confier de petites sommes d'argent à gérer[25].

Il semble bien que l'aide directe isolée ait un assez faible impact sur les résultats scolaires à long terme des enfants. Elle peut fonctionner dans le primaire, mais, à partir de l'adolescence, les résultats risquent de s'effondrer. Beaucoup d'élèves d'un niveau jusque-là satisfaisant passent mal le cap de l'entrée au collège, au lycée, à l'université. Ils ne sont pas devenus pour autant moins intelligents. Mais ils n'arrivent pas à travailler « pour eux », tandis que l'aide des parents va en diminuant (parce que les enfants la refusent ou que les parents ne suivent plus).

C'est plutôt une qualité d'éducation globale, améliorant l'estime de soi, qui est le meilleur prédicteur de réussite scolaire. Normal : pour réussir ses études sur le long terme, il n'y a pas que les compétences intellectuelles et la quantité de travail qui comptent, mais aussi la stabilité émotionnelle, la résistance aux échecs, etc., toutes choses liées à l'estime de soi.

Pour que l'enfant réussisse à l'école, il faut que les parents instaurent un bon équilibre entre la « sécurité » (montrer à l'enfant qu'on l'aime) et la « loi » (lui rappeler les règles)[26]. De ce constat, on a tiré quatre profils éducatifs :

— Le type « rigide » (trop de loi et peu de sécurité) : « Tais-toi et bosse. »

— Le type « couveur » (pas de loi et trop de sécurité) : « Mon chéri, je t'aime, tu ne veux pas me faire un petit devoir ? »

— Le type « laisser-faire » (pas de loi et pas de sécurité) : « Pense à éteindre la télé en allant te coucher. » Ce type comporte deux sous-catégories : le type « par principe » (les parents ont décidé que la non-directivité était une bonne méthode éducative) et le type « dépassé » (les parents ont tout simplement renoncé à imposer et à proposer quoi que ce soit à leurs rejetons).

— Le type « stimulant » (loi et sécurité) : « Mon chéri, où en es-tu de ton travail ? »

Les choses sont donc claires : pour que votre enfant travaille bien à l'école, il faut vous occuper de son estime de soi. Et pour vous en occuper, il faut prendre soin non seulement de ses compétences d'écolier, mais aussi de sa personne globale. Jean-Marc, père de famille de quarante-cinq ans, résumait ainsi sa position : « Toute ma vie, je n'ai jamais eu pour objectif principal de léguer des richesses matérielles à mes enfants. Si ça doit leur venir, tant mieux, mais ça viendra en plus du reste. Je ne veux pas sacrifier à ces soucis matériels mon bien-être ou le leur. Mon propre père a trop renoncé à vivre pour travailler comme un fou, sous le prétexte de nous construire un cadre de vie privilégié : le résultat en fut que nous n'avons jamais profité de lui, ni lui de nous, avant sa mort à cinquante ans. Ce qui m'importe envers mes enfants, c'est de leur donner du temps, de l'amour, de l'attention ; c'est qu'ils puissent faire les études de leur choix sans angoisses par rapport à leur coût ou à leur durée ; et qu'ils aient confiance en eux. Le reste est accessoire. »

Le soutien parental

Dans un sondage récent, conduit auprès de parents et d'enseignants, et portant sur les qualités souhaitées chez des enfants, la confiance en soi arrivait au deuxième rang, juste derrière le respect d'autrui[27]. Chez les enfants et adolescents âgés de six à quatorze ans qui étaient aussi interrogés, la confiance en soi n'arrivait qu'en sixième position, derrière notamment le sens du partage et le sens de la justice. L'esprit de compétition arrivait bon dernier des valeurs citées, et ce, chez les adultes comme chez les enfants. Il eût été intéressant de comparer ces résultats avec des études antérieures. Effectué dans les années 1960 ou 1980, ce sondage eût-il dit la même chose ? La force du Moi a-t-elle succédé à la force du bac pour se construire une belle vie ?

Quelles sont vos valeurs prioritaires ?

Qualité	Rang global dans les trois groupes	Rang chez les parents	Rang chez les enseignants	Rang chez les enfants
Le respect des autres	1	1	1	2
La confiance en soi	2	2	3	6
Le sens du partage	3	3 ex-æquo	10	1
Le sens de la justice	4	7	6	5
L'autonomie	5	3 ex-æquo	2	12

Quelles étaient les questions posées ?
Aux parents (527) et enseignants (312) : « Je vais vous citer des qualités ou des valeurs qu'un enfant peut développer. Pour chacune d'elle, vous allez m'indiquer... si elle vous semble prioritaire. »
Aux enfants (257) : « Quand tu penses à des amis, des copains, des copines, quelles sont les qualités que tu aimes chez eux ? »

Nourritures affectives et nourritures éducatives

« Je sais que mes parents m'aimaient, nous raconte Stéphane, trente ans, mais ils ne prenaient pas le temps de me le montrer. Ils étaient tous les deux très brillants et très impliqués dans leur carrière. Mon père était directeur commercial, ma mère publicitaire. Nous étions élevés par les nounous. Le week-end, nos parents ramenaient souvent du travail à la maison, faisaient leurs courses, voyaient leurs amis. Nous passions finalement très peu de temps avec eux.

« Quand mon frère est devenu toxicomane, ils se sont beaucoup culpabilisés, mais ils n'ont pas pour autant arrêté. Presque au contraire, ils se sont encore plus réfugiés dans ce travail qui leur apportait plus de satisfaction que leur vie de famille. J'ai gardé de mon enfance ce sentiment désagréable de n'avoir pas eu assez d'importance à leurs yeux. Et que c'était dû à mon manque d'intérêt plus qu'à leur névrose du boulot. À cause de ça, j'ai mis longtemps à me construire, à me convaincre de ma valeur. »

L'enfant se nourrit littéralement de l'amour qu'il reçoit de ses parents. L'*intention d'amour* à elle seule ne suffit pas. L'enfant la perçoit, elle lui permet de ne pas présenter de souffrance majeure, de dégâts irréparables à l'estime de soi, mais, si elle n'est pas suivie d'actes et de gestes concrets, il tirera de lui-même les conclusions : on m'aime, mais je ne suis pas digne de passer devant les autres préoccupations de mes parents. Son estime de soi sera donc médiocre, au grand étonnement de ses parents qui auront, eux, le sentiment d'avoir aimé leur rejeton.

Ces « nourritures affectives », même exprimées et dispensées, sont-elles suffisantes ? On connaît le proverbe chinois : « Si tu veux nourrir un homme, ne lui donne pas de poisson, apprends-lui plutôt à pêcher. » Il s'applique à l'estime de soi : si l'on veut que l'enfant soit plus tard capable de susciter de la part des autres des attitudes pouvant nourrir son estime de soi, il va falloir le lui apprendre. C'est le rôle de l'éducation, que l'on peut concevoir comme l'apprentissage de stratégies destinées à augmenter son estime de soi : en réussissant dans les tâches attendues par la société, et en se montrant désirable pour les autres (recevoir de l'estime, de l'approbation, de la sympathie, de l'admiration, etc., équivalents adultes de l'amour reçu par les parents). Apprendre à son enfant à être socialement compétent, c'est-à-dire à se sentir à l'aise dans les groupes et à y faire sa place sans agressivité ni forfanterie, est sans doute l'une des tâches éducatives majeures de tout parent.

Ces deux niveaux de relation à l'enfant ont été l'objet de multiples théorisations, dont celle de la « conditionnalité du soutien exprimé ». Ce qui différencie les différents types de soutien, c'est le fait qu'ils soient délivrés *sans conditions* (quoi que fasse l'enfant, il recevra du soutien : amour) ou *avec conditions* (le soutien dépend du comportement de l'enfant). Les conséquences sur l'estime de soi sont différentes. Dans le premier cas, l'enfant intègre qu'il a une certaine valeur, puisque ses parents l'aiment envers et contre tout. Le socle de son estime de soi est donc solidement établi. Mais cet amour inconditionnel ne le prépare pas forcément à savoir susciter de l'amour de la part des autres personnes que ses parents : c'est l'enfant « gâté ». Dans le second cas, l'enfant sait que le soutien reçu dépend de ses actes, ce qui est rassurant, mais aussi moins sécurisant : c'est l'enfant « dressé ». Bien évidemment, ces deux types de nourriture sont nécessaires à l'estime de soi : c'est l'enfant « épanoui ». Et leur double absence cause un tort important à l'estime de soi : c'est l'enfant « abandonné ».

	Soutien inconditionnel à la personne (« je t'aime quoi qu'il arrive »)	Pas de soutien inconditionnel à la personne (« tu m'es indifférent »)
Soutien conditionnel au comportement (« je t'apprécie quand tu fais ce que je souhaite »)	Estime de soi haute et stable (enfant « épanoui »)	Estime de soi basse et instable (enfant « dressé »)
Pas de soutien conditionnel au comportement (« ce que tu peux faire m'est indifférent »)	Estime de soi haute et instable (enfant « gâté »)	Estime de soi basse et stable (enfant « abandonné »)

Estime de soi et soutien parental

Deux récits de parents illustrent les aspects que nous venons de développer. Le premier brosse le portrait d'une enfant « gâtée ». C'est celui d'un père à propos de sa fille unique de trente-quatre ans. Écoutons-le :

« Je lui ai donné beaucoup d'amour, mais elle est en train de rater sa vie : elle est régulièrement en conflit avec ses collègues de travail, en échec dans sa vie sentimentale... Au début, j'adoptais systématiquement son point de vue et pensais qu'elle n'avait pas de chance, qu'elle tombait mal, que c'était la faute des autres, etc. Mais j'ai peu à peu compris que le problème venait d'elle.

« On a beau savoir qu'il ne faut pas trop gâter les enfants uniques, c'est une pente sur laquelle on glisse toujours. Surtout que c'était une petite fille charmante, vive, intelligente. Nous avions tendance à trop l'admirer et à tout lui pardonner. Nous ne lui avons pas rendu service : elle a pris l'habitude de ne pas tenir compte de l'avis des autres. Et aujourd'hui, c'est de là que viennent ses ennuis.

« Je crois aussi qu'elle doute beaucoup d'elle, elle a fini par comprendre que, malgré ses qualités, elle ne pouvait avoir raison sur tout. Et du coup, comme c'est une fille très entière, elle tendrait à adopter un jugement à l'opposé et à penser qu'elle n'est capable de rien. »

Voici maintenant un autre père. Il parle d'un enfant « dressé », Guillaume, vingt-cinq ans, troisième d'une fratrie de cinq :

« J'ai fait de lui un homme, et il me reproche de l'avoir cassé. Il n'a jamais été un enfant facile. Je lui ai imposé de fréquenter les scouts, où il a appris des tas de valeurs qui lui sont aujourd'hui utiles. Je l'ai élevé comme j'ai élevé mes autres enfants : en me montrant sévère mais juste. Aucun d'eux ne m'en a jamais fait le reproche. Il est le seul des cinq à s'être brouillé avec moi. Il ne veut plus me voir, il n'accepte de voir que sa mère. Un jour il me remerciera, mais aujourd'hui il se comporte comme un ingrat. »

C'est au tour de la mère de Guillaume de raconter :

« Mon mari n'a jamais compris Guillaume. C'était un enfant qui doutait terriblement de lui, qui avait besoin de beaucoup de réconfort et d'affection. Et il ne recevait de son père que de l'éducation. Les arguments de mon mari pour se défendre, c'est que ses frères et sœurs ont été élevés de la même façon, ce qui est vrai. Et qu'il l'a éduqué sévèrement pour son bien, ce qui était vrai dans l'intention, mais pas dans le résultat. Guillaume avait besoin d'amour plus que de dressage. »

AMOUR (SOUTIEN INCONDITIONNEL)	ÉDUCATION (SOUTIEN CONDITIONNEL)
Le comportement des parents ne dépend pas du comportement de l'enfant	Le comportement des parents dépend du comportement de l'enfant
N'est pas remis en cause si l'enfant a des comportements inadéquats	Critiques si l'enfant a des comportements inadéquats
Nourrit directement l'estime de soi, mais n'apprend pas forcément comment recevoir l'estime des autres	Nourrit moins directement l'estime de soi, mais apprend à être estimé des autres
Influence le NIVEAU de l'estime de soi (plus l'enfant sera aimé, plus son estime de soi sera élevée)	Influence la STABILITÉ de l'estime de soi (si l'enfant est aimé, plus il sera éduqué, plus son estime de soi sera stable)

Deux nourritures de l'estime de soi

Conseils pour un soutien efficace aux enfants

Avant de vous préoccuper de l'estime de soi de vos enfants, occupez-vous... de la vôtre ! Car, si vous avez des problèmes de ce côté-là et que vous vous mettez en tête d'améliorer l'estime de soi de vos rejetons, vous risquez de faire peser sur eux une pression importante et peu convaincante. La meilleure des pédagogies, ne l'oubliez pas, est l'exemple : les enfants vont intérioriser la manière dont vous gérez et affrontez vos propres difficultés.

Exprimez-leur *clairement* votre soutien en faisant attention à ne pas utiliser exclusivement des messages indirects (comme les cadeaux).

Exprimez-leur *régulièrement* – ce qui ne veut pas dire en permanence – de l'affection.

Ne pratiquez pas la confusion des genres. Par exemple, en ayant recours au chantage affectif, qui consiste à menacer l'enfant d'un retrait d'amour à cause d'un comportement qui vous paraît inadéquat. Plutôt que de dire : « Tu me fais beaucoup de peine » ou : « Tu me déçois », il sera la plupart du temps préférable de dire : « Je ne suis pas content(e) de ce que tu as fait. » Ou encore en déniant les problèmes de l'enfant au nom de l'amour qu'il reçoit : « Ce n'est pas grave que tu aies ce problème puisqu'on t'aime. »

FAITES	NE FAITES PAS
Passer du temps en tête à tête avec l'enfant	S'adresser aux enfants toujours en tant que groupe (fratrie), ou au nom du couple de parents
Écouter *régulièrement* l'enfant parler de son univers	Ne s'occuper de lui que lorsqu'il va mal
Montrer de l'intérêt pour ses activités et ce qui l'intéresse	Se contenter de vagues marques d'intérêt : « Ah, tu fais une maquette ? Très bien, continue... »
Partager des activités avec l'enfant	Le laisser à son univers
Lui donner le sentiment qu'il est unique	Comparer régulièrement avec d'autres enfants (frères et sœurs, cousins, copains...)
Être un modèle pour l'enfant (accepter les critiques, ne pas s'effondrer face aux échecs...)	Avoir, en tant que personne, des comportements opposés à ses messages éducatifs en tant que parent
Lui apprendre l'humour sur soi-même (en donnant l'exemple)	Se moquer de lui en public

Conseils aux parents

L'estime de soi a une histoire qu'il est parfois utile de connaître. Comme nous avons tendance à enfouir nos blessures dans l'oubli, cette histoire n'est pas toujours facile à lire. Pourtant, comme le chapitre suivant va le montrer, nos besoins restent les mêmes une fois que nous sommes devenus grands – tant il est vrai que nos doutes d'enfants font nos doutes d'adultes...

Chapitre VI

Des adultes sous influence : amour, couple, travail et estime de soi

« Félicitations : la politesse de la jalousie. »

Ambrose BIERCE

Bien que les bases en soient construites pendant l'enfance, l'estime de soi ne reste pas figée lorsque nous atteignons l'âge adulte. Au contraire, elle continue d'évoluer, d'être l'objet de fluctuations. Quels sont les événements qui vont la modifier ? Et après quels objectifs allons-nous maintenant courir pour l'améliorer ?

LES RISQUES DE LA SÉDUCTION

« Dans la vie amoureuse, ne pas être aimé rabaisse le sentiment d'estime de soi, être aimé l'élève », disait Freud [1]. Du flirt à la liaison durable, du conflit conjugal à la rupture, tous les aspects de notre vie sentimentale entretiennent des liens très forts avec l'estime de soi. Ce rapport n'est pas à sens unique. Si nos réussites et nos ratages sentimentaux pèsent lourd sur l'estime que nous nous portons, celle-ci, pour sa part, permet de prévoir beaucoup de nos comportements et de nos choix amoureux : oserons-nous exprimer notre attirance ? Comment nous y prendrons-nous ? Qui allons-nous choisir ?

L'insoutenable nécessité de plaire

Tous les comportements de séduction ont pour fonction d'améliorer l'estime de soi. Mais de même que certains font des achats compulsifs, qui excèdent leurs besoins réels, de même d'autres ont besoin de séduire plus que de raison. Le moindre rapport social est pour eux l'occasion de vérifier qu'ils peuvent plaire, et ce, même si la relation ne doit durer que quelques minutes, tant est grand le besoin de s'assurer que l'on peut être estimé ou aimé par autrui.

« Je suis un enfant adopté, nous racontait l'un de nos patients. Je l'ai su très tôt, et cela m'a marqué à vie. J'ai eu des parents adoptifs très chaleureux, qui m'ont donné beaucoup d'amour, et ne m'ont jamais caché la vérité dès que j'ai été en âge de la connaître. Mais ils étaient assez âgés, mon père adoptif était un peu hypocondriaque, avait toujours peur d'avoir une maladie mortelle, et ma mère était très anxieuse qu'il ne meure. Je me souviens de mes angoisses de petit garçon où j'avais moi aussi une peur terrible de leur mort, je me rendais compte qu'alors je serais complètement seul au monde, sans rien qui ressemble à une famille autour de moi. Je pense que c'est de là qu'est parti mon besoin chronique de séduire. Où que je sois, j'ai besoin de sentir que je plais à mon interlocuteur, qu'il m'accepte, et qu'il pourrait rester un moment de plus avec moi sans agacement. Que ce soit un commerçant, un voisin, un client, un collègue, mais aussi bien sûr une jolie femme. Cependant, ça n'est pas limité aux femmes : j'ai juste envie que *tout le monde* pense de moi que je suis quelqu'un de sympa, et qu'on me regrette quand je ne suis plus là. L'avantage, c'est que je suis très populaire : ça marche, ce souci de toujours plaire aux autres les flatte. Mais en contrepartie, je suis très sensible aux critiques ou aux rejets ; je suis perdu et désemparé face à des personnes froides et peu sensibles à mon « charme ». Je me mets tout à coup à douter à nouveau de moi-même, à réaliser que je marche trop à l'affectif. Au fond, ça n'est pas une solution, vouloir toujours séduire. Ça cache tous les doutes que j'ai sur moi, toutes mes peurs. Je ne suis pas autonome, j'ai une dépendance complète au sourire et à l'approbation. »

Le besoin de séduire est-il une maladie ?

Les premiers psychanalystes ont très largement popularisé le concept d'hystérie, l'associant étroitement, auprès du grand public, à la notion de séduction sans suite. Dans l'esprit de la plupart des gens, l'« hystérique » est une « allumeuse », une femme qui adresse aux autres des signaux de séduction, mais qui promet plus qu'elle ne veut ou ne peut donner en matière d'engagement sexuel ou sentimental : « Ce qu'elle montre ne correspond nullement ni à un don ni à une promesse[2]. »

La personnalité histrionique, puisque c'est désormais le terme retenu par les classifications internationales de psychiatrie, se caractérise par un besoin impérieux d'attirer l'attention des autres sur soi, de paraître sous un jour favorable, de plaire ; et par une grande difficulté à s'engager dans des relations affectives stables et gratifiantes. Il semblerait que ce comportement puisse s'expliquer par une estime de soi très altérée[3]. Homme ou femme, la personnalité histrionique retirerait beaucoup plus de gratifications en se livrant à des tentatives successives de séduction des autres qu'en rentrant dans une liaison durable. Voir qu'elle peut plaire la rassure superficiellement, tandis que prendre le risque de décevoir en se révélant lors d'une liaison l'angoisse profondément. Cette attitude conduit dans l'impasse d'une estime de soi compartimentée : au mieux, on se perçoit comme quelqu'un d'attirant et de compétent d'un point de vue sexuel ; mais, dans le même temps, on se considère comme une personne sans intérêt et incapable de retenir durablement un partenaire à ses côtés.

Faire face au rejet

« Je n'ose pas aller vers les filles, dit Nicolas (trente-deux ans). Je suis terrifié à l'idée qu'elles puissent me dire non. Il me semble que ça serait alors la confirmation que je ne suis pas digne d'amour. Je pense qu'inconsciemment je préfère rester dans le doute. » « Je ne sors qu'avec des garçons qui ne me plaisent pas vraiment, lui répond comme en écho Valérie (vingt-sept ans). J'ai une image tellement négative de moi-même que j'ai l'impression que je ne mérite pas mieux que ça. »

La grande vulnérabilité des personnes qui nous parlent en

consultation de leurs difficultés sentimentales nous rappelle combien la Carte du Tendre ressemble plus souvent à un triste champ de bataille qu'à un jardin bucolique. Vouloir séduire, c'est prendre des risques, car nous donnons à autrui la possibilité de nous rejeter. Et aucun être humain n'est capable de rester indifférent au rejet.

Ce rejet peut être immédiat. La personne que nous avons essayé de séduire nous manifeste, plus ou moins aimablement, que nous ne l'intéressons pas. Un tel rejet est douloureux et frustrant : le sentiment d'avoir été écarté sur la base des apparences (aspect physique, statut social, gaucherie, etc.) donne le sentiment que l'autre ne nous a pas « laissé notre chance » et que, s'il pouvait savoir qui nous sommes vraiment, il aurait pu nous apprécier.

Augmentez votre estime de soi en vous achetant un fiancé virtuel[4]

Max est un bel homme de quarante ans, aux yeux bleus. Promoteur immobilier dans le Colorado, il conduit une BMW décapotable rouge, fait du ski, du golf et du tennis. Il aime les voyages et les discussions stimulantes... Où dénicher cette perle rare ?

En vous adressant à la société américaine Boyfriend in a Box. Pour la somme de dix dollars, vous pourrez choisir parmi huit modèles séduisants (Dave le médecin, Franck le pompier, etc.). Vous recevrez alors des photos de différents formats (pour votre bureau ou votre portefeuille), trois faux messages téléphoniques (à laisser sur votre répondeur pour les soirs où vous rentrez chez vous avec des amis), une carte de vœux, etc. Tout pour faire croire que... Car le marché se situe à ce niveau : comment éviter un regard social dévalorisant sur soi lorsqu'on est une femme seule ? En deux ans, plus de cent vingt mille clientes ont acheté un fiancé virtuel. Des *girlfriends* pour hommes (secrétaire, top model, infirmière, etc.) seront bientôt commercialisées...

Le rejet peut aussi être secondaire. Après que la liaison a commencé, et dans un délai plus ou moins bref, notre partenaire nous rejette. Le coup porté à l'estime de soi peut être plus grave : c'est « après essai » que nous n'avons pas été choisis ; le rejet porte alors sur des caractéristiques encore plus intimes que dans le cas précédent. Nous nous sommes engagés, nous nous sommes dévoilés, et nous avons déçu...

On comprend dans ces conditions que les personnes à l'estime de soi vulnérable puissent redouter de prendre de tels risques.

Le petit laboratoire de la séduction

Diverses expériences scientifiques ont été menées pour vérifier si le niveau d'estime de soi pouvait prédire les comportements de séduction. En voici une que l'on pourrait intituler « Mettez un homme en échec, il laissera les femmes tranquilles[5] ».

Des étudiants de sexe masculin étaient invités à passer des pseudo-tests d'intelligence : on attribuait alors à la moitié d'entre eux, choisis au hasard, des résultats flatteurs, et à l'autre moitié des résultats dévalorisants. Objectif : donner un petit coup, vers le haut ou vers le bas, à leur estime de soi. Puis, sous un faux prétexte, on les mettait en contact avec des jeunes femmes à la cafétéria de l'université, en l'absence transitoire de l'examinateur. Ces jeunes femmes étaient en fait des complices de l'expérimentation : il leur était demandé de noter la fréquence des conduites séductrices que les garçons allaient avoir à leur égard (leur faire un compliment, payer leur consommation, leur demander leur numéro de téléphone ou solliciter un rendez-vous, etc.). Les étudiants qui avaient reçu des résultats favorables au pseudo-test (estime de soi augmentée) tentaient beaucoup plus souvent leur chance auprès des jeunes filles, tandis que ceux auxquels on avait annoncé de piètres performances (estime de soi altérée) n'essayaient pas grand-chose...

Moralité à l'usage des épouses de maris volages : répétez-lui et prouvez-lui qu'il n'est pas si terrible ou si malin que ça, et peut-être regardera-t-il moins les autres femmes. Ou alors, il ne regardera plus les *jolies* femmes. Car l'expérience allait en fait encore plus loin.

En effet, parmi les jeunes filles qui servaient de leurre aux appétits des étudiants testés, la moitié d'entre elles étaient rendues attirantes (pomponnées, maquillées, vêtues à la mode), tandis que les autres l'étaient moins. Et on s'aperçut que les jeunes mâles dopés par leurs résultats s'attaquaient plus volontiers aux jolies filles ; par contre, ceux dont l'estime de soi avait été dégonflée n'osaient tenter leur chance, quand ils le faisaient, qu'auprès des moins jolies...

Autre moralité (façon de parler...) : on choisit ses éventuelles partenaires en fonction de ce que l'on croit être son niveau de mérite... La beauté de la partenaire serait-elle un des indicateurs de l'estime de soi des hommes ? Ou bien, autre lecture des faits, leur servirait-elle à maintenir leur estime de soi à un niveau élevé ?

Ces expériences sont-elles transposables auprès des femmes ? Notre société considère encore que c'est aux hommes de se charger des avances. Il reste cependant aux femmes le pouvoir de les faciliter ou de les accepter. Et, dans ce cas, certains facteurs liés à l'estime de soi peuvent-ils pousser les femmes à accepter ou refuser les avances des hommes ? L'expérience suivante nous éclairera[6]. Des jeunes filles étaient placées dans une situation d'échec similaire à l'expérience précédente : on leur annonçait, de manière aléatoire, des bons ou des mauvais résultats à un test qu'elles venaient de passer. Pendant qu'elles prenaient connaissance des résultats, un autre étudiant, en fait un compère, rentrait « par hasard » dans la pièce et engageait la conversation avec elles. Il l'engageait même tellement bien qu'il leur manifestait avant de quitter la pièce l'envie de les revoir... Peu après, les jeunes filles étaient amenées à passer un autre pseudo-test dans lequel elles devaient porter un jugement sur un certain nombre des personnes rencontrées récemment, dont le compère. Les jeunes femmes qui avaient été mises en échec évaluaient cette personne beaucoup plus favorablement que les autres, malgré le fait qu'il s'agisse d'un étranger qu'elles n'avaient jamais rencontré auparavant. Celles qui avaient obtenu de bons résultats restaient beaucoup plus neutres... L'expérience ne permet pas de savoir si les jeunes filles à l'estime de soi abaissée seraient éventuellement allées plus loin, c'est-à-dire auraient accepté un vrai rendez-vous, et plus encore... Mais il est permis de supposer que cela aurait été le cas pour un certain nombre d'entre elles.

Conclusion : les femmes sont plus vulnérables et réceptives à la séduction quand elles se sentent dévalorisées. Logique, car, au fond, qu'est-ce que la séduction, sinon des signaux d'approbation, d'admiration, toutes choses bonnes pour une estime de soi chancelante ?

Pour en finir avec les vieux copains célibataires

Vous avez deux vieux amis célibataires à « caser », un homme et une femme. Vous décidez de les présenter l'un à l'autre au cours d'une soirée que vous organisez. À partir de ce que vous venez de lire, comment allez-vous procéder pour augmenter les chances de réussite de votre manœuvre ?
Réponse :
Augmenter habilement l'estime de soi du copain : « Dis donc, vieux, je n'ai que des compliments sur toi ce soir, les filles te trouvent très sympa. Tu as une cote d'enfer... » Et diminuer insidieusement l'estime de soi de la copine : « Dis donc, tu n'es pas en beauté aujourd'hui ! Tu as une de ces mines ! Viens dans la salle de bains, on va essayer de rattraper ça... »
Puis les présenter l'un à l'autre.

Le choix du partenaire

Séduire, certes, mais encore faut-il savoir si nous choisissons nos partenaires de flirt comme nous le ferions pour d'éventuels conjoints. Pour une liaison éphémère, il paraît logique de préférer des personnes valorisant notre estime de soi. Et pour une liaison durable ? Eh bien, il semble que les choses ne se passent pas tout à fait de la même façon : si nous commençons à penser à une vie de couple, nous allons plutôt être attirés par des partenaires plus lucides sur ce que nous sommes vraiment...

➤ Être admiré ou être compris ?

Vous êtes invité(e) à une soirée. Vous y rencontrez (quelle chance !) cinq personnes assez séduisantes. Grâce à un don spécial, vous êtes en mesure de lire dans leurs pensées : l'une vous juge exactement comme vous vous jugez vous-même ; une autre vous juge un peu mieux que vous ne le faites ; une troisième vous juge beaucoup mieux ; une quatrième vous juge un peu moins bien ; une cinquième enfin vous juge beaucoup moins bien que vous ne vous jugez vous-même. Après avoir pris connaissance de leurs opinions sur vous, envers laquelle de ces personnes allez-vous ressentir le plus d'attirance pour un flirt ? Et avec laquelle aimeriez-vous construire une liaison durable ?

Cette expérience a réellement été conduite auprès de trois cents sujets que l'on confrontait aux jugements de partenaires virtuels rencontrés lors d'une soirée virtuelle[7]. Les résultats furent assez étonnants : l'attraction *immédiate* (« j'aimerais avoir une aventure avec cette personne ») était corrélée à la vision positive émanant du partenaire imaginaire ; autrement dit, plus on nous apprécie, plus cela nous fait plaisir, et plus on a envie de passer un moment avec l'autre. Mais l'attraction *différée* (« je me verrais bien en couple avec cette personne ») montrait un maximum pour les évaluations légèrement positives, alors que les évaluations trop positives étaient jugées moins attirantes pour le long terme ! Autrement dit, on choisit ses éventuels conjoints sur des critères différents de ceux que l'on utilise pour des liaisons : pour une relation éphémère, on cherche à se valoriser, pour une histoire durable, on recherche quelqu'un qui ait de nous une vision juste – légèrement positive tout de même !

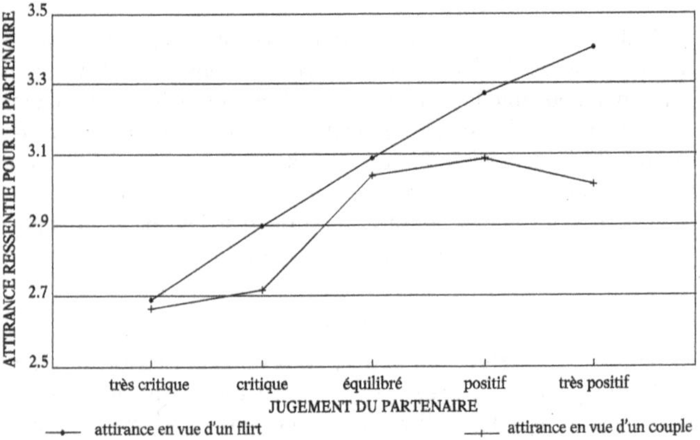

Comment le jugement de nos partenaires influence nos choix sentimentaux (d'après S. Epstein et B. Morling in *M. H. Kernis,* op. cit.*)*

Au fait, et vous-même, qu'auriez-vous répondu si vous aviez participé à l'expérience ?

➤ Choix calmes et choix précipités

Ne se mettre en ménage qu'avec quelqu'un qui sache *vraiment* qui nous sommes... Cette tendance est encore plus nette chez les personnes à basse estime de soi : une étude portant sur des couples mariés [8] avait montré que les personnes qui se jugeaient favorablement avaient en général des conjoints qui les jugeaient de la même façon ; tandis que les sujets ayant sur eux-mêmes un regard négatif se trouvaient le plus souvent accouplés à des conjoints qui pensaient la même chose à leur sujet ! Pensant que le mariage n'est pas fait pour se mentir à soi-même (ce qui se défend), les personnes à basse estime de soi ont sans doute cette définition de l'amour : « Folie temporaire que l'on peut guérir par le mariage [9]. »

Mais ce type de comportement paraît tout de même étrange, et l'on peut se poser des questions à son propos. Par exemple, les personnes à basse estime de soi font-elles ce genre de choix en toute connaissance de cause, ou de manière inconsciente ? Est-ce un choix rationnel et réfléchi, ou, au contraire, une décision intuitive ? Une nouvelle expérience [10] va nous aider à y répondre.

On présentait à des sujets volontaires des partenaires sentimentaux potentiels, puis on leur révélait ce que ces éventuels partenaires avaient soi-disant pensé d'eux. Ce jugement était bien sûr aléatoire et s'avérait tantôt positif, tantôt négatif. En fonction de leur niveau d'estime de soi, quels partenaires les sujets de l'expérience allaient-ils choisir de revoir ? Tout dépendait en fait du temps qu'on leur laissait pour prendre la décision.

Si on laissait aux sujets un délai pour bien réfléchir à leur choix, on retrouvait les données que nous avons déjà décrites : les personnes à haute estime de soi préféraient revoir des partenaires qui avaient une bonne opinion d'elles, tandis que les personnes à basse estime de soi choisissaient plus souvent de revoir les personnes ayant émis un avis critique à leur encontre.

Par contre, si on contraignait les sujets de l'expérience à faire leur choix rapidement et intuitivement (par exemple en leur donnant un temps très limité et en leur demandant de retenir en même temps une série de chiffres compliqués pour les empêcher de se concentrer), les résultats obtenus par le groupe « basse estime de soi » étaient modifiés : dans la précipitation, ces sujets choisissaient plus volontiers les partenaires qui les jugeaient positivement.

Autrement dit, s'ils écoutent leur logique, les sujets à basse estime de soi préfèrent choisir des partenaires capables de leur renvoyer un regard critique : cela confirme leur propre regard sur eux-mêmes et cela ne les met pas dans la situation risquée de décevoir l'autre (puisqu'il est déjà au courant de leurs limites, il les choisit donc en connaissance de cause).

Mais, si elles écoutaient davantage leur intuition, les personnes à basse estime de soi choisiraient plus souvent comme partenaires des personnes ayant un regard favorable sur elles. Savoir si cela serait finalement une si bonne chose est très compliqué ! Si votre estime de soi est basse, un conjoint qui vous voit positivement peut vous stimuler (« je ne suis pas si mal, finalement ») et peu à peu augmenter votre estime de soi. Mais il peut aussi vous angoisser (« je ne vais pas pouvoir assurer, je suis un imposteur ») et finalement déstabiliser, sinon abaisser, l'estime que vous vous portez...

Petits arrangements avec le couple

Si nous nous mettons en ménage, c'est pour nous faire du bien et améliorer notre estime de soi. Du moins peut-on le supposer. Mais est-ce toujours le cas ? Et est-ce systématiquement vrai pour les deux membres d'un couple ?

À qui profite le couple ?

Certains travaux [11] laissent à penser que le mariage bénéficie en moyenne plus à l'estime de soi de l'homme qu'à celle de la femme. Pourquoi ? Un couple repose sur des dons et des renoncements, de la part de chacun de ses deux membres : or il semble que, de manière générale, les femmes acceptent de procéder à plus de renoncements que l'homme dans leur couple [12]. Ces renoncements peuvent porter sur des aspects mineurs : par exemple, reconnaître que le mari est meilleur cuisinier et lui laisser le soin de préparer les repas pour les invités, tout en assumant les repas quotidiens, source de glorifications moindres pour l'estime de soi. Mais de tels renoncements concernent aussi des aspects plus fondamentaux : souvent, ce sont les femmes qui renoncent à développer leur carrière professionnelle pour se consacrer à leur vie de famille.

« J'ai deux enfants, nous disait l'une de nos patientes, et je ne travaille pas. J'ai un peu cherché à l'époque, mais les métiers intéressants étaient incompatibles avec une vie de famille équilibrée. Et mon mari, qui gagnait bien sa vie, m'a toujours poussée à rester à la maison. Je suis contente de mon existence actuelle : notre couple va bien, même si mon mari travaille trop, mes enfants sont très réussis à mon goût, j'ai des amis et un mode de vie agréable. Mais il m'arrive de me poser des questions sur moi lorsque nous rencontrons de nouvelles personnes dans des dîners, ce qui est fréquent à cause du métier de mon époux. Lorsqu'on me demande ce que je fais, je réponds que je suis mère au foyer. Immédiatement, les gens disent que c'est un dur métier, que c'est merveilleux, que j'ai bien raison, etc. Mais je n'y crois pas un instant. À partir du moment où j'ai dit ça, je suis cataloguée comme une bourgeoise oisive par la plupart de ces personnes de mon âge qui, elles, travaillent. En ce moment, je viens d'avoir quarante ans, je dois reconnaître que ça me tracasse... »

L'art de se répartir les rôles

Les renoncements au sein d'un couple sont en principe mutuels, ce qui débouche sur la notion de « zones de compétences » de chacun : les deux conjoints se reconnaissent respectivement comme expert et décideur dans différents domaines. Dans les couples qui marchent bien, ces zones de compétence sont équitablement réparties : l'un est considéré comme le meilleur connaisseur de ce qui est bon pour l'éducation des enfants, l'autre des finances, du ménage, etc.

« Dans mon couple, nous racontait une jeune femme, sans que cela soit clairement dit, nous nous sommes réparti les tâches au fil des années. Comme je suis plus sociable, c'est moi qui joue le rôle de ministre des affaires étrangères : je passe les coups de téléphone aux amis et à la famille, je gère les relations de voisinage, etc. Mon mari, lui, s'occupe de tous les aspects administratifs de la vie de famille : comptabilité, rapports avec l'administration : un vrai ministre des finances. Avec les enfants, je suis le ministre de l'éducation, tandis qu'il accepte le rôle pas toujours gratifiant de ministre de l'intérieur, en faisant régner un peu de discipline auprès de nos quatre diablotins. Chacun de nous reconnaît les compétences de l'autre. Et elles sont aussi connues comme telles par nos proches... »

Ces rapports ne concernent pas seulement la vie privée du

couple, mais aussi l'image qu'il donne de lui aux autres : telle épouse laissera son mari beau parleur monopoliser la parole lors de leurs sorties ; tel mari acceptera que sa femme soit considérée comme une artiste par leur entourage, acceptant par contraste de passer pour une personne au goût peu sûr... Là encore, tout est question d'équilibre : il n'est pas possible à un couple de fonctionner durablement si l'un des conjoints occupe le terrain de toutes les compétences agréables ou socialement valorisées. Les estimes de soi de chaque conjoint doivent être équitablement « nourries » par la vie de couple.

L'estime de soi de Papa

Dans son album pour enfants *Papa n'a pas le temps*, le dessinateur Philippe Corentin[13] raille de manière drolatique la répartition faussement égalitaire des tâches au sein de certains couples :

« Le couple est formé dans la plupart des cas d'un papa et d'une maman, ou l'inverse.

« En général, un papa c'est plus intelligent. Mais c'est la maman qui fait les enfants, le papa n'a pas le temps...

« Le plus souvent, les tâches sont partagées : le papa se couche le premier, la maman se lève la première. N'ayant pas, elle, à se raser, la maman peut donc pendant ce temps préparer le petit déjeuner.

« Bien que le papa sache mieux faire la cuisine, c'est la maman qui la fait. Par contre, maman sait mieux faire la vaisselle, c'est donc elle qui la fait.

« Le papa, lui, sait mieux lire le journal : c'est donc lui qui le lit. Il ne comprend rien aux enfants : c'est donc elle que ça regarde. Elle ne comprend rien au foot : c'est donc lui qui le regarde... »

Fierté ou jalousie ?

Lorsqu'un couple va bien, chacun se réjouit et se valorise par procuration des réussites du conjoint. L'estime de soi de chacun est ainsi augmentée, de manière directe pour l'un, indirecte pour l'autre.

Dans les couples dysfonctionnels – ou lors des périodes de conflit –, il y aura par contre de la compétition pour l'exercice des compétences : deux conjoints vont, par exemple, se couper la parole sans arrêt devant leurs invités interloqués. Ou des sabotages : l'épouse agacée par son mari fera des révélations aux invités (« vous savez, il fait le malin comme ça, mais en fait... »). De même, dans des couples trop manifestement déséquilibrés, la tentation du conjoint le plus « puissant » et le plus reconnu socialement pourra être de réduire sa moitié en esclavage. Comme le notait Jules Renard dans son *Journal*, « dans l'ombre d'un homme glorieux, il y a toujours une femme qui souffre »...

Grand génie et petites mesquineries [14]

Le grand physicien et prix Nobel Albert Einstein a su habilement construire sa légende publique de son vivant, au point de faire oublier certains de ses travers privés. On a récemment pu prendre connaissance de sa correspondance personnelle, où l'on s'aperçoit que le grand homme, s'il disposait apparemment d'une bonne estime de soi, ne prenait guère le soin de ménager celle de son épouse Mileva, à qui il écrivait par exemple :

« A – Vous veillerez à ce que 1) mon linge et mes draps soient tenus en ordre ; 2) il me soit servi trois repas par jour dans mon bureau ; 3) ma chambre et mon bureau soient toujours bien tenus et ma table de travail ne soit touchée par aucun autre que moi.

« B – Vous renoncerez à toute relation personnelle avec moi, excepté celles nécessaires à l'apparence sociale. En particulier, vous ne réclamerez pas : 1) que je m'assoie avec vous à la maison ; 2) que je sorte ou voyage en votre compagnie.

« C – Vous promettrez explicitement d'observer les points suivants : 1) vous n'attendrez de moi aucune affection, et vous ne me le reprocherez pas ; 2) vous me répondrez immédiatement lorsque je vous adresserai la parole ; 3) vous quitterez ma chambre ou mon bureau immédiatement et sans protester lorsque je vous le demanderai ; 4) vous promettrez de ne pas me dénigrer aux yeux de mes enfants, ni par des mots, ni par des actes. »

Il est vrai qu'à cette époque Einstein poursuivait une liaison adultère, mais souhaitait éviter un divorce, à l'époque scandaleux – nous sommes en 1914. Quelques mois plus tard, son épouse le quittait avec leurs deux fils...

Le couple et l'enfant

Chacun sait que les parents adorent recevoir des compliments sur leurs enfants : cela augmente leur estime de soi.

Lorsqu'on interroge des adultes [15] en leur demandant : « Quel est l'élément le plus important pour dire que l'on a réussi sa vie ? », la réponse le plus souvent citée (45 % des personnes) est « avoir des enfants ». Loin devant « réussir sa vie professionnelle » (25 %) ou « réussir sa vie amoureuse » (25 %) et « avoir gagné beaucoup d'argent » (4 %). Pour presque la moitié de nos contemporains, avoir des enfants donnerait un sentiment de plénitude et d'estime de soi (« réussir sa vie »).

Mais de quelle façon nos enfants augmentent-ils notre estime de soi ? Est-ce seulement la satisfaction narcissique d'avoir créé de petits êtres qui nous ressemblent ? Le sondage que nous venons d'évoquer apporte un élément de réponse. Lorsqu'on pose la question : « Qu'attendent les parents de leur enfant aujourd'hui ? », la première des réponses est : « Qu'il réussisse mieux qu'eux dans la vie » (53 %), devant « Qu'il ait l'esprit de famille » (35 %) ou « Qu'il les aime » (32 %). Seulement 4 % des personnes interrogées répondent « Qu'il leur ressemble » ! Ainsi, nous voudrions des enfants pour qu'ils réussissent là où nous avons échoué...

Le calcul n'est pas toujours bon, d'ailleurs. Certains sociologues, constatant que ce sont souvent les familles pauvres qui ont le plus d'enfants, avaient émis autrefois l'hypothèse que la fertilité améliorait l'estime de soi des parents concernés (« on n'a pas d'argent, mais on a des enfants »). On sait aujourd'hui que cette théorie n'est pas fondée : le fait d'avoir des enfants n'améliore pas forcément l'estime de soi, et, inversement, notre niveau d'estime de soi des personnes n'a pas d'effet sur le nombre d'enfants que nous aurons par la suite [16] : les personnes à basse estime de soi ne sont pas plus prolifiques que les autres !

Du reste, le fait d'avoir des enfants peut représenter une entrave, pour les femmes notamment, en matière d'accomplissement de soi, à une époque où le travail est une composante importante de l'estime de soi. Une enquête récente [17] montrait comment les mères de deux enfants ou davantage ont de plus en plus de difficultés à trouver du travail :

	En 1994	En 1997
Mères de deux enfants âgés de 25 à 29 ans qui ont un travail	63,5 %	52 %
	En 1990	En 1997
Mères de deux enfants âgés de 30 à 34 ans qui ont un travail	70,5 %	59 %

Maternité et travail

Des rapports de force subtils

De même que l'enfance n'est pas, comme on a longtemps voulu le croire, une période insouciante, le couple n'est pas un lieu où l'amour règne sans partage, mais le théâtre de multiples rapports de force. Dans certains couples existe une forme de compétition implicite, où chacun a le désir de séduire l'autre en l'impressionnant. Dans un roman décrivant une rupture conjugale [18], Françoise Chandernagor prête à son héroïne, Catherine, qui cherche à comprendre pourquoi son mari l'a trompée, la phrase suivante : « Pour forcer l'estime de ce garçon brillant et dissipé, j'avais cherché, depuis l'adolescence, à me hausser au-dessus de moi-même : en me dépassant, l'ai-je dépassé ? »

Exercice pour le couple

Posez-vous ces trois questions (ou mieux, discutez-en avec votre conjoint) :

1. Qu'apporte mon couple à mon estime de moi-même ? De manière directe : en quoi mon conjoint m'a-t-il permis de réaliser certains de mes objectifs ? Ou de manière indirecte : en quoi suis-je fier de mon conjoint ?
2. Mon couple repose-t-il sur des bases équilibrées ? Est-ce que j'ai aidé mon conjoint à atteindre certains de ses objectifs ? Est-il fier de moi ? Mes bénéfices et les siens sont-ils d'ampleurs comparables ?
3. Existe-t-il des domaines où j'ai le sentiment que nous sommes en compétition ? Ou jaloux l'un de l'autre ? En avons-nous déjà clairement discuté ?

Stratégie	Exemple
La comparaison défavorable au conjoint, si possible avec une personne qu'il n'apprécie pas	« Tu n'aimes pas ta belle-mère, mais elle au moins, elle fait des efforts pour ses invités... »
La critique sur des membres de sa famille	« Tu es vraiment radin, tu me rappelles ton père... »
La critique sur des aspects physiques	« Mmm, tu n'as pas grossi depuis l'été dernier ? » ou « Je n'avais pas remarqué que tu faisais si gringalet de dos... »
L'évocation de vos aventures passées et vos regrets à ce sujet	« Ah, tiens, cette photo, je me souviens. C'était le fils d'un ministre italien. Il était très amoureux de moi, et voulait m'épouser. Il m'a écrit longtemps, et puis... J'aimerais bien savoir ce qu'il devient. Je dois justement aller à Rome pour mon travail... »
Le récit d'une bonne soirée sans lui (elle) mais avec des amis très drôles	« Ah hier, c'était super. Ça fait du bien de passer une bonne soirée avec des gens sympa. Ça faisait longtemps que je ne m'étais pas amusé(e) comme ça. Dommage que tu n'aies pas pu venir. Mais peut-être que ça ne t'aurait pas plu... »
La plainte culpabilisante	« Quand je pense à tout ce que j'ai fait pour toi... »
Vanter les qualités d'un(e) rival(e) potentiel(le)	« Tu as vu comme elle était jolie, hier soir, la voisine des Dupont ? Oui, celle avec qui j'ai dansé... En plus, elle est beaucoup plus intelligente que toutes ces jalouses de bonnes femmes ne le disent... » ou « Ce garçon est très attachant, la fille qui mettra le grappin dessus décrochera le gros lot »

Comment abaisser l'estime de soi de votre conjoint
(mais ne vous étonnez pas ensuite des ennuis...)

Dans d'autres couples, on est parfois frappé par le besoin d'un ou des deux membres de maintenir subtilement l'estime de soi de son conjoint dans des limites à ne pas dépasser, et au-delà desquelles sa propre estime de soi serait menacée. Voici à ce propos l'histoire d'un couple que l'un d'entre nous a été amené à recevoir en thérapie.

Elle est directrice financière reconnue dans son milieu, et lui peintre sans succès. Lors des conversations avec leurs amis et leurs proches, elle dit tout haut souhaiter sa réussite à lui pour qu'elle puisse arrêter de travailler, s'occuper de leurs enfants et « profiter de la vie ». Mais, par ailleurs, elle le bombarde de messages dévalorisants, surtout en public : « heureusement qu'il y a mon salaire, sinon, le pauvre chou, avec ce qu'il ramène à la maison... » Elle avoue à ses amies qu'il n'a sans doute pas l'envergure nécessaire pour faire carrière ; mais leurs proches ont le sentiment que, s'il réussissait, elle ne le supporterait pas, car il y aurait un basculement des rapports de force (et peut-être même la quitterait-il). En effet, lui est très populaire et aimé de tous, tandis qu'elle l'est beaucoup moins, un certain nombre de personnes ne pouvant supporter son agressivité verbale, sa propension à prendre les gens de haut et à les juger quand ils n'ont rien demandé...

Elle-même, haute estime de soi instable, vient d'une famille où les parents ont divorcé très tôt, a eu un père brillant et infidèle, et une mère décrivant dans le détail à ses enfants toutes les turpitudes et bassesses de son mari... Lui, basse estime de soi instable, a eu un père effacé et une mère envahissante et dominatrice.

Leur couple est fonctionnel sur la base suivante : à elle les compétences matérielles et intellectuelles, qu'il lui reconnaît volontiers (il l'admire pour son intelligence et son fort caractère) ; à lui les compétences relationnelles (qu'elle lui envie) et artistiques (qu'elle admire sincèrement mais n'envie pas). Que se passerait-il si l'équilibre était rompu ? C'est-à-dire si le mari réussissait matériellement ? Ou si, à la suite d'une thérapie réussie, sa femme se débarrassait de son agressivité envers autrui, et devenait plus populaire ?

Pourquoi on se dispute

Vous êtes-vous déjà demandé à quoi servent les disputes au sein d'un couple ? La réponse est simple : à ramener chaque fois que nécessaire l'estime de soi du conjoint à de plus justes proportions...

La dispute fait partie de la vie de tout couple normal. Certains conflits peuvent être considérés comme « normaux » : ils permettent à chacun d'exprimer attentes et insatisfactions, et de faire évoluer la situation. À leur issue, personne ne se sent humilié, l'estime de soi de chacun des membres n'a pas été attaquée de manière directe.

Par contre, certains conflits signent une « conjugopathie » : ils sont fréquents, ne débouchent sur aucune solution, et surtout sont le théâtre d'agressions féroces sur l'estime de soi des participants. La présence de « coups bas » lors des disputes entre conjoints est, par exemple, connue des thérapeutes conjugaux pour être un facteur de mauvais pronostic. Ces coups bas consistent en des reproches ou des insultes à propos desquels la personne ne peut évoluer ou faire d'efforts de changement. C'est le cas de tous les reproches sur l'aspect physique (« tu te crois belle, en plus ? »), sur sa famille (« ça ne m'étonne pas de toi, avec les parents que tu as... »), sur les échecs passés (« tu as toujours tout raté dans ta vie »). Ces insultes irrémédiables portent des coups très durs à l'estime de soi de la personne qui les reçoit, et ne sont jamais oubliées. Elles témoignent d'un désir, conscient ou inconscient, d'abattre l'estime de soi du conjoint pour prendre le dessus sur lui.

Conflits « normaux »	Conflits pathologiques
Objectif : faire évoluer le comportement du partenaire	Objectif : diminuer l'estime de soi du partenaire
Les émotions sont exprimées de manière directe à la première personne (« je suis en colère »)	La responsabilité des émotions est attribuée au conjoint (« tu me rends malade »)
Tournés vers la recherche de solutions (« que peut-on faire ? »)	Tournés vers la recherche de responsabilités (« qui a fait la faute ? »)
Les critiques sont centrées sur les comportements (« quand tu fais cela, ça me pose un problème... »)	Les critiques sont centrées sur les personnes (« tu es vraiment nul(le) »)
Le conflit a une fin (pas de bouderies, pas de vengeance)	Le conflit est ressassé et renaît sans arrêt de ses cendres (« pourtant l'autre jour tu disais que... »)
Le conflit permet de rééquilibre les rapports de force entre les conjoints (à l'issue du conflit, les gains et les pertes sont partagés)	Le conflit déséquilibre les rapports de force entre les conjoints : il confirme la dominance de l'un, ou inverse la dominance (mais il y a toujours un dominant à son issue)

Conflits conjugaux « normaux » et conflits pathologiques

Les joies du ménage

Les conflits conjugaux ont toujours représenté une source d'inspiration pour les romanciers et les cinéastes. Le film de Danny De Vito, *La Guerre des Rose* (1989) dépeint ainsi une interminable bagarre entre Kathleen Turner et Michael Douglas. Mais la dispute conjugale la plus spectaculaire reste peut-être celle qu'a dépeinte l'écrivain Edward Albee dans sa pièce *Qui a peur de Virginia Woolf*[19] ? :

« MARTHA : George ? *(il lève les yeux)* Tu me donnes envie de dégueuler.

GEORGE : Pardon ?

MARTHA : Tu me donnes envie de dégueuler.

GEORGE : Ce n'est pas très gentil de me dire des choses pareilles, tu sais, Martha.

MARTHA : Hein ? Ce n'est pas *quoi* ?

GEORGE : Ce n'est pas très gentil.

MARTHA : J'aime bien quand tu es furieux... C'est même comme ça que je te préfère... Furieux... Mais t'es quand même une lope, George... T'as quand même rien dans...

GEORGE *(l'interrompant)* : Dans le ventre ? C'est ça ?

MARTHA : Pantin... »

Si je t'aime, prends garde à toi !

La jalousie est presque toujours un signe de vulnérabilité. Les doutes sur l'autre reflètent des doutes sur soi : « Je ne suis capable ni de le (la) retenir ni de vivre sans lui (elle). Je dois donc le (la) surveiller sans arrêt. »

La jalousie peut concerner des sujets à basse estime de soi, comme Amélie, vingt-huit ans, sans profession : « Je n'ai jamais été aimée par mon père. Il m'a toujours préféré ma sœur, qui lui ressemblait beaucoup plus que moi. Moi, j'étais plutôt l'enfant de la mère, et il était justement en conflit permanent avec elle. Je ne me suis jamais plu, je ne me trouve pas très jolie, pas très cultivée. Mais je me suis rendu compte très tôt que je plaisais aux garçons. Tant que ça en restait au stade du flirt, je n'ai pas connu trop de difficultés, les liaisons ne duraient pas beaucoup ; je voyais bien que j'étais jalouse, mais je pouvais me venger en séduisant un autre garçon ou en quittant celui qui m'avait paru ne pas assez m'aimer.

Depuis que je me suis mariée, ça va très mal de ce côté-là. Ma jalousie est devenue dévorante : dès qu'une femme regarde mon mari, je deviens comme folle. Je lui ai plusieurs fois fait des scandales et des scènes terribles en public. Au début, ça l'amusait, il me rassurait volontiers et faisait attention. Mais aujourd'hui, il ne le supporte plus, ça le rend malheureux, et moi aussi. Je suis en train de détruire notre couple. C'est comme si je voulais m'empêcher de trouver le bonheur. Je me déteste d'être comme ça... »

La jalousie d'Amélie est celle d'une personne doutant d'elle-même et qui pense que ses qualités sont insuffisantes pour retenir son conjoint auprès d'elle. Elle se sent tout à fait incapable de le reconquérir si elle perçoit qu'une autre femme lui a plu ; il lui semble alors que c'est une preuve de désamour définitif.

Parfois, ce sont des sujets à haute estime de soi qui sont concernés, comme Franck, quarante-cinq ans, chef d'entreprise, que sa femme décrit ainsi : « Il ne supporte pas que d'autres hommes esquissent le moindre geste à mon égard : un regard, un sourire, un compliment lui suffisent pour démarrer. Il exerce sur moi une surveillance inquiète et incessante. Au début, il me disait que c'était parce qu'il m'aimait trop. Mais je suis convaincue aujourd'hui que c'est au contraire parce qu'il ne m'aime pas assez : c'est comme s'il me considérait comme sa propriété, comme un animal domestique. Il voudrait que je ne vive qu'à travers lui... »

La jalousie de Franck est liée à un besoin de contrôler son environnement. Ce qui lui a sans doute servi pour réussir en affaires le dessert ici pour réussir son couple. Sa femme signale que ce sont surtout les hommes dotés des qualités qu'il estime, à tort ou à raison, ne pas avoir qui le rendent jaloux. Par exemple, des hommes plus jeunes ou plus « intellectuels » : Franck est un self-made man, intelligent, mais complexé de n'avoir aucun diplôme.

Du chagrin d'amour

Les deuils sentimentaux affectent profondément l'estime de soi, et le chagrin d'amour est une sorte de minidépression expérimentale : le sujet se dévalorise (« je suis nul »), ne s'imagine plus d'avenir (« plus rien d'heureux ne pourra m'arriver ») et n'apprécie plus ses pôles habituels d'intérêt (« je n'ai plus envie de rien »). On sait par exemple que, sans aller jusqu'à la dépression, les personnes souffrant de chagrins d'amour (*lovesick patients*) ont des niveaux d'estime de soi bas[20].

« Je me souviens d'une très jolie fille avec qui j'avais flirté un soir, raconte cet étudiant en droit. Le lendemain, elle m'a téléphoné pour me dire qu'elle ne voulait plus qu'on se revoie. Ça m'a fait comme un électrochoc. J'avais été tellement heureux d'avoir pu la séduire, c'était comme s'il y avait eu une erreur, comme si on m'avait retiré un prix ou un diplôme après vingt-quatre heures, en me disant : non, ce n'était pas vous, vous ne le méritez pas. Je n'arrivais pas à me mettre en colère contre elle, mais je me sentais humilié et pitoyable. Honteux. Pendant plusieurs jours, je me suis posé des questions sur moi, me disant qu'au fond je n'avais pas beaucoup d'intérêt en tant que personne. J'ai passé en revue tous mes problèmes antérieurs, tous mes défauts, les côtés nuls de ma vie et de ma façon d'être qui avaient pu lui déplaire. C'était assez pénible. J'ai compris ce que doivent ressentir les gens déprimés. Mais avec le recul, ça m'a été salutaire... »

Comment les individus réagissent-ils aux ruptures en fonction de leur estime de soi ? Françoise Chandernagor va à nouveau nous éclairer. Dans son livre *La Première Épouse*, elle décrit les affres et la reconstruction d'une héroïne qui résiste finalement au choc du divorce. Celle-ci utilise plusieurs stratégies, destinées à protéger son estime d'elle-même :

— « Je n'ai pas été trompée par mon mari, je me suis trompée sur lui... » L'héroïne préfère ici assumer un mauvais choix que se dire qu'elle n'a pas assez plu à son mari, ou pas assez longtemps. Dès le départ, le couple devait échouer. Donc, la remise en question personnelle est moins grande.

— « Je me vois dans des scènes où j'accueille ma rivale à la maison sur fond de charité chrétienne et de réconciliation... Je n'écrase pas la dame de mes mépris, je l'écrase de générosité. Mais l'essentiel, c'est de l'écraser... » L'héroïne fait un intelligent calcul : la protection à long terme de son estime de soi, par une attitude « généreuse », vaut mieux que le plaisir à court terme d'une vengeance.

— « Si fort que j'aie aimé mon mari, je ne l'ai pas aimé autant ni si longtemps que j'ai aimé ma terre : je comprends qu'il se soit cru dupé. Depuis le premier moment et à chaque instant, je l'ai trompé avec le souvenir des rivières et l'ombre des noisetiers. »

L'héroïne abandonnée cède ici à la tentation de réécrire son passé, de se redonner un rôle actif (là où en fait elle a subi), et de réinvestir d'autres pôles d'intérêt.

DES AMIS EN TOUTE SAISON

Peut-on vivre sans amis ? Oui, mais mal. Les relations amicales jouent un rôle important dans notre estime de soi : elles la nourrissent et la stabilisent.

Comment se faire des amis ?

Des chercheurs en sociologie ont voulu étudier si la manière dont nous nous présentons à nos interlocuteurs influence leur jugement sur nous[21]. Ils ont pour cela réparti en trois catégories les façons de parler de soi : très valorisante (« je suis quelqu'un de très bien, avec plein de qualités »), dévalorisante (« je ne vaux pas grand-chose, j'ai beaucoup de défauts ») ou intermédiaire (« j'ai des défauts et des qualités »). Eh bien, on paraît certes plus sympathique en se présentant positivement qu'en se dévalorisant, mais la présentation de soi la plus appréciée est celle qui contient des éléments positifs modulés et nuancés par l'aveu de quelques défauts : trop se valoriser paraît parfois friser la malhonnêteté, et trop se déprécier semble indiquer un manque de connaissance de soi.

Dans un livre déjà ancien, mais qui continue d'être un succès de librairie, l'Américain Dale Carnegie donnait ses conseils pour se faire des amis[22]. Ses « Six moyens de gagner la sympathie des gens » n'étaient en fait rien d'autre que six moyens pour augmenter l'estime de soi des interlocuteurs : écouter les autres, leur parler de ce qu'ils aiment, leur faire sentir leur importance, etc. Bien que datant des années 1930, les recettes sont restées valides. Nous plaisons souvent parce que nous faisons du bien à l'estime de soi des autres...

Des amis à mon image

Dans ses *Essais*, Montaigne célèbre l'amitié en ces termes restés célèbres : « Et à nostre première rencontre, qui fut par hasard en une grande feste et compagnie de ville, nous nous trouvasmes si prins, si cognus, si obligez entre nous, que rien dès lors ne nous fut si proche que l'un à l'autre. »

Plus nous nous sentons proche de quelqu'un, plus nous nous ressemblons, et plus il nous sera facile de devenir – et de rester – des amis. Et ce phénomène est encore plus net quand nous doutons de nous-même : il y a alors encore plus de chances qu'une personne dont les opinions sont semblables aux nôtres devienne plus facilement un ami [23].

Amitié et promiscuité

Treize volontaires doivent passer dix jours dans un abri antiatomique exigu, avec une restriction alimentaire – histoire, sans doute, de les mettre de mauvaise humeur... Auparavant, on procure à chacun d'eux un questionnaire d'opinion sur des sujets très variés. Pendant leur séjour dans l'abri, et à la fin, on leur fait remplir des questionnaires sur leur degré de sympathie ou d'antipathie envers les autres membres du groupe. On constate que plus leurs réponses au questionnaire d'opinion sont similaires, plus les sujets s'apprécient mutuellement [24].
Moralité : si vous devez affronter des circonstances difficiles (croisière en haute mer ou raid dans le désert), vérifiez que vos futurs compagnons ont la même vision de l'existence que vous !

La plupart des gens tendent à choisir leurs amis parmi des personnes ne présentant pas des écarts trop importants avec eux, du moins dans les grands domaines constitutifs de l'estime de soi : beauté physique, statut social, etc. Plus les écarts sont importants au départ (par exemple si on appartient à des groupes sociaux différents), plus il faut que les points communs soient nets et nombreux par ailleurs pour que le lien amical s'installe [25].

Ces phénomènes sont plus évidents et sensibles chez les adolescents, qui tendent à se regrouper en bandes aux caractéristiques très proches. Pour échapper aux comparaisons sociales défavorables, ils choisissent volontiers des amis aux performances proches des leurs. C'est la même chose dans les groupes de personnes socialement marginalisées : des individus à basse estime de soi peuvent se réunir, se sentir bien entre eux et remonter leur estime de soi, tout en se sentant rejetés par la société[26]. L'estime de soi des membres de ghettos de toute sorte n'est donc pas forcément plus basse que celle des personnes extérieures. Les individus qui en font partie ne se comparent pas avec l'extérieur, mais entre eux, au sein du groupe.

C'est dans le besoin qu'on reconnaît ses amis

Quand sollicite-t-on ses amis ? Et dans quel but ? Si l'on a une haute estime de soi, la sollicitation intervient généralement après un succès. On cherche alors des encouragements. « Regarde, j'ai encore été génial », semble-t-on dire. Il va de soi qu'à la longue cela en devient irritant...

Les sujets à basse estime de soi, en revanche, ont plutôt tendance à aller vers les autres après avoir essuyé un échec : l'ami doit être là pour écouter leurs plaintes[27]. Ce faisant, ils augmentent le risque de se forger une image de « looser » ou de victime. Le réconfort obtenu sera d'ailleurs de moins en moins convaincant, car leurs amis finiront par se lasser d'un rôle de psychothérapeute qu'ils n'avaient pas sollicité... Agissez ainsi et vous perdrez plus souvent vos amis que les autres[28].

La vie au bureau

Nombre de sujets à basse estime de soi se sont révélés par leurs qualités professionnelles. Et même si on en conteste aujourd'hui certains aspects, l'épanouissement au travail reste une réalité pour beaucoup de personnes, auxquelles il procure un sentiment d'efficacité personnelle tout en leur permettant – ce que l'on oublie souvent – de mieux se connaître. « J'aime ce qui est dans le travail l'occasion de se découvrir soi-même, écrivait Joseph Conrad[29], j'entends notre propre réalité, ce que nous sommes à nos yeux, et non pas en façade. » Les moyens d'y parvenir sont multiples ; ils passent par le statut social (que perdent les chômeurs), l'intégration à un groupe (les autres nous apprécient et nous admettent parmi eux), l'atteinte d'objectifs (nous nous sentons efficaces), les gains financiers (nous achèterons ainsi des prothèses à notre estime de soi), etc.

Liaisons dangereuses

Cependant, l'activité professionnelle et l'estime de soi peuvent aussi entretenir des rapports problématiques.

➤ Les « accros » du travail

Jacques est un chef d'entreprise de cinquante-huit ans. Il a consacré toute sa vie à son travail. Marié jeune, il a divorcé après quinze ans de vie commune : son épouse, après l'avoir aidé à démarrer sa PME, n'a plus supporté les nuits blanches, les week-ends à travailler et les vacances sans cesse repoussées. Lorsqu'elle a demandé à Jacques de ralentir son activité et de déléguer des responsabilités, il l'a mal pris, comme si elle trahissait sa confiance et lui demandait quelque chose d'impossible. À mesure que leur conflit prenait de l'ampleur, il eut le sentiment que c'était seulement dans son travail qu'il était heureux. Et c'était hélas la réalité. Il se mit donc à rentrer de plus en plus tard chez lui, parfois même à dormir au bureau : il aimait l'ambiance du petit matin dans son entreprise, prendre le café avec ses premiers ouvriers, voir qu'il impressionnait ses jeunes collaborateurs qui le trouvaient au travail très tôt le matin. Aujourd'hui, aucun obstacle familial n'empêche plus Jacques de s'adonner à sa plus grande fierté : son entreprise...

Marie-France, elle, est assistante de direction. Elle a quarante-quatre ans et vit en célibataire. Son patron est exigeant, mais il lui accorde une confiance absolue. Elle ne refuse jamais un supplément de travail et n'a « jamais déçu quiconque dans l'entreprise », comme elle le dit elle-même, en ajoutant que c'est sa fierté. On ne lui connaît pas d'autre passion que son travail. Récemment, elle est tombée malade et a dû être hospitalisée : ses collègues l'ont soutenue et visitée. Mais, à cette occasion, elle a réalisé sa solitude et sa vulnérabilité. Elle a présenté un épisode dépressif qui a surpris tout son entourage. Venue nous consulter pour cela, elle avoue en pleurant : « Je suis heureuse au travail, mais malheureuse le reste du temps. »

Quand l'estime de soi professionnelle se met à prendre une part trop importante dans l'estime de soi globale, au point d'en représenter la principale source, on court le risque d'être complètement dépendant de son métier, de ne plus vivre qu'à travers le prisme du bureau. Cet engagement professionnel excessif présente de grands dangers pour l'équilibre psychologique du sujet.

➤ Le coût de l'excellence

On a longtemps favorisé l'idée, dans les entreprises, que l'estime de soi professionnelle devait être corrélée à la quantité ou à la qualité du travail fourni. Cette confusion entre valeur et performance (« je suis quelqu'un de bien, car je réussis »), assez en vogue dans les années 1980-1990, a heureusement été dénoncée [30] : elle encourage en effet le développement d'une estime de soi très instable, vulnérable aux échecs, chez des sujets devenus obsédés par la compétition et qui s'effondraient en cas de licenciement.

Management sadique et harcèlement moral

L'importance croissante du travail dans le statut social, et sa relative raréfaction ajoutée au fait que les salariés ne supportent plus – à juste titre – aujourd'hui ce qu'ils enduraient en silence hier sont à l'origine de l'intérêt que l'on porte ces derniers temps à un phénomène que les Anglo-Saxons appellent *mobbing* et que l'on désigne en France par l'expression « harcèlement moral [31] ».

Les différentes agressions possibles en milieu professionnel ont pour effet principal d'altérer profondément et durablement l'estime de soi de la victime, avec, selon les cas, divers objectifs, le plus souvent la soumission ou le départ. Les stratégies sont en général indirectes et destructrices pour l'estime de soi. Globalement, il s'agit de viser la personne, au-delà de sa fonction, et de la faire douter profondément d'elle-même.

La « placardisation » d'un salarié est sans doute l'exemple le plus caractéristique de ces stratégies. Elle consiste à isoler la personne du reste de l'entreprise en ne lui confiant plus aucun véritable travail, en la privant d'informations, en ne la convoquant plus aux réunions, etc. Sans nécessiter des agressions frontales, cette méthode aboutit à une sorte de dépression expérimentale : peu à peu, le sujet se met à douter de lui, à culpabiliser, à se dévaloriser...

Dans sa célèbre bande dessinée *Dilbert*, Scott Adams nous donne l'un des témoignages les plus féroces et les plus drôles qui soient sur ce « management sadique ». Son héros discute avec un collègue :

« Encore bravo, Ratbert. J'ai su que c'était toi qui avais décroché le poste d'intérimaire.

— Mon bureau se trouve où ?

— C'est dans cette boîte à chaussures dans le hall d'accueil.

Aucun salarié ne te regardera dans les yeux ou ne prononcera ton nom. Hiérarchiquement, tu te situes *grosso modo* entre le personnel d'entretien et la crasse derrière le frigo...[32] »

ATTITUDES MANAGÉRIALES	CONSÉQUENCES SUR L'ESTIME DE SOI DES SALARIÉS
Être imprévisible (humeur, critères de jugement des tâches...)	Les maintient à un niveau d'insécurité incompatible avec une bonne estime de soi
Toujours critiquer la personne, et non pas ses comportements	Leur apprend à se considérer comme incompétents et à percevoir leurs échecs comme des fautes
En cas d'erreur, ne pas hésiter à monter en épingle	Leur apprend à considérer les échecs comme des catastrophes
En cas de succès, tirer la couverture à soi	Les fait douter de l'utilité de faire des efforts
De temps en temps, se montrer sous un bon jour (gentil, encourageant, distribuant des faveurs...)	Provoque le doute (et si mon jugement négatif sur lui était faux ?)
Pratiquer la confusion des genres en mettant de l'affectif dans le management (« je suis très, très déçu par vos résultats... »)	Les culpabilise (c'est ma faute)
Mettre la pression sur les collaborateurs (« je vous fais confiance... ») sans leur donner les moyens de répondre à la demande	Les angoisse (je ne suis pas à la hauteur)
Toujours laisser planer des menaces sur la survie (du poste, du service, de l'entreprise...)	Les insécurise (je suis à la merci des circonstances)
Veiller à mettre en échec de temps en temps sur des dossiers pourris ceux qui réussissent bien	Maintient leur estime de soi dans des limites acceptables, et leur enlève toute idée de promotion

Comment saboter l'estime de soi de ses collaborateurs

Développer l'estime de soi de ses collaborateurs devrait cependant être l'objectif de toute personne chargée d'animer une équipe. Les conséquences sur leur bien-être et sur leurs performances sont évidentes. C'est ce que nous explique ce directeur d'unité de production dans une usine : « Mon souci numéro un, c'est que les gens qui travaillent avec moi se sentent bien. C'est-à-dire soient contents de leurs conditions de travail et se sentent compétents. J'ai horreur de mettre les gens en échec, ou de les voir se faire rabaisser, même par des clients, même pour de prétendues bonnes raisons. On n'a jamais raison de rabaisser quelqu'un. Si je raisonne comme ça, c'est sans doute parce que je suis un ancien mauvais élève ! Moi, je valorise mes collaborateurs, je leur pardonne toutes leurs erreurs pourvu qu'ils en tirent les leçons : dès qu'il y a eu un problème, je leur demande ce que ça leur a appris. Je les pousse à se former le plus possible : qui peut le plus peut le moins.

« Parfois, certains deviennent tellement compétents qu'ils me quittent pour travailler dans un autre service ou une autre entreprise. C'est normal. L'inverse m'inquiéterait. Je ne veux pas qu'on soit dans mon équipe seulement parce qu'on n'est pas capable d'aller ailleurs. Je veux que, si on reste, ce soit un vrai choix. D'ailleurs, à long terme, ce mouvement, c'est très bon. Tous les salariés passés chez nous en disent du bien à l'extérieur. Nous sommes une unité très demandée par les jeunes embauchés. Je ne comprends pas certains de mes collègues obsédés par le rendement ou par le pouvoir, qui passent leur temps à faire trimer ou à faire trembler. On n'est pas là pour se défouler de nos névroses ! »

Comment développer l'estime de soi de ses collaborateurs

→ Favoriser l'esprit d'équipe, notamment par des rencontres informelles, une solidarité inconditionnelle en cas de problèmes, etc.

→ Augmenter les compétences individuelles en facilitant la formation et la spécialisation.

→ Donner régulièrement, par des remarques positives ou critiques, une information sur les performances.

→ Instaurer une tolérance à l'erreur : « C'est normal d'échouer parfois ; qu'avons-nous appris de cet échec ? »

→ Encourager l'initiative : il n'y a pas que les résultats qui comptent !

→ Ne pas critiquer les personnes, mais les comportements.

→ S'appliquer à soi-même les règles que l'on impose aux autres...

Chômage et estime de soi

Le chômage représente une série de pertes – de statut, de revenus, de contacts sociaux – dont l'impact sur l'équilibre de la personne est toujours net. Beaucoup de nos patients chômeurs souffrent d'un profond sentiment de dévalorisation ; certains n'osent pas parler de leur chômage à leur entourage ; d'autres évitent de sortir de chez eux aux heures ouvrables, pour ne pas être repérés comme des oisifs. « J'ai été au chômage pendant un an et demi, nous racontait l'un d'eux. Ce fut la période la plus pénible de ma vie. D'abord, je me sentais culpabilisé d'être chômeur, comme si je portais la responsabilité de ce statut. Je me dévalorisais beaucoup : j'avais le sentiment que me retrouver là prouvait que j'étais moins malin que les autres, qui s'étaient mieux débrouillés pour garder leur emploi. Et puis, j'avais honte, j'étais mal à l'aise avec tout le monde, j'avais peur de ce qu'on pouvait penser de moi : les voisins, les amis, les commerçants. Je me demandais même ce que ma femme et mes enfants pensaient *vraiment* de moi, surtout à la fin. »

« Parce qu'il rend le futur incertain, écrit le sociologue Pierre Bourdieu à propos du chômage, il oblige à faire une sorte d'inventaire des ressources utilisables, et rend patents, chez certains, des manques jusqu'alors refoulés ou travestis[33]. » Le chômage agirait comme un révélateur des vulnérabilités de la personne qu'il frappe. Les différentes études qui ont été consacrées à ce phénomène renvoient d'ailleurs à celles qui portent sur l'échec scolaire : le niveau d'estime de soi préexistante prédit la qualité des stratégies adaptatives, donc le maintien ou l'effondrement de l'estime de soi. Les altérations de celle-ci en cas de chômage varient donc selon les profils de personnalité.

D'autres éléments entrent en jeu, comme la durée et la fréquence de cette expérience douloureuse. Une étude de 1994 portant sur cent dix-neuf femmes au chômage montrait ainsi que celles dont l'estime de soi était la plus basse étaient sans emploi depuis moins de six mois[34] : la blessure narcissique liée à la perte d'emploi est alors à son maximum. En revanche, les femmes au chômage depuis six à douze mois étaient celles dont les scores d'estime de soi étaient les plus élevés, sans doute à cause d'une mobilisation active de la personne et de l'entourage en réaction à l'épreuve. Enfin, l'estime de soi des femmes au chômage depuis plus de douze mois s'abaissait à nouveau, mais sans atteindre les bas scores de la période initiale, témoignant ainsi d'une organisation psychologique plus stable autour du chômage : stages de reconversion, investissement dans d'autres activités parallèlement à la recherche d'un emploi, etc. La même étude montrait aussi que la répétition des expériences de chômage altérait de manière très significative l'estime de soi.

Hélas, ces blessures de l'estime de soi ne font qu'aggraver le problème. Moins on s'estime, moins on est capable d'investir de l'énergie dans la recherche d'un nouveau travail, moins on se présente positivement à un employeur éventuel, etc. La marginalisation des chômeurs de longue durée n'est pas uniquement la conséquence de l'inadéquation entre leurs compétences et les besoins du monde du travail ; elle est également due au fait qu'ils sont de moins en moins aptes, non seulement à *exercer* un travail, mais aussi à le *rechercher*. Le rôle des professionnels de l'aide à la recherche d'emploi (ANPE et « outplacers ») doit donc aussi consister à aider le chômeur à protéger ou à reconstruire son estime de soi.

La dévalorisation que ressent le chômeur ne s'efface pas le jour où il retrouve un emploi. En tant que thérapeutes, nous avons rencontré des patients qui présentaient de véritables « cicatrices » psychologiques dues au chômage. Invisibles aux personnes extérieures, elles étaient présentes à leur conscience sous la forme d'une obsession : surtout ne pas revivre la même situation. Écoutons Éric, trente-quatre ans, après deux expériences de chômage de un an chacune : « Je me sens un peu comme ces anciens combattants, revenus choqués par ce qu'ils ont vécu, mais qui ne peuvent pas en parler autour d'eux. Dans le milieu où je travaille aujourd'hui – les télécommunications –, la plupart de mes collègues n'ont pas vécu le chômage, ils sont tous jeunes diplômés de bonnes écoles d'ingénieurs, et se sentent à l'abri. Moi, je viens du secteur bancaire, où il y a eu ces dernières années pas mal de licenciements. Je me sens moins fort qu'eux, plus vulnérable. Pas seulement pour des histoires de diplôme, mais aussi dans ma tête : j'ai peur de prendre des risques, de commettre des impairs, de déplaire. Et j'ai peur que ça se voie, qu'on me sente fragile. L'esprit maison est très "jeune cadre dynamique qui va de l'avant". Moi, je ne pense pas que je pourrai redevenir un jour comme ça. Il y a ici peu de distance hiérarchique ; mais, quand mes supérieurs me demandent de les appeler par leur prénom, je me rappelle ceux qui m'ont viré il y a deux ans, en me faisant craquer. Avec eux aussi les choses se passaient bien. Jusqu'au jour où ils ont décidé que je n'étais plus indispensable... »

Comme celle de la guerre imprima sa marque sur la génération de nos parents, l'empreinte du chômage pourrait bien façonner l'inconscient collectif de notre génération. Beaucoup des « baby-boomers » ont entendu leurs parents anxieux leur dire : « Mange ta soupe et tais-toi, car, si un jour il y a la guerre, tu la regretteras peut-être. » Diront-ils un jour à leurs enfants : « Travaille et tais-toi, car, si un jour le chômage revient... » ?

Les hommes de pouvoir

« Je crois en Dieu et en moi », disait en 1837 le jeune Louis-Napoléon Bonaparte, futur Napoléon III. Pourtant, ses qualités d'homme politique ne faisaient pas l'unanimité de ses contemporains, à l'image de Thiers qui, en 1848, disait de lui : « Ce dindon qui se croit un aigle. » Cela n'empêcha pas le dindon de renverser la République et de devenir le dernier empereur des Français en 1852. L'estime de soi de Napoléon III était élevée, comme doit l'être celle de tous les hommes de pouvoir.

Quatre clés pour conquérir le pouvoir

Quatre points, tous liés à l'estime de soi, caractérisent les hommes de pouvoir :

— *Ils croient en leur destin* - ce qui veut dire qu'ils pensent en avoir un. Impossible en effet de devenir un homme ou une femme de pouvoir si l'on n'est pas convaincu(e) d'être appelé à de grandes choses.

— *Ils voient grand.* Tandis que les sujets à basse estime de soi ont souvent tendance à se satisfaire de réussites au sein de milieux proches ou limités, les personnes à haute estime de soi, à chaque étape atteinte, pensent déjà à la suivante.

— *Ils passent systématiquement à l'action.* Nous sommes tous capables d'imaginer que nous allons réussir quelque chose, mais agir pour mettre en œuvre cette réussite est le lot de ceux qui disposent d'une bonne estime d'eux-mêmes.

— *Ils acceptent d'échouer*. La plupart des grands hommes politiques savent rebondir en cas d'échec. Sans cette qualité, liée à l'estime de soi, point de victoire. François Mitterrand, battu aux élections en 1965 et en 1974, mais élu en 1981 et 1988, tout comme Jacques Chirac, battu à celles de 1981 et de 1988 mais élu en 1995 et 2002, en sont deux bons exemples.

Exercer le pouvoir : le grand malentendu

➤ Pouvoir et affection

« Un chef est un homme qui a besoin des autres », écrivait Paul Valéry [35]. Vouloir exercer le pouvoir, c'est souvent désirer être aimé. À de rares exceptions près, les hommes politiques recherchent le pouvoir *et* la popularité. Car être aimé, apprécié, estimé, représente la meilleure nourriture pour l'estime de soi, même lorsqu'on se trouve en haut de l'échelle. Les tyrans eux-mêmes, et plus que d'autres d'ailleurs, aiment voir défiler un peuple qui célèbre leurs louanges. Hélas pour eux, même en démocratie, l'exercice du pouvoir se solde rarement par un retour d'affection. Au contraire, il faut faire face à des agressions en tous genres de la part de l'opposition, des médias, des électeurs, des rivaux au sein de son propre mouvement...

L'estime de soi, enjeu politique ?

Les hommes politiques de certains États américains, comme la Californie, ont pris position sur l'estime de soi, dont on pouvait imaginer qu'elle ne devrait concerner que les psychologues. Une « task force » du California State Department of Education, dans un rapport sur ce thème, notait par exemple : « Le manque d'estime de soi, individuel et collectif, est impliqué dans la plupart des maux qui affligent notre État et notre nation [36]. » Un des députés de Californie, préoccupé par les aspects financiers autant que psychologiques du problème, avait même adopté une position extrême : « Les personnes ayant de l'estime de soi produisent du revenu et paient leurs impôts. Celles qui n'en ont pas consomment des subventions [37]. »

Quitter le pouvoir

Avant de devenir un Empire, Rome n'était dans l'Antiquité qu'une petite république, souvent menacée par ses voisins. Lorsque les circonstances l'exigeaient, généralement en temps de guerre, les Romains nommaient l'un d'entre eux dictateur et lui donnaient les pleins pouvoirs. La paix revenue, celui-ci était censé renoncer à ses prérogatives et laisser la République reprendre ses droits. Vous imaginez bien que la tentation était grande de ne pas en rester là. C'est ainsi que Jules César fonda l'Empire romain : nommé dictateur pour un an, il se fit « prolonger » pour dix ans... Mais une figure restait chère au cœur des Romains de l'Antiquité, celle de Cincinnatus : ce cultivateur fut arraché à sa charrue par ses concitoyens pour conduire la guerre contre les Èques, une peuplade de l'est de Rome. Une fois la guerre gagnée, il refusa de rester au pouvoir et revint à sa ferme. Autre figure célèbre de renoncement au pouvoir, vingt siècles plus tard : l'empereur d'Autriche et roi d'Espagne Charles Quint. À cinquante-sept ans, au faîte de sa puissance, il prit la décision de se retirer dans le monastère espagnol de Yuste pour y consacrer le reste de son existence à la prière.

Sans doute le pouvoir est-il une drogue pour l'estime de soi. Peut-être même pousse-t-il les hommes politiques à penser qu'ils sont irremplaçables. Voilà qui explique sans doute cet étrange rituel, qui a touché notamment nos deux derniers présidents de République : parler du quinquennat avant d'être élu, ne plus évoquer la question une fois en place, puis se présenter une seconde fois aux élections...

Cette vision très élevée de soi-même, qui rend si difficile l'abandon du pouvoir, se retrouve d'ailleurs au travers des « petites phrases » des personnages célèbres au moment de leur mort[38]. Ainsi, l'empereur Néron, condamné à mort par le sénat romain pour ses exactions, ne cessait de répéter en préparant son suicide : « *Qualis artifex pereo* » (« Quel artiste périt avec moi... »). Plus orgueilleux, Danton lança au bourreau qui allait le guillotiner : « N'oublie surtout pas de montrer ma tête au peuple ; il n'en voit pas tous les jours de pareille. »

Un paradoxe de l'estime de soi

Dans *La Soirée avec Monsieur Teste,* Paul Valéry fait dire à son narrateur : « J'ai rêvé alors que les têtes les plus fortes, les inventeurs les plus sagaces, les connaisseurs le plus exactement de la pensée devaient être des inconnus, des avares, des hommes qui meurent sans avouer. Leur existence m'était moins révélée par celle même des individus éclatants, un peu moins *solides.* »

Beaucoup d'écrivains ont développé le point de vue selon lequel on court derrière la réussite, le pouvoir, la reconnaissance parce que l'on doute de soi. Toute personne à l'estime de soi véritablement forte ne devrait pas alors rechercher le pouvoir ou la gloire, mais lui préférer le bonheur... C'est en tout cas ce que pensait, quatre siècles avant notre ère, l'écrivain grec Xénophon, qui faisait dire à son héros Cyrus : « Mais si, parce qu'on a accompli de grandes choses, on ne peut plus s'occuper de soi-même et se réjouir avec un ami, c'est un bonheur auquel je dis adieu volontiers[39]. »

Pour le meilleur et pour le pire, l'estime de soi est ainsi impliquée dans de nombreuses dimensions de notre vie. Elle ne peut tout expliquer, mais elle éclaire beaucoup de nos motivations. Et aussi certains dérapages, comme nous allons le voir maintenant...

Chapitre VII

Estime de soi ou image de soi ? Êtes-vous prisonnier des apparences ?

« Ah, je ris de me voir si belle en ce miroir... »
Faust, « Air des bijoux », Charles GOUNOD

« Il y a des matins où je ne peux même pas me regarder dans mon miroir, raconte cette patiente de vingt-neuf ans. Ces jours-là, aucun de mes vêtements ne me va. Je me sens moche et misérable jusqu'au plus profond de moi. Rien de bon ne peut m'arriver une journée pareille : quand bien même le prince charmant se jetterait à mes pieds, je me sens tellement laide et nulle que je le rembarrerais méchamment... »

Les apparences – ici physiques – influencent beaucoup l'estime de soi. Elles font que nous nous sentons valorisés ou dévalorisés. Pourquoi ? Et les hommes réagissent-ils alors de la même manière que les femmes ?

POURQUOI LES FILLES DOUTENT D'ELLES-MÊMES

Flore et son cousin Louis sont assis devant l'ordinateur familial. Le père de Flore leur présente un nouveau jeu sur CD-Rom et demande : « Qui veut commencer ? » Les yeux de Flore brillent, mais elle reste silencieuse et pousse son cousin du coude. Celui-ci se propose alors sans hésitation. Dès le premier essai, Louis se fait battre à plate couture par l'ordinateur. Au tour de Flore... mais Flore est réticente, elle ne veut pas jouer. « J'avais peur de ne pas y arriver, avouera-t-elle plus tard à son père. Je veux que tu me remontres d'abord. » Elle est pourtant plus mûre que son cousin et aurait sans doute aussi bien fait que lui, sinon mieux...

Flore n'avait pas confiance en elle ; Louis était un peu trop sûr de lui – deux comportements « normaux », si l'on en croit les chercheurs qui, avec une constance remarquable, montrent que, dès l'enfance, les scores moyens d'estime de soi sont plus élevés chez les garçons, qui ont tendance à surestimer leurs capacités, à surévaluer leurs compétences, que chez les filles[1]. Sans doute peut-on l'expliquer par le fait que les garçons sont habitués à prendre plus de risques physiques (comportements casse-cou) et sociaux (goût de l'affrontement et de la compétition) que les filles qui, de leur côté, se révèlent davantage préoccupées par les échanges, le respect et la diffusion des règles sociales[2]. Cependant, on ignore à ce jour si les filles doutent d'elles-mêmes parce qu'elles sont plus conformistes que les garçons, ou si, au contraire, c'est parce qu'elles ont une estime d'elles-mêmes plus basse qu'elles se contraignent à respecter les règles. Quoi qu'il en soit, une chose est sûre : ces différences ne s'expliquent pas par les qualités intrinsèques des uns et des autres. Les filles ne sont ni moins intelligentes ni moins attirantes physiquement que les garçons.

Il est probable, en revanche, que l'environnement social joue un rôle. Les parents ont en effet tendance à plus encourager leurs enfants mâles à défendre leurs intérêts et à affirmer leur personnalité qu'ils ne le font pour leurs filles : ils supportent mieux la timidité chez les secondes que chez les premiers[3]. À l'inverse, ils encouragent leurs filles à être dociles, obéissantes et coquettes – autant de comportements peu propices au développement d'une estime de soi forte et stable...

L'estime de soi des filles serait-elle alors le reflet du fonctionnement social d'une période donnée ? Les données dont nous venons de parler concernent en effet des études conduites des années 1950 à nos jours. Dans les années à venir, il est possible que les résultats des travaux sur l'estime de soi dessinent une évolution. Notre époque connaît en effet des bouleversements dont on sous-évalue sans doute l'importance dans les rapports entre les hommes et les femmes. Les mouvements féministes et l'accès progressif des femmes aux postes de responsabilité pourraient bien modifier en profondeur les écarts entre les sexes observés en matière d'estime de soi. De même, on voit apparaître au cinéma des modèles d'hommes beaucoup plus vulnérables que par le passé : les jeunes acteurs français en vogue – Charles Berling, Mathieu Amalric, Melvil Poupaud, etc. – incarnent à l'écran des personnages dans le doute, en perpétuelle quête d'identité, à l'estime de soi apparemment chancelante[4].

Les sociologues estiment que ces remaniements pourraient s'accentuer : dans une société où la force physique perd peu à peu de son utilité, les archétypes masculins prennent un coup de vieux. Une redistribution plus équitable des cartes de l'estime de soi entre les sexes est-elle possible ? Sans doute. Mais les femmes devront auparavant résoudre les quelques problèmes dont nous allons maintenant parler...

Le corps idéal des femmes

« Je n'ai eu que des frères, mais je suis maintenant père de famille, et j'ai deux filles. En les accompagnant à l'école, je découvre peu à peu les premières esquisses d'un univers féminin dont je ne connaissais que l'aboutissement adulte. Ce qui m'a le plus impressionné, c'est, dès la maternelle, l'importance « du look » chez les fillettes de quatre ans. Certaines sont déjà le modèle réduit de leur mère : mêmes baskets à talon compensé, mêmes doudounes fluo... On a l'impression que la mère et la fille se sont levées aux aurores pour s'apprêter. J'ai même vu une fois une fillette rabrouer son "fiancé", un petit garçon de sa classe, qui venait l'embrasser, parce qu'il le faisait avec un peu trop de vigueur, et dérangeait sa coiffure. Je me demande ce que ça donnera à quatorze ans, si à quatre ans elles en sont déjà là... »

Pauvres adolescentes...

Aujourd'hui, 60 % des adolescentes se déclarent trop grosses et seules 20 % d'entre elles sont satisfaites de leur corps. À l'âge de quatorze ans, un tiers a déjà suivi un régime alimentaire[5]. Entre quatorze et vingt-trois ans, alors que l'estime de soi est en augmentation moyenne chez les garçons, elle décline chez les filles[6]. Pourquoi ces chiffres ? Une étude portant sur la satisfaction que ressentent les jeunes quant à leur apparence physique est à ce sujet révélatrice[7] : à partir d'un certain âge (environ huit ans), on constate que la satisfaction des filles s'effondre littéralement, alors que celle des garçons demeure stationnaire. Les filles n'étant pas plus laides que les garçons, l'explication ne vient pas des modifications physiques, mais du regard que l'individu porte sur lui-même. Et ce regard dépend largement des pressions de l'environnement social. L'écart perçu entre ce que l'on pense être et ce que l'on pense *devoir* être est trop important : l'estime de soi chute. Certaines femmes en souffriront toute leur vie.

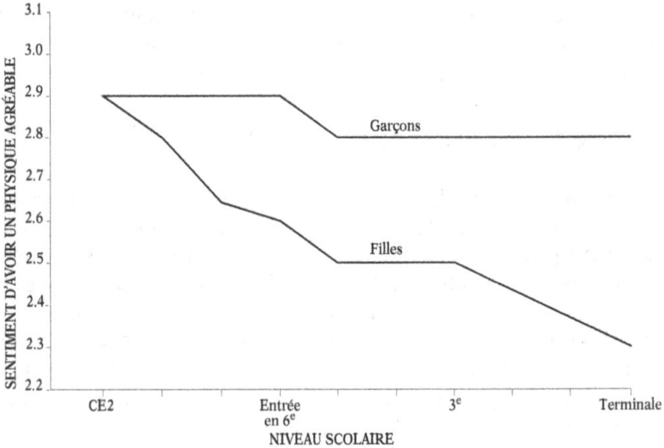

L'évolution de l'image de soi chez les filles et les garçons d'âge scolaire (d'après S. Harter, in *R. F. Baumeister,* op. cit.*)*

Poids et démesure

Comment les femmes perçoivent-elles leur corps ? On a vu que, pour la plupart, ce n'était pas franchement de manière positive. Et pourtant, elles se trompent. Demandez-leur de vous dire quel est pour elles le poids « idéal », elles vous indiquent le plus souvent un poids qui se situe bien en dessous du leur[8] ! Demandez-leur de vous décrire l'idée qu'elles se font de l'idéal masculin en matière

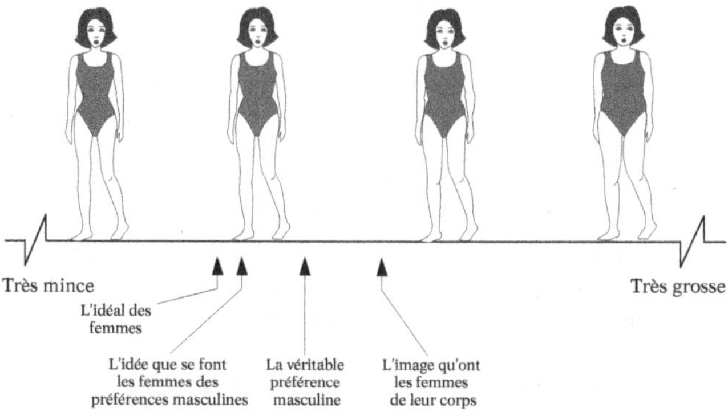

L'image qu'ont les femmes de leur corps
(D. G. Myers, Traité de psychologie, *Flammarion Médecine, 1998. © Flammarion)*

de minceur féminine, vous constaterez là aussi un écart : le véritable idéal masculin accepte plus de rondeurs que ce qu'elles imaginent...

Les hommes, eux, ne sont pas sujets à de telles distorsions. Quand on leur demande de se situer par rapport à leur poids idéal, ou par rapport au poids idéal qu'ils supposent être attendu par les femmes, il y a peu de variations : ils se trouvent bien comme ils sont et pensent que les femmes les trouvent bien aussi. Mais nous verrons tout à l'heure qu'ils ont d'autres problèmes...

Mannequins et cantatrices

On prête cette phrase à la duchesse de Windsor : « Vous ne pouvez pas être trop riche ou trop mince. » Autrement dit : vous n'en aurez jamais fini avec les doutes sur votre ligne...

Les femmes d'aujourd'hui subissent une terrible pression culturelle quant à leur apparence. Grâce à l'omniprésence de modèles féminins parfaits physiquement, magistralement organisée par les industries de la mode et de la publicité, la minceur est devenue une obsession et une évidence. La modification progressive du physique des cantatrices est un des indices de cette pression insidieuse. Qui se souvient encore qu'il n'y a pas si longtemps les chanteuses d'opéra étaient souvent d'assez grosses dames, certes douées pour le chant, mais moins pour le régime ? Depuis Maria Callas, les chanteuses contemporaines se doivent de ressembler à leurs rôles, c'est-à-dire à de frêles jeunes filles. Pour certains mélomanes, les qualités vocales n'auraient pas suivi ces « améliorations » de l'image du corps...

Les troubles des conduites alimentaires

L'augmentation importante de la fréquence des troubles des conduites alimentaires dans nos sociétés occidentales est sans doute une des manifestations de cette pression constante [9]. Or ces perturbations sont étroitement liées à l'estime de soi. On a montré, par exemple, que les personnes à basse estime de soi ont davantage tendance à grignoter ou à trop manger [10]. On sait aussi que le doute de soi peut les pousser à la boulimie, trouble pathologique parfois sévère [11].

Le Journal *de Bridget Jones*

La minceur est devenue LE sujet fétiche des articles de la presse féminine. Dès les premiers jours du printemps, les couvertures de ces revues affichent de gros titres sur les régimes et les moyens de retrouver la ligne. Les ouvrages destinés à aider les femmes à perdre du poids connaissent de leur côté des tirages très importants. En littérature, le phénomène prend aussi de l'ampleur. Dans son très amusant *Journal de Bridget Jones* [12], Helen Fielding décrit les affres d'une jeune femme obsédée par sa solitude sentimentale et par son corps :
« Lundi 4 décembre. 58,5 kg (maigrir absolument avant le gavage de Noël) [...]. »
« Mardi 3 janvier. 59 kg (abominable tendance à l'obésité. pourquoi ? pourquoi ?) [...].
« Mercredi 4 janvier. 59,5 kg (état d'urgence : on jurerait que la graisse emmagasinée dans une capsule pendant les fêtes est lentement libérée sous la peau) [...].
« Dimanche 8 janvier. 58 kg (superbien, mais à quoi bon ?) [...].
« Lundi 6 février. 56,8 kg (ai fondu de l'intérieur, mystère) [...].

Le nombrilisme des hommes

Ne vous regardez pas trop

Accorder une attention excessive à son aspect physique peut altérer l'estime de soi. Est-ce que vous vous souvenez de la dernière fois où vous vous êtes entendu parler (sur un enregistrement ou un répondeur téléphonique) ? Votre voix vous a-t-elle plu ? Il y a toutes les chances que non. On s'est en effet aperçu que l'estime de soi était abaissée chez des volontaires à qui on avait fait entendre un enregistrement de leur propre voix, ce qui les rendait ensuite moins confiants en eux quant à la probabilité d'arriver à effectuer correctement une tâche [13].

On a obtenu un résultat similaire avec un enregistrement vidéo : les personnes à qui on projetait leur propre image en direct sur un téléviseur devenaient beaucoup plus influençables et réceptives à l'opinion des autres [14]. Là aussi, il s'agit d'une expérience que chacun a pu faire en se regardant sur un film vidéo : la plupart du temps, le premier mouvement des personnes, exprimé ou pensé en secret, est un mouvement de déception : « J'ai donc cette tête-là ? C'est comme ça que les autres me voient ? C'est à moi qu'appartient cette voix de fausset ? » Pour les plus vulnérables ou susceptibles, c'est assez terrible ! Il se peut même qu'ils refusent ensuite d'être photographiés ou filmés...

Narcisse et Frankenstein

Bien que l'on accuse souvent les femmes d'être trop attachées à leur image, les deux plus beaux mythes concernant l'image de soi mettent en scène des hommes.

Narcisse était un beau jeune homme, dont toutes les nymphes tombaient amoureuses. Mais il ne répondait jamais à leurs avances. Irritées, celles-ci s'en plaignirent à la déesse Némésis qui prononça la malédiction suivante : « Puisse-t-il aimer lui aussi et ne jamais posséder l'objet de son amour. » De fait, Narcisse tomba aussitôt amoureux de son propre reflet aperçu dans l'eau d'une source, et se laissa mourir de faim et d'inanition en contemplant son image [15]. La mise en garde véhiculée par le mythe est claire : l'amour de soi est une impasse. La psychanalyse a retenu la leçon mythique dans sa définition du narcissisme, qu'elle définit comme « l'amour porté à l'*image* de soi-même [16] ». Le monstre sans nom créé par le docteur Frankenstein était, quant à lui, victime d'un sort inverse : bon et sentimental au départ, les rejets et les agressions des humains le rendent peu à peu amer et désespéré [17]. Il exige alors de son créateur une compagne à son image, pour adoucir la dureté de son sort : « Je réclame une créature de sexe féminin, mais je la veux aussi hideuse que je le suis moi-même. Ce ne sera, certes, qu'une maigre satisfaction, mais c'est la seule à laquelle je puisse prétendre, et je m'en contenterai. Nous formerons assurément un couple de monstres ; nous serons retranchés du reste du monde, mais cela ne fera que nous attacher davantage l'un à l'autre... » L'estime de soi du monstre, sévèrement altérée par le rejet social dû à sa laideur, ne peut selon lui être réparée que par les liens d'un couple...

Dis-moi combien tu mesures, je te dirai ce que tu vaux...

Traditionnellement moins sensibles que les femmes à leur beauté ou à leur ligne (mais cela pourrait bien changer), les hommes ont pourtant toujours été préoccupés par leur apparence physique, et tout particulièrement les histoires de taille.

Les questions liées à la taille du sexe, sujet de compétition chez les petits garçons, mais sujet tabou dans la presse, commencent timidement à faire la une des magazines masculins [18]. Ces préoccupations ne concernent pas que les hommes occidentaux, obsédés par leurs performances sexuelles. Les ethnopsychiatres connaissent bien le *kuru*, ce trouble répandu en Extrême-Orient qui pousse les hommes à craindre que leurs organes sexuels ne se recroquevillent jusqu'à se rétracter à l'intérieur du corps [19]. Dans les moments d'angoisse aiguë, le patient essaie par tous les moyens de s'opposer à cette rétraction...

Mais c'est surtout de sa taille tout court que l'homme s'inquiète. Il lui est pénible d'avoir une taille qu'il estime trop petite. Souvenirs d'enfance, quand nous voulions « devenir grand » ? Dans les fantasmes de la plupart des gens, une grande taille est associée à une marque de puissance. C'est ainsi que l'on a tendance à surestimer la taille des personnes qui occupent des fonctions importantes ou socialement valorisées, par exemple celle des présidents des États-Unis, qui est surestimée en moyenne de 7,60 centimètres par leurs concitoyens[20]. Qu'on rencontre une célébrité dans la rue ou dans un avion, et l'on sera frappé par sa taille, soudain plus petite que celle qu'on avait imaginée...

L'estime de soi de Jean-Paul Sartre

Dans le récit de ses premières années[21], Sartre raconte son enfance choyée (on l'appelait « cadeau du ciel »...) et les rappels à l'ordre progressifs de la réalité (il n'était apparemment pas ce qu'on appelle un « bel enfant ») au fur et à mesure qu'il grandissait.
Il décrit, par exemple, ses souffrances lorsqu'il s'aperçut qu'il n'était pas le centre du monde : « Je connus les affres d'une actrice vieillissante : j'appris que d'autres pouvaient plaire [...]. » Ou sa prise de conscience de sa laideur, après que son grand-père lui a fait couper les cheveux à l'insu de sa mère : « Ma mère s'enferma dans sa chambre pour pleurer [...]. Tant qu'elles voltigeaient autour de mes oreilles, mes belles anglaises lui avaient permis de refuser l'évidence de ma laideur. » Ou enfin, ses séjours devant le miroir : « Le miroir m'était d'un grand secours : je le chargeais de m'apprendre que j'étais un monstre [...]. »
Cette sensibilité particulière de Sartre à des préoccupations plus souvent féminines vient peut-être de ce qu'il fut habillé en fille par sa mère pendant assez longtemps (ce qui n'était pas exceptionnel dans les familles bourgeoises de l'époque) et porta les cheveux longs en boucles jusqu'à l'âge de sept ans.

La fin de l'exception masculine ?

D'autres auteurs, comme Robert Musil dans *L'Homme sans qualités*, parlent de « l'âge où l'on aime encore se regarder dans la glace et où l'on accorde encore de l'importance aux problèmes du tailleur et du coiffeur »... Alors, Sartre était-il le précurseur du mouvement de fond qui s'amorce aujourd'hui ?

Le corps des hommes est de plus en plus présent dans la publicité : parfums, produits de beauté, mode... Comme pour les femmes, mais avec une trentaine d'années de retard, les hommes sont soumis à un bombardement d'images de corps idéaux (musclés, bronzés, souples, lisses). Voilà de quoi rendre la fin de siècle bien inconfortable aux pères de famille prenant du ventre, qui n'ont pas le temps ou l'envie de se rendre plusieurs fois par semaine à la salle de musculation la plus proche afin d'y soulever de la fonte et d'y recevoir des UV...

Avantages et inconvénients sociaux de la beauté

Il n'est jamais facile pour un psychothérapeute d'entendre une personne parler de sa laideur – surtout lorsque celle-ci est peu contestable. Que répondre dans l'immédiat qui ne soit mensonger ou vain ? C'est sans doute pour cela qu'on ne répond rien et qu'on se met à questionner à son tour... Voici un extrait de la lettre qu'une de nos patientes nous adressa un jour :

« Je sais que je suis laide. Je l'ai toujours su. J'étais déjà une enfant au physique ingrat. J'en ai eu très tôt conscience : les autres enfants ne se gênaient pas pour me le dire. Je faisais semblant de ne rien entendre. C'est aussi ce que faisait ma mère, car elle entendait les sarcasmes qui me visaient à la sortie de l'école. Elle en souffrait certainement, mais comme elle avait fait le choix de ne jamais m'en parler, j'avais moi aussi adopté cette attitude, et j'étais devenue complètement bloquée sur ce sujet. Un jour, une de mes institutrices qui avait compris ma souffrance a essayé de m'en parler. Je n'ai pas pu décrocher un mot, alors que dans ma tête je me disais : voilà enfin quelqu'un qui m'a comprise. Elle a vu ma détresse, mais n'a plus jamais osé m'en parler. C'est un de mes pires souvenirs d'enfance, plus encore que les moqueries : avoir été incapable de saisir cette main tendue... La laideur entraîne une sorte de souffrance chronique à laquelle on finit par s'habituer, mais qui se ravive au moindre choc : une remarque, un regard appuyé, un sourire... Cela devient une prison et une obsession : on surveille les autres, en se demandant s'ils sont en train de se dire que... Et surtout, surtout, jamais on n'en parle. Mais on est toujours malheureuse de cela. On s'habitue insidieusement à être mise à l'écart, à ne pas être choisie, à ne pas être préférée. On s'habitue à devenir une victime, un second rôle... Adulte, on est convaincue qu'il est inutile d'en parler, de se confier : on pressent trop bien que l'entourage va immédiatement mentir, se débarrasser de sa propre gêne en nous balançant les poncifs éculés sur la "beauté de l'intérieur", et toutes ces paroles inutiles. La laideur est le plus terrible des défauts : on peut essayer de modifier son égoïsme, ou d'agir sur ses peurs. Mais comment changer de corps ? Souvent, j'ai rêvé de vivre dans un monde d'aveugles, où les apparences n'auraient plus d'importance... »

Pourquoi cette importance du physique dans l'estime de soi ? Peut-être pour une raison toute simple : de toutes les compétences qui alimentent l'estime de soi, l'aspect physique est la plus immédiate, celle qui dépend le moins du contexte. Pour montrer ses compétences scolaires, il faut des examens ; ses compétences athlétiques, des épreuves à franchir ; son obéissance aux règles, un milieu qui la remarque et la valorise. La beauté, elle, se manifeste en toute occasion. C'est peut-être pour cela qu'elle a toujours été considérée comme une caractéristique de la divinité : avant d'être bons, les dieux sont beaux et leurs anges aussi.

Le nain et l'infante

La souffrance liée à la prise de conscience de sa laideur a souvent été décrite par les poètes et par les romanciers. Dans un de ses contes[22], Oscar Wilde raconte l'histoire d'un nain recruté pour servir de bouffon à une jeune princesse espagnole. Apercevant pour la première fois son image dans un miroir, cependant qu'il était jusqu'alors inconscient de son aspect physique, il réalise tout à coup sa laideur repoussante :

« Lorsque la vérité lui apparut, il poussa un sauvage cri de désespoir et s'effondra en sanglotant. Ainsi, c'était lui le difforme, le bossu, l'affreux, le grotesque. Le monstre, mais c'était lui, lui dont les enfants avaient ri, tout comme la petite princesse dont il avait cru être aimé quand elle n'avait fait que moquer sa hideur et se gausser de ses membres cagneux. Pourquoi ne l'avait-on pas laissé dans la forêt, où n'existait aucun miroir pour lui dire quel dégoût il inspirait ? Pourquoi son père ne l'avait-il pas tué, au lieu de le vendre pour sa honte ? »

Beaux, riches et célèbres...

Serge Gainsbourg, qui se disait concerné par le problème, parlait de « la beauté cachée des laids ». Shakespeare, quant à lui, trouvait que « la beauté est dans les yeux de celui qui regarde » (*beauty lies in the eyes of the beholder*). Malgré ces assertions, la beauté, ce n'est pas – hélas – que dans le regard de l'observateur. De nombreuses recherches ont montré que l'on recevait davantage d'attentions si on était beau (ou belle).

➤ Les avantages de la beauté

Prenez un enfant au physique agréable. Confrontez-le à un adulte qui ne soit pas son parent. Eh bien, l'adulte sera, du simple fait de la beauté de l'enfant, plus tolérant face à ses incartades et plus enclin à lui dispenser des encouragements[23] ! C'est ainsi dans nos sociétés : le pardon s'accorde volontiers aux « beaux » enfants, et les enfants « laids » subissent davantage l'injustice. Dans *Poil de carotte*, son chef-d'œuvre à forte inspiration autobiographique[24], Jules Renard décrit l'enfance peu heureuse d'un petit garçon roux, jugé disgracieux par sa mère qui lui préfère ostensiblement ses deux aînés. Comme le dit Poil de carotte un jour de spleen, « tout le monde ne peut pas être orphelin »...

Les préférences pour la beauté ne concernent pas que le regard des adultes : à l'école primaire, les enfants les plus populaires sont souvent ceux qui sont aussi les plus attirants physiquement pour leurs camarades[25]. Les enfants persécutent facilement ceux d'entre eux qui sont porteurs d'un défaut physique, ou d'une caractéristique jugée défavorablement par la communauté enfantine : lunettes, couleur de cheveux, accent, habillement, etc.

Traditionnellement, dans les contes de fées, le partage des rôles est clair : les héros sont beaux, et les méchants sont laids. Quelques contes encouragent l'espoir en soulignant qu'une métamorphose est toujours possible : *La Belle et la Bête*, *Riquet à la houppe*, *Le Vilain Petit Canard*... Mais à la fin, le héros au cœur bon finit toujours par être récompensé par l'obtention de cette suprême gratification : la beauté. Aucun conte, à notre connaissance, ne se termine par : « Et ils vécurent heureux, malgré la laideur de notre héros (ou héroïne). » La morale délivrée est donc plus qu'ambiguë et confirme à l'enfant qu'il vaut mieux être beau que laid... Reconnaissons cependant qu'un certain nombre d'histoires plus récentes plaident pour une plus grande tolérance à la laideur. Ainsi, dans *Le Géant de Zéralda*, Tomi Ungerer[26] raconte comment une jeune fille finit par épouser un ogre pas vraiment gâté par la nature, mais sympathique, après toutefois lui avoir demandé de raser sa barbe...

Passons des cours de récréation au monde des grands. Là aussi, même constat : les adultes beaux sont plus crédibles aux yeux de leurs semblables. De nombreux travaux ont montré qu'on attribuait beaucoup plus de qualités psychologiques à des personnes sur le simple crédit de leur physique avantageux ! Par exemple, on fait lire à des étudiantes une nouvelle prétendument rédigée par une autre jeune femme, dont on leur donne une photo[27]. La moitié du groupe reçoit le portrait d'une jolie jeune fille, tandis que l'autre moitié reçoit la photo d'une jeune femme moins attirante. Si l'écrivain est jolie, ses écrits sont nettement plus appréciés que si son physique est ingrat. Et cet effet est d'autant plus net que le niveau littéraire de l'œuvre est faible : si les écrits sont bons, le physique de l'écrivain prend alors moins d'importance. Conseil aux écrivains en herbe : tant que vous n'êtes pas sûrs d'avoir produit un chef-d'œuvre, travaillez votre apparence en même temps que votre style...

La beauté peut même attirer l'argent... Des travaux portant sur plus de sept mille sujets ont confirmé qu'à compétence égale il semble que les personnes au physique attirant soient légèrement mieux payées que les personnes au physique moyen ; mais ces dernières peuvent se consoler, car elles sont elles-mêmes un peu mieux rémunérées que les personnes à l'apparence carrément désavantageuse[28]. Une discrimination supplémentaire, après celles liées au sexe, à l'âge, à la race. Ces avantages de la beauté sont tellement insolents qu'il existe une sorte de réticence à les reconnaître. Pudeur ou hypocrisie, les top models et leurs employeurs expliquent volontiers que ces jeunes filles travaillent énormément, qu'elles font beaucoup d'efforts, que la vraie beauté est intérieure, que leur personnalité est riche et fascinante, etc. Comme s'il était trop choquant, et sans doute impopulaire, de déclarer qu'elles sont là simplement grâce à leur beauté...

Vous êtes démoralisé ? Rassurez-vous, il existe tout de même quelques inconvénients à la beauté.

➤ Lorsqu'il est dur d'être charmant(e)

Savez-vous qu'on attribue plus facilement à des personnes belles de mauvaises intentions ? Par exemple on suppose volontiers qu'elles ont plus d'aventures extraconjugales, ou qu'elles divorcent plus facilement que les personnes moins jolies[29].

En cas de problème avec la loi, le fait d'être attirant va entraîner des sentences plus lourdes si le crime est une escroquerie : il est probable que, dans ce cas, les juges estimeront – à juste titre – que la beauté a été en quelque sorte l'arme du crime ! Par contre, si la victime n'a pas été dupée, par exemple dans le cas d'un vol ou d'un acte violent, la sentence peut être plus légère[30] : la beauté incite alors à la clémence (« quelqu'un de beau ne peut être totalement méchant »).

Attention aussi à ne pas être *trop* beau : il est important, pour en retirer des avantages, que vous n'écrasiez pas votre entourage de votre éclat. Les bénéfices de la beauté vont plutôt aux personnes « moyennement » belles[31], car elles permettent à chacun de s'en imaginer proche. Si l'écart est trop grand, les autres risquent de se sentir laids à vos côtés, et cela se retournera contre vous[32].

Les gens attirants bénéficient d'un préjugé favorable auprès des personnes de sexe opposé, mais ce peut être l'inverse auprès des personnes de leur propre sexe[33]. Et cette forme de jalousie existe aussi bien chez les hommes que chez les femmes.

Enfin, belles et beaux, rappelez-vous que l'attrait physique de la beauté n'est pas éternel : après un conflit, on trouve en général la personne avec qui on s'est disputé bien moins belle qu'avant la querelle[34]...

Que faire de la beauté ?

Tous ces travaux nous montrent qu'il est impossible de traiter par le mépris cette question des apparences physiques. Oui, la beauté n'est pas également répartie entre les individus. Oui, elle confère bel et bien des avantages à ceux à qui elle a été donnée. Non, la beauté n'est pas que dans la tête.

Les spécialistes en psychologie évolutionniste posent pour principe qu'une caractéristique physique ou psychologique qui a traversé les âges a une utilité pour les individus ou pour l'espèce. Quels sont les avantages évolutifs de la beauté ? Sans doute qu'elle permet de trouver plus facilement des partenaires sexuels. D'où son importance plus grande chez la femme, puisque les rituels de cour amoureuse reposent chez elle sur l'attraction. Elle permet aussi de se rendre plus acceptable par ses pairs.

Voilà pourquoi la beauté influence favorablement l'estime de soi...

Look, mode et estime de soi

S'habiller : ramage et plumage...

L'armoire de Sophie, vingt-huit ans, est remplie de vêtements qu'elle n'a jamais portés. Magali, cinq ans, hésite tous les matins devant son tiroir à vêtements, pour savoir comment s'habiller. Elle s'angoisse si ses parents la brusquent parce qu'ils sont en retard pour la conduire à l'école : « Je ne veux pas être habillée comme une sorcière ! »

Voilà bien longtemps que nos vêtements ne servent plus seulement à nous protéger du froid ou à cacher notre nudité. Ils sont aussi devenus prothèses ou cache-misère de notre estime de soi.

Comment vous sentez-vous après avoir acheté un beau vêtement, qui vous va à ravir ? Sans doute vous sentez-vous bien... Votre estime de soi s'en est trouvée augmentée. Bien sûr, cela ne durera pas très longtemps, mais l'image que vous avez de vous-même s'en sera trouvée dopée pour quelques heures ou quelques jours. Dans les pays occidentaux, la façon la plus simple et la plus rapide d'améliorer son image, c'est souvent d'acheter des vêtements.

La mode existerait-elle si les humains n'avaient pas de problèmes d'estime de soi ? Le simple besoin du beau ou le plaisir du changement suffiraient-ils à faire tourner cette industrie ? Nous en doutons beaucoup. Le souci d'être vêtu comme son milieu l'exige doit beaucoup au besoin de maintenir ou de développer son estime de soi. Comment expliquer autrement le succès des « griffes », qui consiste à payer plus cher un vêtement s'il est estampillé ? À un moment, le chic était d'avoir un petit crocodile sur la poitrine ; puis c'est devenu mieux d'arborer un joueur de polo. Mais bientôt ce sera autre chose, car, pour les victimes de la mode (*fashion victims*), dont l'unique souci consiste à surveiller les tendances et les vitrines afin d'être toujours dans le vent, l'objectif est de porter ce qui se portera, mais avant tout le monde, et surtout de ne plus le porter quand tout le monde a suivi...

Pourquoi et comment suit-on les mouvements de mode ?

Tout le monde ne suit pas la mode. Et on ne la suit pas non plus n'importe comment, ni pour n'importe quelles raisons.

Chez un certain nombre de sujets, la mode, surtout si on la précède, est un moyen d'augmenter son estime de soi. Leur objectif est de se démarquer des autres, en étant les premiers à adopter de nouvelles façons de se vêtir. Ainsi valorisés par leur statut de pionniers, ils seront prêts à affronter les regards incrédules ou critiques de la « masse » encore vêtue à l'ancienne mode. Loin de s'en sentir abaissés, certains pourront même s'en trouver valorisés.

Pour d'autres, suivre la mode sera une façon de ne pas diminuer son estime de soi. La motivation n'est pas un gain d'estime de soi, mais l'évitement d'une perte. Ils n'adoptent une mode que lorsqu'elle se généralise, afin de n'être pas jugés négativement sur une apparence désuète.

Bien sûr, au stade où « tout le monde commence à s'y mettre », les novateurs ont depuis longtemps abandonné la mode en question : elle n'apporterait plus rien à leur estime de soi...

Pourquoi votre estime de soi vous pousse à acheter puis à ne pas porter des vêtements trop à la mode

Comment expliquer les achats répétitivement inutiles de certains sujets à basse estime de soi, comme c'est le cas de Sophie ?

Cela se passe en deux temps :

Premier acte : dans le magasin, sous la pression de l'environnement, Sophie adopte le vêtement proposé par la vendeuse. Elle devient comme les autres personnes de cet univers artificiel qu'est le magasin : vendeuse, autres clientes, mannequins avantageusement photographiés au mur...

Second acte : de retour chez elle, Sophie n'est plus dans cet environnement factice, mais dans son monde réel. Elle a croisé le voisin du dessous dans l'escalier et sait que, dans deux jours, le week-end s'achève : elle retourne au travail. La robe très « tendance » qui faisait d'elle quelqu'un comme les autres dans le magasin risque fort d'attirer l'attention sur elle dans son milieu habituel : ce qu'elle imagine – la tête des voisins et des collègues – la dissuade de porter le vêtement en question, qui finit ses jours dans le placard.

L'épreuve de la cabine d'essayage

Lieu « révélateur des petites névroses et des grandes angoisses de l'acheteuse[35] », la cabine d'essayage est le théâtre de grandes manœuvres sur l'estime de soi. Elle est en fait le lieu de la rencontre entre l'*image idéale* de soi (entrevue en s'imaginant dans un vêtement), et l'*image réelle* de soi (sa propre vision dans ledit vêtement, et pis encore, dans le regard de la vendeuse). Un reportage radio réalisé au sortir de cabines d'essayage d'un grand magasin témoignait des états d'âme des clientes[36] : « Aujourd'hui, tout me foire... La jupe me plaît, et sur moi elle ne me plaît plus », « Je n'aime pas voir la vérité en face comme ça », suivi d'un perspicace « Tout ça, c'est bien dans la tête, hein, les miroirs... »

Nous rêvons bien sûr d'une étude où les femmes rempliraient un questionnaire d'estime de soi avant et après passage dans une cabine d'essayage. Avis aux couturiers intéressés...

La mode dans les minorités

Certains milieux marginaux cultivent leurs propres modes. Dans les années 1970, le phénomène « punk » en a représenté un bon exemple. Le rejet des règles sociales du bon goût conduisait les punks à adopter une apparence plus que négligée. Mais peu à peu celle-ci devint une recherche aussi contraignante que la mode « officielle ». Pour avoir fréquenté occasionnellement ce milieu dans sa jeunesse étudiante à Berlin, l'un de nous peut attester que la préparation de leur look leur prenait largement autant de temps que celui des incroyables et des merveilleuses sous le Consulat : hérissage des cheveux, façonnage de la crête à la mousse à raser mélangée de bière, disposition savante des épingles de nourrice, répartition pseudo-aléatoire des déchirures des vêtements... Ceux d'entre eux qui présentaient les niveaux d'estime de soi les plus bas se trouvaient d'ailleurs très mal à l'aise sur les trajets entre leur domicile et les lieux de rassemblement : pas facile d'être punk dans un autobus de banlieue à la sortie des bureaux...

LES INDUSTRIES DE L'IMAGE EN ACCUSATION ?

L'éternelle quête de la beauté

La recherche de la beauté est sans doute éternelle. De tout temps, on s'est préoccupé de son aspect physique. Au point parfois de menacer sa santé : le blanc de céruse (carbonate de plomb) dont les femmes de l'Antiquité se servaient pour blanchir leur teint était un redoutable poison... [37] Rappelons aussi les déformations imposées aux pieds des Chinoises d'extraction noble – la petitesse du pied était un critère de beauté – ou au cou des « femmes-girafes » de certaines peuplades africaines. Dans les deux cas, on aboutissait à des mutilations dangereuses et invalidantes pour la santé et l'autonomie des femmes.

Concernant les formes du corps exigées pour répondre aux canons de la beauté féminine, certaines époques ont certes été plus clémentes pour les rondes : on leur rappelle souvent, pour les consoler, l'adoration portée aux femmes callipyges par les cultures préhistoriques ou africaines, les tableaux de Rubens, etc. Mais tout cela est tout de même bien loin de nous, répondent les femmes. Jamais peut-être une époque n'a été porteuse d'une pression si forte vers un type de canon physique auquel se conformer. La mondialisation du modèle occidental de minceur adolescente semble un phénomène irréversible dans l'immédiat. D'autant que les intelligences du marketing et de la publicité s'en sont emparées...

L'extension du mal

En effet, la pression sociale sur l'apparence physique était autrefois plus limitée, pour un certain nombre de raisons :

— Une confrontation moins fréquente aux modèles idéaux : avant l'ère des médias, pour un homme le canon de la beauté était celui de la plus belle fille de son voisinage, qui n'était sans doute pas trop éloignée des autres filles de la communauté rurale où vivaient la majorité des gens. Aujourd'hui, chaque homme est assailli plusieurs fois par jour par l'image des plus belles filles du monde sur les panneaux d'affichage, les magazines, les publicités télévisées. De plus, une grande partie de l'humanité vit dans des grandes villes où la rencontre de belles inconnues est beaucoup plus fréquente. Pour garder un couple stable, Darwin conseillait d'ailleurs de se retirer à la campagne...

— Une moindre importance de l'apparence physique dans les choix de conjoints : la plupart des mariages étaient autrefois arrangés, entre familles voisines ou en fonction des intérêts communs. Ce n'était pas forcément une bonne chose pour les individus, mais cela limitait le rôle de la beauté : même les femmes et les hommes disgracieux pouvaient fonder une famille.

— L'existence de garde-fous sociaux : ainsi le port des blouses pour les enfants à l'école, ou les tabous sur l'exhibition des corps, souvent dissimulés derrière des vêtements amples. Ces mesures sociales - même si leur visée initiale n'était pas de préserver l'estime de soi - aboutissaient cependant à réduire les écarts entre individus à propos d'aspect et d'apparence physique.

— Une relative - et finalement salutaire ? - hypocrisie sociale autour de la beauté : le discours officiel était qu'il existait d'autres valeurs supérieures à l'apparence...

Mais aujourd'hui, les choses changent et basculent, pour les raisons inverses : nous vivons une époque où nous sommes soumis à la proximité envahissante et oppressante d'images de corps idéaux. De moins en moins hypocrites - sur ce thème du moins -, nos groupes sociaux valorisent la beauté de plus en plus ouvertement. Que l'être humain veuille être plus beau, apparemment rien de nocif à cela. Mais le phénomène s'est emballé, car il est devenu l'objet d'enjeux commerciaux importants. Les messages publicitaires étaient au début cantonnés à la mode, aux vêtements qui cachaient le corps. Aujourd'hui, ils s'attaquent directement au corps, par le biais notamment des industries du cosmétique, et de la plastique. Certains messages deviennent ainsi de plus en plus ouvertement culpabilisants. Dans sa campagne de publicité, un réseau de salles de gymnastique et de remise en forme n'hésitait pas à afficher en guise d'argumentation des messages tels que : « Adieu les fessmolles », « Brûlées les caloribles », « Finis les abdominables »... Quel effet sur l'estime de soi des femmes aura eu ce bombardement culpabilisant et dévalorisant de « fessmolles » ?

Autre symptôme : les magazines féminins, qui autrefois faisaient régulièrement leur « une » autour de la minceur et des régimes, y ont maintenant ajouté la chirurgie esthétique... À quand le clonage pour devenir plus belle ?

Miroir, mon beau miroir...

Le miroir est aujourd'hui omniprésent dans notre environnement quotidien : salles de bains et vestibules de nos demeures, magasins, halls d'immeuble, salles de gymnastique, rétroviseurs de nos voitures... Notre image nous est reflétée des dizaines de fois par jour. Il n'en a pas toujours été ainsi : en fait, jusqu'au XVIIe siècle, les miroirs étaient très rares. La galerie des Glaces du château de Versailles était à l'époque un exceptionnel signe de puissance et de richesse, bien de nature à traduire l'extraordinaire estime de soi de Louis XIV, le propriétaire des lieux ; mais la démocratisation du miroir ne date que du XIXe siècle[38]. Depuis, le miroir nous est devenu familier et intime. Quel est le rôle de cette présence envahissante de notre image, à laquelle s'est ajoutée depuis celle de la photo et de la vidéo, dans les pressions croissantes sur l'image du corps ? Sans doute pas si anodin...

Sommes-nous le jouet des poupées Barbie ?

En 1959, le fabricant américain de jouets Mattel commercialise sa célèbre Barbie. Des années plus tard, en évoquant ce lancement, sa créatrice Ruth Handler déclare : « Jamais auparavant on n'avait donné à une poupée une silhouette aussi féminine[39]. »

Depuis sa création, il s'est vendu plus d'un milliard de poupées Barbie dans le monde. Sous prétexte qu'il ne s'agit que d'un jouet, ce succès est-il si anodin ? Et le modèle d'idéal féminin que véhicule la poupée n'est-il pas toxique ? Car, si on transpose les proportions de la belle à une échelle adulte, on obtient pour une taille de 1,77 mètre les mensurations suivantes : 85-46-73 ! Littéralement inhumains, ces chiffres donnent une idée de la silhouette « idéale » proposée à des générations de petites filles, et des blessures de l'estime de soi qui en résulteront quand elles s'arrondiront à l'adolescence.

C'est pourquoi les mouvements féministes américains ont depuis longtemps pris la poupée pour cible, et désiraient à un moment que figure sur les emballages la mention suivante : « Précaution d'emploi : la plupart des femmes ne deviennent pas comme Barbie. Tout manquement dans le relais de cette information auprès des petites filles peut provoquer de graves troubles physiques et psychologiques. » Le mouvement avait été à son comble après la commercialisation d'une Barbie parlante, qui déclarait d'une petite voix niaise : « Les maths, c'est difficile »... La voie était tracée pour les petites filles : s'acharner à ressembler à un idéal physique inaccessible, en se convainquant le plus tôt possible de ses limitations à poursuivre des études « sérieuses ». Comme programme de promotion de l'estime de soi, on a connu mieux...

Le plus inquiétant dans l'histoire, c'est que Barbie n'est plus aujourd'hui un jouet de préadolescente : ce sont les fillettes de quatre ans qui la réclament. Que vont devenir les générations de petites filles précocement nourries à la Barbie ?

Lara Croft et Barbie : même combat ?

Même des héroïnes apparemment plus « féministes » que la célèbre poupée proposent le même modèle de corps parfait.

Lara Croft, l'aventurière du jeu vidéo *Tomb raider*, associe un visage parfait, une silhouette longiligne d'adolescente, des jambes superbes opportunément révélés par un short d'allure vaguement militaire, et, enfin, des seins à la fois volumineux et non soumis à la pesanteur puisqu'ils restent d'une immobilité imperturbable malgré tous les sauts, courses et bonds qu'elle effectue pour se sortir des labyrinthes ou pour détruire ses adversaires virtuels.

On peut se demander quel sera l'effet de cette créature sur les exigences féminines des jeunes garçons et adolescents qui l'auront regardée pendant des centaines d'heures à une phase sensible de leur sexualité. Et aussi sur l'image du corps des filles, qui sont également attirées par ce jeu vidéo...

Enfin le reflux ?

Tout cela pourrait paraître inquiétant, mais, comme souvent, des mécanismes régulateurs se mettent en place plus ou moins spontanément. Dans le cas des poupées Barbie, si les petites filles l'adoptent de plus en plus précocement, elles l'abandonnent aussi de plus en plus vite. Il est fréquent que les mamans nous racontent que leurs filles de plus de sept-huit ans abandonnent leur Barbie aux petites sœurs. Mattel, son fabricant, a de son côté décidé en 1997 de modifier son aspect physique, en rapprochant ses proportions de celles d'une vraie femme (pas n'importe laquelle tout de même...). Sans doute un accès de mauvaise conscience, après avoir promu des standards trop oppressants et inaccessibles...

Beaucoup d'industriels de l'apparence ont effectivement senti qu'on était allé trop loin dans la célébration de la beauté. On observe depuis le milieu des années 1990 l'apparition de mannequins ne répondant pas aux critères habituels de beauté, mais porteurs de « gueules » à la forte personnalité ; le visage très particulier de Kate Moss, l'égérie de l'Américain Calvin Klein, en est un exemple. À l'automne 1998, le couturier anglais Alexander McQueen a fait défiler une jeune femme amputée des jambes. La même année, le fabricant italien Benetton a placardé des photos de jeunes handicapés psychomoteurs pour inciter à acheter sa marque. En 1996, le couturier français Jean-Paul Gaultier avait fait défiler d'élégantes grand-mères. Comme si le message subliminal de ces marchands de vêtements était : « Nous avons compris que nous étions allés trop loin dans l'utilisation d'icônes parfaites pour vendre nos produits. Regardez, ils sont aussi achetables par ceux qui sont à l'opposé de la beauté, les vieux, les balafrés et les handicapés. Donc, vous qui vous situez entre les deux, vous êtes concernés... »

D'autres fabricants sont allés encore plus loin. Ainsi, l'Anglais The Body Shop, marchand de cosmétiques et de produits de toilette, a conçu sa campagne de publicité internationale en 1998 autour du thème de l'estime de soi[40]. Cette entreprise, voulant se démarquer du discours publicitaire de ses concurrents, accusait directement l'industrie de l'image du corps : « Il y a vingt-trois ans, les mannequins pesaient 8 % de moins que la moyenne des femmes. Aujourd'hui, ils pèsent 23 % de moins... » Elle dénonçait l'utilisation perverse des frustrations affectives : « J'ai perdu quarante kilos et j'ai trouvé l'amour. » Elle affichait sur les murs la poupée Ruby, sorte d'anti-Barbie rondelette, censée représenter l'image « moyenne » des femmes de la planète : « Seules huit femmes sont des top models, trois milliards n'en sont pas. » Elle brocardait enfin les messages publicitaires subliminaux de l'industrie cosmétique : « Est-ce que l'estime de soi se trouve dans une crème ? »

Sincère ou habile, la démarche présente un intérêt majeur : pour la première fois, un marchand de cosmétiques refusait d'adopter en le perfectionnant le discours habituel du « toujours plus » (toujours plus de beauté, de minceur...). Dans une interview accordée en 1998 au magazine féminin *Marie-Claire*, Anita Rodick, la présidente-fondatrice de la marque, déclarait : « Je m'attache à trouver un concept de *beauté honnête*... » Tout le problème est de savoir ce qu'est une « beauté honnête ». Sans doute une beauté plus tolérante à l'infinie diversité de nos aspects physiques. De même que les hommes politiques français ont beaucoup critiqué la « pensée unique », peut-être arrivera-t-on un jour à faire le procès de la « beauté unique » ?

Ces frémissements, ces premiers mouvements de retrait d'une mode de plus en plus dictatoriale dureront-ils ? Ou n'auront-ils représenté qu'une pause, dictée par quelque impératif commercial – il faut bien laisser respirer le marché et les consommateurs ? Quelques années seront nécessaire pour le savoir. Mais, d'ici là, ne devrions-nous pas faire preuve d'un peu plus de vigilance et d'exigence vis-à-vis des industries dont les intérêts commerciaux sont orientés vers nos corps ? Nos sociétés ne devraient-elles pas se montrer plus attentives à promouvoir d'autres voies de satisfaction de soi et de respect des autres que celles qui passent par le culte d'une apparence conforme ?

Chapitre VIII

Théories

« Quelque découverte que l'on ait faite dans le pays de l'amour-propre, il y reste encore bien des terres inconnues. »

François DE LA ROCHEFOUCAULD

L'estime de soi est encore, pour les chercheurs, un vaste chantier d'où n'émerge aucune théorie globale. Les approches sont multiples et foisonnantes, et s'y repérer n'est pas facile. Le petit voyage que nous vous proposons à travers quatre des plus importantes théories actuellement en vigueur n'a pas d'autre but que de vous y aider.

SAVOIR GÉRER SES ASPIRATIONS

L'équation de James

William James (1842-1910), l'un des fondateurs de la psychologie scientifique moderne, est aussi l'un des premiers à avoir travaillé sur l'estime de soi. Ce médecin et philosophe américain avait été frappé par l'absence de lien direct entre les qualités objectives d'une personne et le degré de satisfaction qu'elle a d'elle-même : « Ainsi, écrit-il, tel homme de moyens extrêmement limités peut être doué d'une suffisance inébranlable, tandis que tel autre, cependant assuré de réussir dans la vie et jouissant de l'estime universelle, sera atteint d'une incurable défiance de ses propres forces[1]. » Très logiquement, il en vint à la conclusion que la satisfaction ou le mécontentement de soi dépendent non seulement de nos réussites, mais aussi des critères sur lesquels nous jugeons celles-ci – ce qu'il résuma par l'équation suivante :

$$\text{estime de soi} = \frac{\text{succès}}{\text{prétentions}}$$

Autrement dit, plus nous obtenons de réussites, plus notre estime de soi augmente… à condition toutefois que nos prétentions ne soient pas trop élevées. Prenons un exemple. Vous êtes reçu au bac avec la mention « assez bien ». C'est donc un « succès ». Comme vous souhaitiez avant tout ne pas être recalé, il vous satisfait pleinement. Mais ce même résultat vous décevra cruellement si, vos prétentions étant plus élevées, vous vous attendiez à obtenir la mention « très bien ». Dans un cas, l'estime de soi augmente ; dans l'autre, elle diminue.

Des prétentions élevées peuvent donc constituer un frein à une bonne estime de soi. Ernest Hemingway, prix Nobel de littérature au faîte de sa renommée, déclarait ainsi, peu avant son suicide : « L'important n'est pas ce que j'ai écrit, mais ce que j'aurais pu écrire. » Certaines insatisfactions paradoxales d'individus pourtant doués ou « gâtés » par la vie s'expliquent de la sorte. Mais aussi les souffrances de nos patients : beaucoup de timides, par exemple, ont une vision trop perfectionniste de ce que devraient être leurs performances sociales (« je dois plaire à tout le monde, ne contrarier personne, avoir toujours réponse à tout, de la repartie, etc. »), ce qui met en permanence leur estime de soi sous pression.

À l'inverse, le bien-être psychologique de personnes vivant parfois dans des conditions qui paraîtraient peu favorables à d'autres vient sans doute en partie de leur capacité à se contenter de ce qu'elles ont. Le bonheur est souvent une affaire de perspective individuelle. Et il est toujours relié à l'estime de soi : meilleure est cette dernière, plus le sujet se dira satisfait de sa vie[2].

Succès et renoncements

L'équation de James explique non seulement, comme nous venons de le voir, le niveau de l'estime de soi, mais aussi ses évolutions.

➤ D'un succès à l'autre

Théo, cinq ans, vient de réussir pour la première fois à faire du vélo sans roulettes stabilisatrices. Il ressent apparemment une grande fierté, et toute la famille est conviée à admirer la performance. Quelques semaines plus tard, Théo fait toujours du vélo « comme un grand », mais sa fierté a diminué : ses prétentions ont évolué avec son succès ; son objectif n'est plus de faire du vélo sans roulettes, mais de rouler aussi vite que Rémi, son frère aîné. Dans quelque temps, ce sera sans doute de faire du vélo sans les mains...

Nous avons tous expérimenté ce phénomène : à la suite d'un premier succès, notre estime de soi augmente fortement, et nous ressentons un grand plaisir. Puis, nous nous habituons à une réussite, dont la répétition ne nous procure pas la même intensité de plaisir que la première fois et ne « dope » plus notre estime de soi : cela nous paraît même presque normal. Si la réussite reste une nourriture importante de notre estime de soi, c'est davantage pour la maintenir à un bon niveau que pour l'augmenter. Pour la faire à nouveau progresser, nous élevons alors logiquement nos prétentions en recherchant des succès plus nets, ou dans d'autres domaines...

➤ Il faut savoir renoncer

Agir sur ses prétentions est également un moyen efficace de gérer la diminution de ses succès. Un bon exemple en est fourni par le vieillissement. Pour vieillir heureux, nous devons peu à peu, à l'inverse des enfants, limiter nos prétentions, du moins dans certains domaines – les aptitudes physiques, par exemple. Ne pas renoncer à des performances ou à un corps d'athlète en prenant de l'âge nous condamne à vivre de douloureuses expériences, puisque les succès ne suivront pas. James l'avait déjà noté : « Quel jour agréable que celui où nous renonçons à être jeunes ou sveltes ! » Et Oscar Wilde n'était sans doute pas arrivé à ce détachement, lui qui déclarait : « Ce qui est terrible en vieillissant, c'est qu'on reste jeune. »

Au fond, le principal enseignement de ce modèle arithmétique de l'estime de soi porte sur l'art de gérer ses aspirations. Il nous appartient de trouver le juste milieu entre l'ambition excessive, qui nous empêcherait de nous satisfaire de ce que nous obtiendrons

(« toujours plus »), et une attitude pantouflarde, qui nous pousserait à interrompre très tôt nos efforts dès l'atteinte d'un objectif (« ça me suffit »).

PRENDRE OU NE PAS PRENDRE DE RISQUES...

Peut-on comparer les stratégies que nous mettons en œuvre lorsque nous investissons notre argent et celles que nous utilisons pour développer notre estime de soi ? Des psychologues[3] se sont posé la question. Pour eux, la quantité d'amour reçue durant nos premières années constitue une sorte de capital que nous allons gérer par la suite.

Dans le monde des placements financiers, les « gros investisseurs », qui disposent d'un important capital de départ, misent leur argent dans des placements comportant un certain degré de risque, mais pouvant générer beaucoup de bénéfices - par exemple les actions boursières. Pour peu qu'ils soient réalistes, ils finissent par gagner et engranger de plus en plus d'argent. Ils ne craignent pas d'en perdre sur certains placements, car de toute façon il leur en restera suffisamment par ailleurs.

N'ayant jamais été bien riches, les « petits épargnants », quant à eux, redoutent de perdre le peu qu'ils possèdent sur une prise de risque inconsidérée. Ils investissent donc avec prudence, et plutôt dans des placements sécurisants, tel le livret de caisse d'épargne. De ce fait, leurs gains sont à la hauteur du risque : peu élevés.

Appliqué à l'estime de soi, ce modèle « financier » permet notamment de comprendre pourquoi les sujets à haute estime de soi et les sujets à basse estime de soi utilisent des stratégies différentes. Les premiers ont, comme nous l'avons vu, une attitude plus offensive face à l'existence : ils prennent davantage de risques et d'initiatives, dont ils retirent davantage de bénéfices pour leur estime de soi. Les seconds, quant à eux, sont plus précautionneux et prudents : ils se montrent réticents à prendre des risques, ne le font que dans des cadres sécurisants et prévisibles, ce qui leur fournit moins d'occasions d'augmenter leur estime de soi.

Le modèle financier de l'estime de soi

→ L'estime de soi doit être régulièrement réinvestie pour ne pas se dévaluer.

→ Les gains sont à la hauteur des risques pris.

→ Plus le capital de départ est élevé, plus les risques sont faciles à prendre.

Ce modèle paraîtra inégalitaire : de même que l'argent vient aux riches, les sujets disposant d'un confortable narcissisme de départ auraient plus facilement que les autres une bonne estime d'eux-mêmes. Mais son principal intérêt est ailleurs, dans le rappel que tout capital s'érode et nécessite des investissements réguliers : non alimentée par des initiatives personnelles, notre estime de soi finira toujours par se fragiliser.

Le « moi-miroir »

« On ne sait jamais exactement comment les autres nous voient, nous dit cette jeune patiente. C'est dommage, parce que ça nous apprendrait plein de choses. Parfois, j'aimerais savoir ce que les gens pensent *vraiment* à mon sujet, pour savoir si l'idée que j'ai de moi-même est fondée ou non. Par exemple, j'aimerais assister à mon enterrement et écouter ce que les gens raconteraient à la sortie. C'est vrai qu'en général je passe beaucoup de temps à me demander ce que les gens disent de moi. C'est même une de mes principales sources de plaisir – quand je sais que je fais bonne impression – ou de déplaisir – si je perçois que je suis bas située dans l'estime de mon interlocuteur. »

Ce récit rappelle que l'on ne porte jamais sur soi de jugement *ex nihilo*. L'estime de soi n'est pas seulement une évaluation personnelle, c'est aussi une anticipation ou une estimation de l'évaluation d'autrui. Certains nomment cela le « moi-miroir » *(looking-glass self)* [4].

De la critique à l'approbation

Nous tentons parfois de nous persuader que l'avis des autres ne nous touche pas ; mais, sincèrement, la critique peut-elle nous laisser vraiment indifférent que cela ? Non, bien sûr. D'où qu'il vienne, et même s'il est peu argumenté, le moindre commentaire négatif à notre encontre entraîne immédiatement chez nous une réaction émotionnelle douloureuse[5]. Ce jugement, nous le ressentons d'abord comme vrai. Ce n'est que dans un deuxième temps que nous nous en détachons par un processus intellectuel, soit pour le critiquer (« non, tout bien réfléchi, je ne suis pas d'accord »), soit pour en atténuer l'importance en prenant de la distance avec l'interlocuteur (« cette personne, je m'en fiche ; donc, je me fiche aussi de son avis »). Selon les gens, ce travail est plus ou moins facile : pour les uns, qui ont en général une assez haute estime d'eux-mêmes, la critique ne représente qu'un désagrément passager ; mais, pour les autres, elle provoque souvent un véritable effondrement.

La critique nous touche toujours, l'approbation aussi – et c'est heureux. Une expérience a été menée pour le montrer auprès d'un groupe d'étudiantes de premier cycle[6]. Sous prétexte de faire un bilan, elles furent interrogées par une belle étudiante de deuxième cycle – doublement prestigieuse à leurs yeux, donc – qui les invita à se décrire, avec leurs qualités et leurs défauts. Avec une moitié des étudiantes, la belle intervieweuse exprima un avis encourageant : à l'énoncé des points forts, elle approuvait (« d'accord avec vous, je le pense aussi ») ; à celui des points faibles, elle désavouait (« mmm, ce n'est pas évident à mon avis »). Avec l'autre moitié des étudiantes, en revanche, elle ne fit aucun commentaire. Eh bien, quand, après l'entretien, on procédait à l'évaluation, on constatait que les scores d'estime de soi étaient significativement améliorés dans le premier groupe, et ce, pendant plusieurs heures. Quel que soit notre niveau d'estime de soi, l'approbation sociale nous fait du bien ; seule la durée de son effet est variable : les bénéfices que l'on peut retirer d'un message positif sont probablement plus labiles si l'on s'estime peu, dans la mesure où l'on se remet plus vite à douter de soi.

Estimomètre ou sociomètre ?

Partant de ces constatations, des chercheurs[7] n'ont pas hésité à affirmer que l'estime de soi était un « sociomètre ». De même que le baromètre mesure la pression atmosphérique, nous prévient des risques d'orage, ou nous rassure sur les chances de beau temps, l'estime de soi serait un témoin de la perception instinctive que nous avons de notre popularité : nous sommes contents de nous parce que, d'une façon ou d'une autre, nous nous sentons appréciés ; à l'inverse, notre estime de soi baisse quand nous ne nous percevons plus comme socialement appréciés.

L'estime de soi comme sociomètre

→ Tout ce qui augmente l'acceptation sociale augmente (un peu) l'estime de soi.

→ Tout ce qui diminue l'acceptation sociale diminue (beaucoup) l'estime de soi.

Le sociomètre présente hélas des vices de forme : par exemple, il annonce plus volontiers et plus vigoureusement les baisses que les hausses. C'est que l'estime de soi est beaucoup plus sensible au rejet social qu'à l'acceptation. Comme le disait l'un de nos patients : « Mon estime de soi ? Elle gagne un point quand je reçois un compliment, mais elle en perd dix si je me fais critiquer. » Un autre nous racontait : « Je ne suis rassuré que transitoirement par le fait de me sentir accepté par un groupe ; rien à voir avec l'effondrement toutes les fois où j'ai l'impression d'avoir été mis à l'écart. Par exemple, ça me fait plaisir d'être invité à une soirée. Mais ce plaisir est mesuré, et n'a rien à voir avec la tristesse que je ressens quand une soirée a lieu et que je n'y suis pas convié. Pourquoi cela ? Peut-être que j'ai besoin de croire qu'on m'aime tout le temps et que je suis indispensable... »

Une expérience démontre cela. Des volontaires sont affectés à un travail qu'ils doivent accomplir soit en groupe, soit individuellement. Aux uns, on fait croire que ce choix exprime une volonté collective (« vous avez été choisi par les membres du groupe pour travailler avec eux », ou « vous avez été refusé par les membres du groupe, vous travaillerez donc seul ») ; aux autres, on annonce que le choix est aléatoire (« il y a eu un tirage au sort ; certains rejoindront les groupes et d'autres travailleront seuls »). Résultat : on constate que l'estime de soi des sujets n'est pas touchée si le choix, positif ou négatif, est présenté comme le fruit du hasard ; par contre, si le choix paraît émaner du groupe, le fait d'avoir été choisi n'augmente que modérément l'estime de soi, tandis que le fait d'avoir été rejeté l'abaisse sérieusement[8].

Estime de soi et affirmation de soi

Les personnes ayant une basse estime d'elles-mêmes ont souvent des difficultés à s'affirmer : dire non, donner son avis si l'interlocuteur a un avis contraire, etc. Écoutons Alain, un commerçant de quarante ans :

« Je ne suis pas vraiment timide : par exemple, je rencontre toujours de nouvelles personnes avec plaisir, je lie vite connaissance, j'essaie de les revoir... Là où j'ai des problèmes, c'est quand il faut s'opposer ou prendre le risque de le faire : par exemple, je suis un grand handicapé du refus, quand je n'ai pas envie de faire quelque chose, il va me falloir des heures pour oser le dire. On m'a aussi fait remarquer que j'étais toujours d'accord avec tout dans les discussions : je ne contredis jamais personne. Ça, j'avais fini par ne plus m'en rendre compte. En tout cas, ma psychothérapie m'a montré que ces deux choses reposaient sur la même problématique : je ne veux jamais prendre le risque d'un conflit. Je sais que je ne le supporterais pas : l'avis des autres est trop important pour moi. Je suis sociodépendant, comme dit mon psy ! »

D'où l'intérêt des méthodes d'affirmation de soi où l'on va entraîner, à l'aide d'exercices et de jeux de rôles, les personnes comme Alain à affirmer et à défendre calmement leurs points de vue.

Faire comme les autres

Observez attentivement la figure ci-après. D'après vous, quelle ligne est la plus proche de la ligne de référence ?

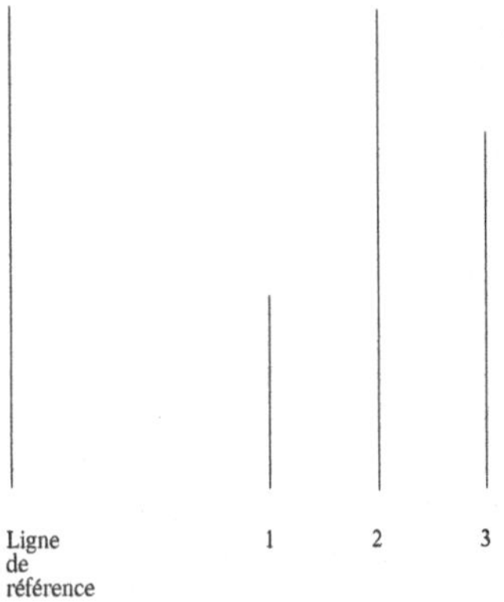

Vous avez sans doute – à juste titre – répondu qu'il s'agissait de la ligne n° 2. Cela vous paraît évident ? Pourtant, il n'est pas sûr que vous auriez répondu de la sorte si vous aviez été placé dans les conditions d'une très célèbre expérience de psychosociologie [9] que nous allons vous décrire...

On avait demandé à des sujets volontaires d'évaluer la longueur des traits d'après le même schéma que celui que vous avez sous les yeux. Lorsqu'ils étaient seuls, moins de un sur mille se trompait ; l'immense majorité identifiait donc la ligne n° 2 comme étant la bonne réponse. Par contre, si les sujets étaient mêlés à d'autres personnes (en fait, des comparses de l'expérimentation), les choses se compliquaient. Durant les deux premiers exercices, les comparses se comportaient normalement, c'est-à-dire qu'ils donnaient des réponses logiques et désignaient la bonne ligne. Au troisième exercice, les comparses – on s'arrangeait pour qu'ils donnent leur réponse avant le sujet – avaient pour consigne de *tous* choisir la ligne n° 1 ou n° 3 comme la plus proche de la ligne de référence, et de le faire avec la plus grande décontraction et le plus grand naturel. Les sujets montraient alors des signes de tension et de gêne assez intenses ; puis, un tiers d'entre eux se rangeaient à l'avis du groupe et choisissaient la mauvaise réponse.

La principale raison de ce conformisme est probablement la peur du rejet social, dont nous avons parlé un peu plus haut : c'est elle qui poussa nombre des participants à « faire comme tout le monde ». Cette peur est très liée à l'estime de soi. On a d'ailleurs pu montrer, en renouvelant cette expérience ultérieurement pour mieux en étudier certains variables [10], que notre conformisme social s'accroît d'autant plus que notre estime de soi est malmenée : plus les sujets étaient placés dans un environnement où ils se sentaient mal à l'aise ou incompétents (par exemple avec d'autres volontaires très sûrs d'eux, ou visiblement familiers du laboratoire de psychologie), ou plus ils admiraient le statut du groupe (par exemple si on leur présentait les autres personnes comme membres d'un groupe d'experts ou d'étudiants plus avancés qu'eux dans leurs études), plus ils choisissaient les mauvaises réponses.

Moralité ? Méfiez-vous de vos choix toutes les fois où vous êtes amené à prendre une décision au sein d'un groupe. Et ce, d'autant plus que le groupe vous intimide et vous fait douter de vous : en effet, plus votre estime de soi sera basse, plus vous vous montrerez grégaire – parfois aux dépens du simple bon sens...

De la tolérance et du racisme

Quand on diminue expérimentalement l'estime de soi de sujets volontaires – en les faisant échouer à des tâches présentées comme faciles ou en les faisant penser à leur mort –, on s'aperçoit qu'on les rend plus enclins à critiquer d'autres personnes, ou à devenir intolérants envers les infractions aux lois et aux agressions contre leur groupe culturel [11]. Ainsi, des citoyens américains dont on a abaissé l'estime de soi auront tendance à juger plus sévèrement les personnes qui disent du mal de leur pays...

Le même type d'expérience conduit les sujets à exprimer plus facilement de forts préjugés raciaux.

Cet abaissement de l'estime de soi n'est probablement pas la seule cause des conduites de racisme ou d'intolérance, mais, pour peu qu'une idéologie ait préparé le terrain, il en facilite certainement l'apparition.

Faut-il suivre les modèles ?

Aujourd'hui, veille de Noël, Paul, sept ans, a mis une cravate : il accompagne son père au bureau. Pendant que celui-ci range ses dossiers, Paul « travaille » sur l'ordinateur. Il est extrêmement fier de ressembler à tous les adultes qu'il a croisés et salués dans les couloirs, et de « faire comme un grand ». Admirant beaucoup son père, il se sent presque son égal durant cet après-midi d'hiver. Son estime de soi en sort grandie : il s'est rapproché de son idéal (devenir grand) en ressemblant à son modèle (son père).

En 1892, William James rappelait à quel point les idéaux influencent le regard que l'on porte sur soi : « Un homme qui meurt de honte parce qu'il n'est que le second boxeur ou le second rameur du monde, qu'il puisse battre tous les hommes moins un, voilà qui ne compte pas... À ses propres yeux, il est comme s'il n'existait pas... Au contraire, tel méchant gringalet que tout le monde pourrait battre ne souffre aucunement de ce désavantage ; il y a longtemps qu'il a renoncé à "faire fortune dans ce rayon", comme disent les marchands. Qui n'essaie pas n'échoue pas. Qui n'échoue pas n'encourt pas d'humiliation. Ainsi, nous nous estimons dans ce monde exactement d'après ce que nous prétendons être et prétendons faire. » Autrement dit, l'estime de soi dépend de la distance que nous percevons entre notre comportement et ce qui représente notre idéal : quand nous nous rapprochons de nos idéaux, nous nous portons en bonne estime, et en mauvaise estime quand nous nous en éloignons.

Monsieur Crade et Monsieur Propre

L'expérience suivante a été conduite auprès d'étudiants à la recherche d'un emploi d'été [12]. Lors de la visite de sélection, on fait asseoir l'étudiant dans une pièce pour qu'il remplisse des formulaires (où figure un questionnaire d'estime de soi). Au bout d'un moment, un comparse rentre dans la pièce, s'assoit à une table et entreprend de remplir les mêmes questionnaires.

Dans la moitié des cas (répartie au hasard), ce comparse a une présentation physique soignée, ouvre un attaché-case où apparaissent micro-ordinateur, livre de philosophie et autres attributs du savoir... C'est « Monsieur Propre », pour les chercheurs. Dans l'autre moitié des cas, scénario inverse : « Monsieur Crade » apparaît mal vêtu, mal rasé, s'affale sur la table et pose à côté de lui un roman érotique minable... Après cette apparition, on propose à l'étudiant de nouveaux formulaires comportant un second questionnaire d'estime de soi. Puis on compare les deux questionnaires selon qu'ils ont été remplis avant ou après l'arrivée du comparse. Résultat : Monsieur Propre, qui rappelle à quel point on est encore loin de l'idéal social, fait s'effondrer les scores d'estime de soi, tandis que Monsieur Crade, qui montre que, au fond, on n'est pas si mal, leur donne un coup de fouet...

Modèles et antimodèles

On atteint rarement ses idéaux dans la vie, mais certaines personnes jouent parfois pour nous le rôle de modèles. Leur fréquentation sera bénéfique tant que nous ne serons pas en compétition avec elles. En imitant tout ou partie de leurs compétences (« je vais essayer de faire aussi bien »), nous augmenterons et notre savoir-faire et notre estime de soi. Nos apprentissages reposent pour la plupart sur ce principe d'imitation [13].

Mais les « antimodèles » peuvent également nous aider à nous sentir bien avec nous-même. Comme l'explique une patiente, ils nous renseignent sur ce qu'il ne faut pas faire : « Pendant des années, je me suis énervée contre ma mère. Elle m'exaspérait, je la trouvais immature. En fait, j'étais déçue par elle, elle ne correspondait pas au modèle que j'aurais voulu avoir et qu'elle avait été par moments dans mon enfance. Le vrai problème, c'est que mon ressentiment était égoïste ; je me sentais moi-même dévalorisée de me dire : je suis sa fille et je lui ressemble sans doute plus que je ne le crois. Puis j'ai compris qu'elle ne changerait pas et que c'était à moi d'évoluer. Alors, je me suis mise à essayer de mieux voir ses qualités. Et surtout, à être plus tolérante envers ses défauts : quand je la vois faire quelque chose qui m'agace, au lieu de m'énerver, je me demande si parfois je ne fais pas la même chose et, dans ce cas, comment l'éviter. »

D'autres fois, l'observation des antimodèles sert tout simplement à nous réconforter ! Que des personnes de notre entourage nous paraissent – à tort ou à raison – moins bien loties que nous dans un ou plusieurs domaines est un moyen quasi expérimental d'élever notre estime de soi. Comme le rappelle le dicton : « Je me regarde je me désole, je me compare je me console. »

L'idéal pour l'estime de soi consiste sans doute à cultiver les deux types de regards : rassurants vers le bas, stimulants vers le haut. C'est d'ailleurs pour cette raison qu'en sport il existe des catégories qui séparent les pratiquants selon leur niveau de performance : cela permet à chacun de savourer le goût de la victoire tout en expérimentant de temps en temps les bienfaits d'un petit réajustement de l'estime de soi par une défaite...

Quand l'idéal nous piège

Nos idéaux sont un moteur, ils peuvent aussi, dans certains cas, être un piège. C'est ce que les psychiatres appellent l'« idéalopathie ». Quand basculons-nous du normal au pathologique ? Lorsque nos idéaux et nos modèles deviennent trop rigides et exigeants. Les psychanalystes ont ainsi parlé du « Moi idéal [14] » pour désigner la vision tyrannique dont nous pouvons être porteurs dans notre volonté de nous rapprocher de nos idéaux.

IDÉAL « NORMAL »	IDÉAL « PATHOLOGIQUE »
« Je souhaite... »	« Je dois... »
Atteinte de l'idéal non idéalisée : « ce sera bien d'y arriver, mais ça ne résoudra pas tout »	Atteinte de l'idéal idéalisée : « quand j'y serai arrivé, tout sera merveilleux »
Possibilité d'atteindre son objectif de façon partielle : « je peux obtenir une partie de ce dont je rêve »	Fonctionnement en tout ou rien : « je dois arriver à *tout* ce dont je rêve »
Si l'idéal n'est pas atteint : déception, mais l'estime de soi s'en remettra	Si l'idéal n'est pas atteint : dépression, et blessures durables de l'estime de soi

Idéaux et estime de soi

Tout se joue entre le « je souhaite » et le « je dois ». Si je *souhaite* devenir vétérinaire, je vais tout faire pour atteindre mon objectif, mais je saurai accepter d'exercer un autre métier : par exemple, en m'apercevant que les études sont trop difficiles pour moi, ou en découvrant que le métier ne me plaît pas. Si je *dois* devenir vétérinaire parce que dans la famille on l'est de père en fils et si j'échoue dans cet objectif, l'estime que je me porte en souffrira : pour éviter cette souffrance, je risque de m'acharner, de faire des sacrifices inutiles, etc.

Dans *Gatsby le Magnifique*, Scott Fitzgerald raconte l'histoire de Jay Gatsby, mystérieux et élégant millionnaire de l'Amérique du début du siècle. Les idéaux de réussite matérielle de Gatsby – fils d'un misérable cultivateur du Middle West – ont fait de lui un homme très riche. Mais ses idéaux sentimentaux – épouser Daisy, riche héritière sudiste déjà mariée à un arrogant fils de famille – le conduiront à la ruine et à la mort. En s'acharnant à conquérir Daisy, Gatsby s'attirera la haine de la plupart de ses voisins mieux nés, lui qui a « seulement » gagné son argent, au lieu d'hériter d'une fortune familiale.

Pour « guérir » d'un idéal excessif, le meilleur moyen n'est même pas de l'atteindre. Comme le disait Oscar Wilde : « Il y a deux drames dans la vie d'un homme : ne pas arriver à obtenir ce qu'il souhaite. Et y arriver. » Se dégager de l'emprise de ses idéaux n'est pas chose facile, notamment parce qu'ils jouent parfois un rôle compensatoire à une blessure enfantine de l'estime de soi : le sentiment de ne pas avoir été respecté par son père va être, par exemple, à l'origine de l'acharnement au travail et à la réussite de tel homme d'affaires. La prise de conscience de nos idéaux, parfois masqués à nos propres yeux, est souvent la première démarche qui nous permettra de les assouplir : c'est le but de nombreuses psychothérapies.

Troisième partie

FAIRE FACE
COMMENT ENTRETENIR ET RÉPARER SON ESTIME DE SOI

Chapitre IX

Les maladies de l'estime de soi

> « Je ne connais personne de plus inutile et de plus inutilisable que moi. »
>
> Émile CIORAN

« Mon problème, nous dit cette patiente, c'est que je n'ai aucune estime pour moi-même. Je ne me plais pas : ça me déprime. Je ne me fais pas confiance : ça me bloque. Je ne me respecte pas : je ne mets en pratique aucun bon conseil. Quand je vais mal, je n'ai envie de faire aucun effort pour m'en sortir ; au contraire, j'ai parfois l'impression que je me complais à me vautrer dans mes problèmes. Quand je vais bien – façon de parler –, je suis tellement persuadée que ça ne durera pas et que c'est une erreur que je ne cherche pas à construire quoi que ce soit de solide, comme si je n'y croyais pas. Et tout est comme ça dans ma vie. Ma dépression, mes angoisses, ma tendance à trop boire : ça et tout le reste, c'est parce que je ne m'aime pas. »

Beaucoup de difficultés psychologiques sont liées à des problèmes d'estime de soi. Ceux-ci peuvent être impliqués dans l'origine des troubles (c'est le cas des complexes), dans leur maintien (c'est le cas de la dépression), ou dans la honte que les patients éprouvent lorsqu'ils sont confrontés au jugement social (c'est le cas de l'alcoolisme).

La dépression

Je ne m'estime pas : suis-je déprimé ?

Face aux épreuves de la vie, nous courons tous le risque de « faire » une dépression. Mais le risque varie-t-il selon l'estime de soi ? Qui est alors le plus en danger ? Eh bien, d'une part les sujets à basse estime de soi stable, dont les états d'âme constamment négatifs et les faibles efforts pour s'en sortir les exposent grandement à déprimer[1]. D'autre part, les individus à haute estime de soi instable, dont les efforts permanents pour maintenir leur rang et leur image, associés à leur grande vulnérabilité à l'échec et au rejet, finissent parfois par les épuiser moralement.

Basse estime de soi	Dépression
État durable	Modification par rapport à un état antérieur
Trait de personnalité	Maladie
Moral fragile, en dents de scie	Tristesse pathologique : durable, intense, insensible aux événements favorables
Problèmes pour agir : on manque de confiance, on repousse sans cesse à plus tard, on est insatisfait	Difficultés majeures à agir : pas d'envie, pas de plaisir, on est accablé
Pas de troubles physiques particuliers	Troubles physiques : problèmes d'appétit, de sommeil, ralentissement, asthénie
Difficulté à se faire valoir, tendance à se résigner	Autodévalorisation, culpabilité inappropriée
Pas d'idées de mort ou de suicide	Parfois, idées de mort ou de suicide
Pas de problèmes intellectuels (ou seulement subjectifs) : concentration et mémoire fonctionnent normalement	Problèmes intellectuels objectifs et mesurables : troubles de la concentration, de la mémoire

Les différences entre dépression et basse estime de soi

Certes, la basse estime de soi, surtout si elle est stable et durable, flirte avec la dépression. Mais il existe entre les deux des différences, dont la première est que la dépression est une maladie, alors que l'estime de soi n'est qu'un trait psychologique.

Cela dit, malgré leurs différences, elles ont souvent partie liée. La basse estime de soi est en effet *un symptôme commun* à toutes les dépressions. L'écrivain américain William Styron, qui fut victime d'une dépression sévère, l'a parfaitement exprimé dans *Face aux ténèbres* : « Entre autres manifestations de la maladie – tant physiques que psychologiques –, l'un des symptômes les plus universellement répandus est un sentiment de haine envers soi-même – ou, pour formuler la chose de façon plus nuancée, une défaillance de l'amour-propre – et à mesure qu'empirait le mal, je m'étais senti accablé par un sentiment croissant d'inutilité[2]. »

➤ Un facteur de risque

On a montré le rôle que pouvait avoir joué une basse estime de soi, à l'adolescence, dans la survenue d'une dépression à l'âge adulte[3]. Il semble aussi que, chez les femmes enceintes, les risques de dépression après l'accouchement – la fameuse dépression du *post-partum* – soient très diminués quand elles disposent d'un bon soutien social et d'une bonne estime de soi[4]. Une étude portant sur sept cent trente-huit femmes enceintes a même montré que le risque était beaucoup plus grand chez celles qui avaient une basse estime d'elles-mêmes[5] !

Dans certains cas, le risque peut, hélas, se transmettre de parent à enfant. Ainsi, des mères ayant souffert d'une dépression ont tendance à exprimer davantage de messages négatifs (pessimistes ou critiques) à leurs enfants. De ce fait, ceux-ci ont une estime de soi plus basse que des enfants dont les parents n'ont pas d'antécédents dépressifs[6]. À l'inverse, un bon niveau d'estime de soi semble représenter un facteur protecteur en cas d'événements devie défavorables, par exemple lorsque les parents divorcent[7].

➤ Un critère de gravité et de chronicisation

Lors des dépressions, plus l'estime de soi est altérée, plus la dépression est grave et risque de se prolonger en l'absence de traitement adapté. Si le patient ne s'aime pas, n'agit pas, pense qu'il ne sera jamais capable de remonter la pente, il rumine des émotions négatives, n'a que peu d'occasions d'être encouragé et de recevoir des messages valorisants : autant de problèmes préoccupants. À l'inverse, on a pu montrer que les personnes souffrant d'une dépression dite légère recherchent encore des messages sociaux positifs, valorisants – du moins, dans leurs domaines habituels d'excellence, car, dans les autres domaines, elles « préfèrent » le négatif. Quoi qu'il en soit, le fait qu'un patient déprimé reste sensible aux messages positifs est un élément de bon pronostic [8].

➤ Un facteur de rechute

On considère aujourd'hui que la dépression est une maladie qui rechute volontiers et que le fait d'avoir présenté une dépression fragilise la personne pendant quelque temps. Après un premier épisode dépressif, la persistance d'un bas niveau d'estime de soi, malgré une amélioration apparente, augmente nettement le risque de récidives ultérieures [9].

Le passage à la dépression

À partir de quel moment une altération de l'estime de soi devient-elle un trouble dépressif ? Les différences sont à la fois quantitatives (intensité de la douleur morale et de l'incapacité à agir) et qualitatives (dégoût envers soi-même et parfois désir de se nuire).

Des travaux expérimentaux ont cherché à comprendre si certains événements plutôt que d'autres risquaient de faciliter ce passage. En effet, selon les individus, les événements dépressogènes ne sont pas les mêmes. Aaron T. Beck, un auteur réputé en matière de psychothérapie des états dépressifs, a ainsi émis l'hypothèse qu'il existait deux dimensions de la personnalité pouvant prédisposer à la dépression, sous l'influence d'événements de vie : la sociotropie et l'autonomie [10] (voir le tableau ci-dessus).

On peut imaginer que, si ces événements de vie sont déprimants chez les sujets prédisposés, cela passe d'abord par une altération de l'estime de soi : nous avons vu que l'acceptabilité sociale (sentiment d'être aimé) et la capacité à agir efficacement et librement (sentiment d'être compétent) sont deux fondements majeurs de l'estime de soi.

Correctement traitées, la plupart des dépressions évoluent aujourd'hui vers la guérison [11]. Bien prescrits, les médicaments antidépresseurs sont très efficaces pour guérir les accès dépressifs. Mais plusieurs études semblent montrer que les patients ayant bénéficié de psychothérapies adaptées rechutent moins que ceux qui n'ont reçu que les médicaments [12]. Est-ce parce que les psycho-

	PERSONNE « SOCIOTROPE »	PERSONNE « AUTONOME »
Définition	Individu ayant un important besoin d'attention et d'encouragements de la part des autres	Individu ayant besoin d'atteindre ses objectifs, sans contrôle ni entraves de la part des autres
Événements dépressogènes	Se sentir critiqué, mis à l'écart	Être mis en échec, être dépendant d'autres personnes
Impact sur l'estime de soi	Remise en question de son acceptabilité sociale	Remise en question de ses capacités de contrôle sur les événements

Profils à risque et dépression

thérapies augmentent et le sentiment d'efficacité personnelle face à la dépression, et l'estime de soi des patients ? On peut le penser, mais cela n'a pas encore été démontré. En tout cas, de plus en plus d'équipes de psychiatrie se préoccupent de travailler sur l'estime de soi de leurs patients déprimés [13].

LES DÉRAPAGES DE L'ESTIME DE SOI

L'ego excessif du maniaco-dépressif

Nous avons parlé de « la » dépression, mais nous aurions dû dire : « les maladies dépressives », car il en existe de très nombreuses formes. L'une d'elles, la maladie maniaco-dépressive [14], est appelée « bipolaire » parce qu'elle comporte deux « pôles » : tantôt le patient présente des épisodes dépressifs classiques, tantôt il souffre d'accès « maniaques » durant lesquels il présente une « boursouflure du Moi » qui confine à la mégalomanie. Entre ces deux états, il se comporte normalement...

Dans son autobiographie, la psychiatre américaine Kay Redfield Jamison a décrit de manière étonnante ce trouble bipolaire dont elle était elle-même atteinte : « Dans les envolées, c'est fantastique. Les idées et les émotions fusent à la vitesse des étoiles filantes. On les suit, on les lâche, on en trouve de meilleures qui brillent encore plus. La timidité s'en va, les mots et les gestes exacts vous viennent à point nommé. Le pouvoir de captiver les autres est une certitude intérieure... Une impression de facilité, d'intensité, de puissance, de bien-être, d'opulence et d'euphorie vous gagne jusqu'à la moelle[15]. » On conçoit que cette extraordinaire embellie de l'estime de soi pousse les patients à éprouver un sentiment de toute-puissance qui leur fait perdre le sens de la réalité. Hélas, ces accès sont brefs et, immanquablement, ils sont suivis d'une dépression d'autant plus sévère qu'ils ont été intenses...

Quelques critères de diagnostic psychiatrique de l'épisode maniaque

→ Augmentation de l'estime de soi ou idées de grandeur.

→ Réduction du temps de sommeil.

→ Désir de parler constamment.

→ Engagement excessif dans des activités agréables, mais avec un risque de conséquences dommageables (achats inconsidérés, aventures sexuelles inconséquentes, investissements commerciaux déraisonnables, etc.).

Pourquoi ces accès maniaques ? On ne le sait pas très bien. S'il semble acquis que des phénomènes d'ordre biologique sont en jeu, les psychanalystes ont également émis l'intéressante hypothèse d'une lutte inconsciente contre des tendances dépressives : l'accès maniaque représenterait alors une tentative désespérée pour empêcher la dépression de s'installer.

En tout cas, le traitement par lithium et médicaments régulateurs de l'humeur a permis à ces patients de considérablement améliorer leur maladie. Il est cependant très surprenant de constater que beaucoup d'entre eux regrettent parfois certains aspects de leurs emballements maniaques, au cours desquels ils se sentent si bien. « M'en donnerait-on le choix, explique ainsi K. R. Jamison, je me suis souvent demandé si je voudrais être maniaco-dépressive. Si l'on ne pouvait pas se procurer de lithium, ou s'il ne me réussissait pas, la réponse serait un non catégorique – sous le coup de la terreur. Mais le lithium agit bien sur moi, et je peux donc me permettre de me poser la question. Chose étrange, je crois que je choisirai d'avoir la maladie... »

La plénitude – et la perfection de l'estime de soi – que ces patients éprouvent lors des accès maniaques est-elle une des explications de ce paradoxe ?

L'estime de soi trop haute du narcissique

La personnalité narcissique – autre trouble psychologique – se caractérise par la conviction d'être supérieur aux autres. L'estime de soi des narcissiques apparaît très haute, et même trop haute, puisque leur manque de modestie est souvent désagréable à l'entourage.

Quelques critères de diagnostic psychiatrique de la personnalité narcissique

→ Sens grandiose de sa propre importance. La personnalité narcissique surestime ses réalisations et ses capacités. Elle s'attend à être reconnue comme supérieure sans pour autant avoir encore accompli ce qu'il faut pour l'être.

→ Fantasmes de succès illimité, de pouvoir, de splendeur.

→ La personnalité narcissique pense être « spéciale » et unique. À ses yeux, seules des institutions ou des personnes de haut niveau peuvent l'admettre ou la comprendre.

→ Besoin excessif d'être admiré.

→ Tout lui est dû.

→ Attitudes et comportements arrogants et hautains.

On s'est souvent demandé si l'estime de soi de ces sujets narcissiques n'était justement pas « trop élevée pour être vraie ». Chez nombre de ces personnes, le souci permanent d'autopromotion témoigne en effet d'une vision du monde marquée par certaines craintes : « si je ne suis pas admiré(e), je ne vaux rien », ou « si je ne me bats pas pour être reconnu(e), on ne verra jamais mes compétences ». Il est possible que les comportements narcissiques témoignent d'un sentiment d'insécurité quant à sa propre valeur. Les études manquent encore à ce sujet pour connaître les origines de ce narcissisme. Il peut s'agir d'un style éducatif trop valorisant et carencé à la fois, comme nous le racontait l'une de nos patientes. Ses propres parents, qui travaillaient dans le cinéma, étaient eux-mêmes des personnalités narcissiques :

« Toute mon enfance, j'ai entendu des phrases comme : "Tu mérites ce qu'il y a de meilleur", ou : "Tu n'as pas à fréquenter les médiocres." Dans le même temps, mes parents étaient tellement accaparés par leur carrière qu'ils ne s'occupaient pas du tout de nous. On ne les voyait qu'en coup de vent et on sentait bien que nous n'étions qu'une de leurs activités parmi d'autres.

« Je me souviens très bien de mes propres doutes. Sur mes parents : "Est-ce que je les mérite ?" Sur ma vie scolaire : "Est-ce que je réussirai dans cette nouvelle classe ?" Sur mes relations amicales : "Est-ce que mes amies ne vont pas un jour toutes m'abandonner à cause de mon sale caractère ?" Je doutais de tout, mais mes angoisses étaient systématiquement étouffées. Évidemment, j'avais de l'eczéma, des problèmes de sommeil, de l'asthme... Tout pour attirer l'attention de mes parents, qui se contentaient de m'envoyer, accompagnée par ma nounou, chez les plus grands spécialistes.

« J'étais une enfant très brillante auprès des adultes et j'avais compris que mes parents étaient fiers de moi quand j'en rajoutais. Alors, je jouais à la petite star. Je voyais aussi que ça les attendrissait : ils devaient se voir en modèle réduit et ça leur plaisait.

« L'ennui, c'est que peu à peu je ne me suis plus rendu compte de tout ça. Et il a fallu mon divorce, l'an dernier, où mon mari m'a tout jeté à la figure, et cette psychothérapie, pour que je comprenne enfin. »

Aider des personnalités narcissiques à changer représente en général un travail considérable pour les thérapeutes et les intéressés eux-mêmes. Plusieurs étapes sont nécessaires à cela : la prise de conscience du problème, l'envie de changer, le renoncement aux attitudes de contrôle et d'autopromotion. Il s'agit sans doute d'une des rares circonstances où le rôle du thérapeute va consister – en apparence – à diminuer l'estime de soi de son patient plutôt qu'à l'augmenter. En fait, l'objectif est différent : il s'agit de renforcer l'estime de soi en la rendant plus stable, moins avide et moins dépendante des preuves de respect et de statut.

LES COMPLEXES

« Lorsque je suis invitée à une soirée, je dois commencer à me préparer longtemps à l'avance, et dans l'angoisse, nous dit cette patiente. Je me maquille très attentivement pour cacher les imperfections de ma peau. Ça me prend en général plus d'une heure. Il faut que personne ne me dérange. Pendant la soirée, je dois aller vérifier plusieurs fois aux toilettes où en est mon maquillage. Mais je n'aime pas que cela se remarque. J'essaie de lire dans les yeux des autres personnes ce qu'elles pensent de mon visage, et si elles ont repéré mes boutons et mes cicatrices d'acné.

« Je suis très tendue si un homme commence à me faire des avances. J'ai peur qu'en m'observant attentivement il voie mes défauts sous le maquillage. Évidemment, je deviens alors très désagréable. À ce moment, je suis en général obligée de quitter la soirée. Je n'en peux plus, et me retrouver seule chez moi m'apporte un soulagement. Mais quand je réalise que je n'ai pensé à rien d'autre qu'à ça pendant toute la soirée, ça me déprime profondément.

« Les seules fois où ça ne me hante pas trop, c'est quand je me force à boire. Mais ça me donne chaud, j'ai l'impression que ça augmente mes problèmes de peau. Et j'ai peur que ça me donne à la longue de la couperose. Il ne manquerait plus que ça ! »

Du complexe à la dysmorphophobie

Le terme « complexe » n'est pas un diagnostic psychiatrique au sens strict. En fait, lorsque nos patients nous parlent de leurs complexes, ils sont convaincus d'être porteurs d'un défaut physique (volume ou forme du nez, des seins, taille trop grande ou trop petite, poids, peau, etc.) ou d'un autre type (élocution, accent, culture, diplômes, etc.), auquel ils attribuent toutes les difficultés rencontrées dans leur existence (« je n'ai pas de vie amoureuse à cause de la forme de mon nez », « je n'ai pas de promotion professionnelle à cause de ma petite taille », etc.). Ils attendent également beaucoup trop de la disparition de ce supposé défaut (« si je n'avais pas ce nez, il n'y aurait plus aucun problème ») ; résistent aux messages de leur entourage, qui ne les rassurent pas, et ce, même s'ils sont seuls contre tous à avoir la conviction d'un défaut (« ils ont tort et ne se rendent pas compte ») ; passent un temps infini à s'observer dans la glace ou à tenter de corriger ou de masquer leur défaut ou supposé défaut. Ils présentent une estime de soi très gravement altérée et un sentiment global d'infériorité par rapport aux autres personnes.

Il est assez fréquent que les complexes s'installent sur une relative réalité : le nez de la personne est effectivement un peu long, ou sa taille est plus petite que celle des personnes de sa génération. Mais ce qui signe le complexe, c'est l'importance excessive attribuée à ce défaut et le fait que l'on se polarise sur lui. C'est très clair chez les patients rougisseurs : ce qui fait la différence entre une personne portée à rougir lorsqu'elle est émue et une personne éreutophobe, c'est-à-dire qui présente une phobie de rougir (*ereuthos* signifiant « rouge » en grec), c'est que la seconde fait un complexe de son rougissement là où la première considère que c'est agaçant, mais que ce n'est pas un drame.

Dans les complexes les plus sévères, les psychiatres parlent de dysmorphophobie, ou phobie de présenter une difformité. Cette difformité est le plus souvent imaginaire, mais la souffrance psychologique est, elle, bien réelle. La dysmorphophobie est une maladie invalidante qui appartient peut-être à la même famille que les troubles obsessionnels compulsifs. En effet, les pensées sur l'aspect physique sont fréquentes, difficiles à chasser de la conscience et entraînent souvent chez les personnes atteintes des rituels de vérification de leur apparence physique.

Une jeune femme racontait ainsi sa conviction d'être repoussante : « Mon plus grand souhait est d'être invisible pour que personne ne puisse voir comme je suis laide. Ma plus grande crainte est que les gens me trouvent horrible et se moquent de moi. » Comme la plupart des patients atteints de ce qui est une véritable maladie, cette jeune femme passait beaucoup de temps à des vérifications incessantes dans les miroirs, souffrait d'une gêne extrême à être regardée, et évitait la plupart des situations sociales [16].

Comment se débarrasser de ses complexes

Les complexes forment un domaine encore relativement peu étudié par les psychiatres et les psychologues, sans doute parce qu'ils font souffrir dans la discrétion : les personnes qui en sont porteuses se tiennent en général dans l'ombre et n'en parlent que très rarement autour d'elles, même à un médecin ou à un thérapeute. Si elles consultent, c'est plutôt auprès des dermatologues, des chirurgiens plasticiens, des esthéticiennes. Hélas, si elles sont liées à un complexe sévère, ces démarches s'avèrent souvent vaines : une fois l'intervention physique effectuée, les problèmes ne sont pas toujours résolus. Le nez refait à grands frais n'est pas celui qu'on souhaitait, ou bien il est trop visiblement le fruit d'une opération chirurgicale. Et les complexes persistent, sur la même partie du corps, ou sur une autre...

Les psychothérapies ne sont pas faciles à conduire chez ces personnes qui considèrent que leurs convictions sont fondées et que « le problème n'est pas que dans la tête ». On s'aperçoit parfois au cours de ces thérapies que le regard du patient lui-même change plus vite que son interprétation du regard d'autrui : « Bon, je m'accepte comme je suis, mais je continue de penser que les autres me trouvent laide. » Un jeune étudiant de vingt-quatre ans était ainsi persuadé d'avoir des mains trop petites, ce qui, selon lui, faisait penser aux jeunes filles qu'il rencontrait que son pénis était lui-même trop petit. À la onzième session de thérapie comportementale, ses convictions personnelles à ce propos avaient très significativement diminué, mais il continuait de redouter que les autres n'aient ces pensées : nous retrouvons ici l'importance du regard social dans les problèmes d'estime de soi [17].

Dans les dysmorphophobies, il est parfois nécessaire d'avoir recours à des médicaments antidépresseurs, même si les personnes complexées ne présentent pas de dépression au sens strict du terme. Ces antidépresseurs semblent avoir un effet direct sur la prise de distance par rapport aux croyances excessives qui empoisonnent l'existence du patient.

L'ALCOOLISME

Dans *Le Petit Prince*, Antoine de Saint-Exupéry raconte comment son héros rencontra un jour un bien malheureux personnage : « La planète suivante était habitée par un buveur. Cette visite fut très courte, mais elle plongea le petit prince dans une grande mélancolie.

« — Que fais-tu là ? dit-il au buveur...

— Je bois, répondit le buveur d'un air lugubre.

— Pourquoi bois-tu ? demanda le petit prince.

— Pour oublier, répondit le buveur.

— Pour oublier quoi ? s'enquit le petit prince qui déjà le plaignait.

— Pour oublier que j'ai honte, avoua le buveur en baissant la tête.

— Honte de quoi ? s'informa le petit prince qui désirait le secourir.

— Honte de boire ! acheva le buveur qui s'enferma définitivement dans son silence [18]. »

L'alcool est souvent une tentation pour les personnes dont l'estime de soi est vulnérable. Après ses effets euphorisants initiaux, il induit un sentiment de détente et provoque une désinhibition. Or bien-être et facilité d'action sont précisément ce qui manque à la personne qui s'estime faiblement...

Pourquoi une basse estime de soi peut-elle nous pousser à boire de l'alcool ?

➤ L'alcool aide à échapper à la vision critique que nous avons de nous-même

Plus on porte un regard négatif sur soi, plus on cherche à oublier nos sentiments d'échec, et plus on a tendance à boire [19]. Les médecins nazis qui devaient sélectionner, pour des raisons d'inaptitude au travail, des victimes pour les chambres à gaz le faisaient souvent sous l'influence de l'alcool ou buvaient ensuite pour échapper à leur culpabilité [20]. On a aussi montré que des adolescents ayant tendance à boire ou à consommer des drogues avaient le sentiment d'être inutiles et de ne pas contrôler leur vie [21].

➤ L'alcool est un puissant désinhibiteur qui facilite le passage à l'acte

On sait que les personnes à basse estime de soi éprouvent beaucoup de difficultés à agir. Or l'alcool leur fournit une sorte de myopie de l'anticipation[22] : il les empêche d'imaginer avant d'agir, comme ils le font d'habitude, tous les inconvénients possibles de leurs actes. Une enquête portant sur les agressions sexuelles sur un campus américain[23] a, par exemple, montré que 80 % des étudiants responsables et 70 % des étudiantes agressées étaient sous l'emprise de l'alcool au moment des faits...

➤ La prise d'alcool se fait souvent sous influence sociale

Sa consommation est associée à beaucoup de circonstances de la vie en groupe (fêtes, réunions familiales et amicales). De ce fait, les sujets à basse estime de soi, particulièrement sensibles à être conformes au sein d'un groupe, adopteront plus facilement des conduites d'alcoolisation. Des études ont montré que les adolescents avaient tendance à surévaluer la consommation d'alcool de leurs amis lors des soirées et, de ce fait, à boire plus qu'ils ne l'auraient fait spontanément[24].

Alcool : les signes qui doivent vous préoccuper

Les émotions liées au sentiment de perte d'estime de soi sont un bon avertisseur des problèmes d'alcoolisme. Si vous ressentez fortement :

→ l'envie de boire pour oublier vos soucis,

→ des sentiments d'infériorité ou de culpabilité après avoir bu,

→ de la honte par rapport à ce que vous avez dit ou fait sous l'emprise de l'alcool,

→ l'envie d'éviter votre famille ou vos amis quand vous avez bu,

alors vous devez considérer que vous êtes en train de rentrer dans une zone dangereuse[25].

Pourquoi la prise régulière d'alcool diminue-t-elle l'estime de soi ?

➤ L'alcoolisme conduit à la dépression

Certaines études évaluent à 98 % le nombre d'alcooliques qui souffriront, à un moment ou à un autre de leur vie, de dépression [26]. On a longtemps pensé que c'était parce qu'ils étaient déprimés que les alcooliques buvaient. Or cette hypothèse n'a pas été confirmée par la plupart des études, et on considère aujourd'hui que c'est plutôt la dépression qui est secondaire à l'alcoolisme [27].

Les mécanismes de cet effet dépressogène de l'alcool sont sans doute multiples : biologiques (perturbation des neurotransmetteurs liée à la dépendance physique), sociaux (honte et rejet social) et psychologiques (altération de l'estime de soi).

➤ L'alcoolisme altère l'estime de soi

La plupart des alcooliques chroniques présentent une basse estime de soi [28]. Une patiente nous a ainsi écrit une lettre sur son mal, dont voici un extrait : « J'ai honte de ce que je suis devenue : lorsque je m'éveille le matin, j'évite les miroirs. Mais je ne peux m'empêcher de penser que ce que je refuse d'y voir, d'autres l'observent quotidiennement : une femme précocement vieillie, à la peau couperosée, à la main tremblante, qui se parfume et se maquille trop pour cacher son aspect et son haleine. Dès que je pense à moi, j'ai honte. Alors, j'évite de penser à moi : le plus souvent c'est en buvant à nouveau. Depuis des années, je m'éloigne des gens que j'aime, car je n'en peux plus de leur regard ou, pire, de leurs remarques. »

Certaines études ont cependant montré des résultats assez paradoxaux chez les patients alcooliques, avec des scores de confiance en soi élevés [29]. Cela peut s'expliquer par les sentiments de honte associés à l'alcoolisme, qui poussent les patients à des attitudes de déni et de prestance.

Dans tous les cas, l'estime de soi du patient alcoolique est très instable. Selon les moments et surtout selon l'alcoolisation, son discours oscille du déni (« ce n'est pas si grave ») au désespoir (« je ne pourrai jamais m'en sortir »). Aucune de ces attitudes n'est hélas efficace pour s'en sortir.

Domaine en jeu	Attitude dans les moments d'effondrement de l'estime de soi	Attitude dans les moments de protection de l'estime de soi
Acceptation du problème d'alcool	Désespoir : « je suis dépendant à vie de l'alcool »	Déni : « je m'arrête quand je veux »
Regard social sur son alcoolisme	Honte : « je bois, et c'est mal »	Défi : « si on ne peut plus profiter de la vie... »
Responsabilité de l'alcoolisme	Culpabilité : « tout est de ma faute »	Accusation : « mes parents m'ont trop fait souffrir, et aujourd'hui on me rejette »

Alcoolisme : se déprimer ou se mentir

Comment l'alcoolique peut-il reconquérir son estime de soi ?

L'alcoolisme est une maladie dure à soigner et décourageante pour le patient comme pour le médecin, car les rechutes y sont fréquentes. C'est pourquoi, en plus des médicaments et des psychothérapies, on conseille aux victimes de l'alcool de faire partie d'un groupe d'anciens buveurs tel que les Alcooliques anonymes. De tels mouvements se donnent pour objectif d'aider les personnes dépendantes de l'alcool à lutter contre les principales manifestations associées à leur trouble.

Si on examine attentivement les méthodes de ces mouvements, on réalise assez vite que leur efficacité s'appuie très largement sur une bonne connaissance de la psychologie et des besoins des personnes à basse estime de soi. Par exemple, le soutien très important du groupe permet de ne pas se sentir seul face aux efforts à accomplir. La prise de conscience que l'alcoolisme est une maladie permet d'éviter un certain nombre de sentiments d'autodévalorisation. La progressivité des efforts est très importante : on demande aux participants aux programmes des Alcooliques anonymes de n'envisager leurs efforts que par tranches de vingt-quatre heures, « un jour à la fois », sachant qu'il est très difficile aux personnes à basse estime de soi de planifier une action à long terme et qu'un échec sera ainsi moins décourageant. L'amélioration de la connaissance de soi est aussi encouragée, et le programme des Alcooliques anonymes dit notamment : « Nous avons courageusement procédé à un inventaire moral minutieux de nous-mêmes[30]. »

Le traumatisme psychologique

Agressions : du physique au psychologique

Lorsque l'on soigne des victimes d'agression, on est souvent étonné de découvrir à quel point leur estime de soi est en général ébranlée[31]. En thérapie, on retrouve presque toujours des sentiments de honte et d'humiliation chez les victimes de viol (« je suis souillée à tout jamais ») ou d'agression (« j'aurais dû me défendre mieux »), ou des sentiments de culpabilité chez les rescapés de catastrophes (c'est le « syndrome du survivant » : « pourquoi suis-je là, alors que d'autres sont morts ? »). Ces sentiments de honte vont être à l'origine de la chronicisation des souffrances de ces personnes : ils vont par exemple les pousser à s'isoler, à ne pas parler de leurs problèmes, ou encore leur donner le sentiment de ne pas être comme les autres, d'être incomprises, etc.

On relie en général l'intensité du traumatisme psychologique à la gravité de la menace subie. Mais il arrive que l'agression sur l'estime de soi soit plus importante que l'agression sur la personne physique. En travaillant sur les agressions subies par les conducteurs d'autobus de la RATP[32], nous avions été étonnés de découvrir qu'ils étaient parfois plus choqués par un crachat ou par une insulte reçus de la part d'un préadolescent devant les autres passagers que par une agression physique de la part d'un usager adulte : leur estime de soi souffrait plus de la provocation du premier que de l'altercation avec le second.

On peut faire les mêmes constatations dans le registre des violences domestiques : les femmes battues ont des scores d'estime de soi toujours plus bas que des femmes ayant exactement les mêmes caractéristiques sociales, mais non battues[33]. La causalité peut être double : la basse estime de soi pousse la femme à tolérer l'inacceptable ; le fait d'être régulièrement violentée et humiliée altère l'estime de soi.

Sectes : attention, danger !

La psychologie et le développement personnel sont en train de devenir un des chevaux de bataille d'un certain nombre de sectes[34]. De plus en plus, en effet, les sectes attirent leurs futurs membres par le biais de la psychologie, sous prétexte d'un pseudo « bilan de personnalité approfondi », ou de stages de « redynamisation mentale ». Les témoignages des anciens membres de ces sectes montrent clairement que celles-ci jouent habilement sur les problèmes d'estime de soi des personnes qui s'en approchent. Le livre d'une rescapée de la scientologie[35] le raconte clairement :

→ Les sectes apportent des réponses aux doutes sur l'identité personnelle : « Cela commence par un test de personnalité gratuit. »

→ Les « bilans » vont confirmer les doutes sur soi, mais aussi proposer des solutions : « On commence par vous dire : vous avez des problèmes. Et juste après : la scientologie peut les résoudre. »

→ L'intégration à un petit groupe soudé, en marge du monde extérieur, est valorisante : « On a l'impression de sortir de l'anonymat. » « La scientologie donne à ses adeptes le sentiment de faire partie d'une élite. »

→ Les nouveaux membres de la secte réapprennent souvent le goût de l'action, mais seulement dans le groupe et grâce à son soutien actif, ce qui les rend totalement dépendants de celui-ci : « Vous faites réellement des progrès : vous arrivez peu à peu à dominer votre timidité, à parler en public, à faire des tas de choses, mais c'est toujours avec l'aide de la secte. »

Si vous souhaitez être aidé(e) dans votre quête d'une meilleure estime de soi, prenez quelques précautions et ne cédez pas à l'impression agréable d'avoir été totalement compris(e). En aucun cas développer son estime de soi ne doit vous faire renoncer à la vie que vous avez choisie, à fréquenter vos proches ou vos amis. Et en aucun cas cela ne doit déboucher sur une restriction de vos libertés. Si vous doutez, demandez toujours l'avis de vos proches ou celui de professionnels de santé.

Les parents « toxiques »

Longtemps, la psychiatrie a culpabilisé les parents d'enfants schizophrènes ou autistes. On sait aujourd'hui que ces maladies doivent assez peu à l'influence éducative ou affective, mais beaucoup à des dysfonctionnements biologiques d'origines variées.

En matière d'estime de soi, par contre, le rôle des parents s'avère important. Il s'agit le plus souvent de simples maladresses éducatives. Dans ce cas, les dommages à l'estime de soi sont finalement limités. Ils peuvent entraîner souffrances et difficultés, mais pas toujours de conséquences graves pour l'équilibre de la personne adulte. Il existe en revanche de véritables parents « toxiques », dont un best-seller américain a établi, il y a quelques années, une assez terrifiante galerie de portraits[36]. Ces « voleurs d'enfance » ont pour point commun de sévèrement altérer l'estime de soi de leurs victimes. En voici les principaux profils.

➤ Les « contrôleurs intrusifs »

Ces parents abusifs ont décidé une fois pour toutes qu'eux seuls savent ce qui est bon pour leur enfant, auquel ils ne laissent aucune autonomie. Si celui-ci tente de se rebeller, ils le culpabilisent, ou lui font du chantage affectif (« c'est pour ton bien »). Même devenu adulte, l'enfant continue de subir la pression intrusive de ses parents sur ses faits et gestes quotidiens, sur ses choix existentiels.

L'impact sur l'estime de soi est net : l'enfant, puis l'adulte qu'il deviendra, intègre qu'il n'est capable de rien sans ses parents et risque de passer de la dépendance parentale à la dépendance conjugale. Écoutons le récit de François, quarante-deux ans, professeur de dessin :

« J'ai mis dix-huit ans à devenir adulte et quarante à me débarrasser de ma mère ! Il m'a tout de même fallu quelques années d'antidépresseurs et une psychothérapie... Je me demande si mon plus grand malheur, ça n'a pas été d'être fils unique : ma mère rien que pour moi, en permanence, c'était une épreuve.

« Par exemple, elle achetait mes vêtements et, chaque matin, c'est elle qui choisissait ceux que je devais mettre, en fonction de la météo. Quand je tentais de me rebeller – ça ne m'arrivait pas souvent, mais, à l'adolescence, je commençais à avoir quelques idées sur mon apparence –, elle me disait que je n'avais aucun goût et que j'étais trop influençable. Plus tard, elle contrôlait mes sorties et mes fréquentations ; elle se donnait le droit de rentrer dans ma chambre à toute heure du jour et de la nuit, d'ouvrir mon courrier.

« Je n'ai jamais pu rencontrer qui que ce soit sur le plan sentimental, la perspective de devoir subir un interrogatoire en bonne et due forme par ma mère me paralysait à l'avance. Quand j'ai eu un travail, elle a insisté pour que, malgré mon salaire, je ne quitte pas la maison : je l'ai écoutée, j'étais persuadé depuis des années que je n'en étais pas capable. Le plus fort, c'est que tout en m'étouffant, elle me critiquait pour mon immaturité, mon indécision, ma fragilité...

« Quand j'ai décidé de quitter la maison, elle m'a tout fait : menaces, chantages, tentatives de suicide, hospitalisation en psychiatrie, scènes au téléphone ou dans la rue. Mais j'ai tenu bon, et je ne le regrette pas. »

➤ Les alcooliques

Ces parents font subir leurs sautes d'humeur, qui vont de l'abattement à l'hostilité, à leur enfant. Du fait de leur maladie, ils sont peu attentifs aux besoins et aux états d'âme de ce dernier. L'image de grande vulnérabilité, parfois même de dégradation physique et mentale, qu'ils donnent contribue à fragiliser l'estime de soi de leur enfant. Comme le disait l'une de nos patientes : « Comment penser un instant que je suis quelqu'un de bien quand je vois qui était ma mère ? » De plus, les enfants de parents alcooliques se culpabilisent parfois de l'état de leur parent malade : « s'il se met en colère, c'est peut-être ma faute », « s'il boit, c'est peut-être que je le rends malheureux »...

L'environnement affectif et éducatif des familles dont un des parents est alcoolique présente le plus souvent quelque chose de chaotique aux yeux des enfants : ils ne peuvent prévoir quelle sera la réaction de leur parent malade à leurs comportements. Une bêtise sera parfois tolérée ou provoquera une bienveillance amusée. À d'autres moments, même en restant tranquille, l'enfant entraînera malgré tout la colère du parent malade (« certains soirs, on savait que, quoi que nous fassions, le simple fait de se montrer allait entraîner une dispute »). Le secret familial autour de l'alcoolisme accroît leurs sentiments de honte, ou leur manque de confiance dans l'univers des adultes...

Un certain nombre d'enfants arrivent cependant à résister à cet environnement destructeur. Des travaux[37] ont pu montrer qu'une proportion significative d'entre eux (environ 20 %) arrivaient à se structurer psychologiquement de manière à préserver leur estime de soi, en développant des stratégies d'hypercontrôle de leur environnement, en devenant précocement indépendants et adultes, performants à l'école, autonomes, etc. Mais ce sauvetage par l'hypercontrôle peut leur poser des problèmes une fois devenus adultes, comme nous le racontait cette jeune femme :

« Mon beau-père était alcoolique. Je crois que mon mari s'en est sorti en devenant précocement adulte ; tout jeune, c'est lui qui prenait en charge ses parents, car sa mère était dépressive. En rentrant de l'école, il la trouvait souvent allongée dans le noir, la maison dans un désordre épouvantable, pendant que le père était au bistrot. C'est lui qui s'occupait de sa jeune sœur, de la maison, de ses devoirs... Et quand le père rentrait, il fallait organiser la protection de tout le monde, car les mauvaises querelles et parfois les coups tombaient dru...

« Quand je l'ai rencontré, il m'a raconté tout ça une fois, puis n'en a plus jamais reparlé. Mais je vois bien à quel point ça l'a marqué. Aujourd'hui, il reste obsédé par la bonne marche matérielle des choses, c'est comme s'il soignait ses angoisses restantes par le besoin de tout contrôler : sommes-nous en règle avec les factures ? les enfants ont-ils fait leurs devoirs ? y a-t-il quelque chose à réparer dans la maison ? etc.

« C'est un bon père et un bon mari, mais il manque de fantaisie, il ne se laisse pas aller avec moi et les enfants. Quand je le lui reproche, j'ai l'impression qu'il ne comprend pas ce que je lui dis. Alors, peu à peu, j'essaie de lui apprendre la spontanéité et l'insouciance. Pas facile ! »

➤ Les abuseurs verbaux

Cette catégorie de parents excelle dans l'art de dévaloriser les enfants par des remarques cruelles sur leurs erreurs, leurs points faibles, voire leurs caractéristiques physiques. À un degré plus subtil, il s'agit d'un maniement de l'ironie ou de commentaires sarcastiques sur les performances des enfants. Ces agressions verbales sont déclenchées :

— Par toutes les attitudes des enfants qui s'éloignent de ce que souhaitent les parents ; l'impact sur l'estime de soi est alors que l'enfant intériorise qu'il est souhaitable d'être conforme au désir d'autrui, et que ce qu'il porte en lui d'idées nouvelles ou d'envies personnelles est à mettre au rebut.

— Encore plus pernicieux, par toutes les attitudes des enfants qui menacent les parents dans leur toute-puissance. Au moment de l'adolescence notamment, ces mères ne supportent pas de voir leur fille devenir féminine, jolie, désirable ; ces pères se sentent menacés par la stature ou par les exploits sportifs de leur fils, ou jalousent ses succès féminins.

Les agressions verbales de ces parents peuvent s'exprimer de manière directe (remarques dévalorisantes) ou indirectes, par des exigences perfectionnistes jamais satisfaites. Cela entraîne chez leurs enfants devenus adultes une estime de soi très vulnérable, avec une sensibilité extrême aux remarques d'autrui.

➤ Les abuseurs physiques

Ces parents, pour des raison multiples (mais liées en général à leurs propres carences affectives), sont incapables de contrôler leurs pulsions agressives envers leurs enfants. Un peu comme pour les enfants d'alcooliques, l'univers familial devient un environnement dangereux et imprévisible. L'enfant intériorise qu'il n'est en sécurité nulle part et quoi qu'il fasse. Et, plus grave, qu'il est en partie responsable de cet état de fait.

Un de nos patients, ancien enfant battu, nous racontait : « J'avais l'impression que c'est parce que j'étais mauvais que mon père me battait ; comme il ne battait pas ma sœur, je pensais que c'était ma faute, que j'étais un enfant raté et que les coups étaient une punition méritée. » L'absence de réaction de l'autre parent, souvent complice passif, achève de confirmer à l'enfant son absence de valeur intrinsèque, et même plus : il se juge capable de déclencher l'agressivité des autres uniquement par sa présence, par le fait d'être là et d'exister. On a parlé à ce propos d'« holocauste domestique[38] ».

Les troubles de l'estime de soi sont alors marqués par des

doutes profonds sur sa valeur personnelle et par de l'autodévalorisation : « Si mes parents ne m'ont pas protégé physiquement, c'est que je n'en valais pas la peine. »

➤ Les abuseurs sexuels

Un ultime degré est franchi dans la violence au sein des familles où l'un des parents a des comportements incestueux (en général le père envers sa fille ou belle-fille). L'enfant est agressé dans ce qu'il a de plus intime, et plus aucun refuge ne lui est possible. L'atmosphère de violence larvée est en général considérable, et l'adolescente est l'objet de messages culpabilisants : « si tu ne le fais pas, personne ne t'aimera jamais », « si tu n'acceptes pas, je serai malheureux et triste », « je deviendrai violent avec toi, avec maman et avec ton petit frère », « si tu en parles, j'irai en prison et ce sera ta faute »...

Assez souvent, les mères sont complices, passives ou actives (« si tu refuses, nous allons tous en souffrir »). Voici ce que nous racontait une de nos jeunes patientes de seize ans, victime d'inceste de la part de son beau-père : « Je ne sais pas quoi faire. Si j'accepte, j'ai l'impression d'être mauvaise et perverse. Si je refuse, il me dit que je suis méchante avec lui, et que je suis une coincée. Quand je résiste, il se venge en étant désagréable avec ma mère, ou avec mon petit frère. Alors j'ai l'impression que ma mère préfère que je cède... »

Les enfants victimes d'abus sexuels souffrent de très graves altérations de l'estime de soi[39], et souvent de troubles psychiatriques variés, par exemple une personnalité « borderline ».

Personnalité « borderline » et estime de soi

Les personnes ayant ce type de personnalité souffrent d'une instabilité sévère de leurs relations affectives : elles ont du mal à établir des relations normales avec autrui, car elles se montrent hypersensibles à tout ce qu'elles perçoivent comme un rejet ou un abandon. Une remarque, une critique, une rupture sentimentale, vont les précipiter dans une souffrance extrême et dans des comportements impulsifs, souvent dirigés contre elles-mêmes : tentatives de suicide et automutilations (se brûler avec une cigarette, se lacérer les cuisses avec un cutter).

Les psychiatres voient beaucoup de ces patients, qui présentent en général de nombreux problèmes associés d'angoisse et de dépression. Ils savent que leur prise en charge thérapeutique est difficile et stressante, du fait de leur grande fragilité et de la très mauvaise image que ces personnes ont d'elles-mêmes. Leur estime de soi est en effet sévèrement atteinte, et les patients décrivent souvent à quel point ils se détestent et détestent leur corps, leurs comportements, leurs émotions.
Cette mauvaise estime de soi est une des explications de leurs difficultés relationnelles : les sujets borderline perçoivent le rejet derrière toute prise de distance, même modérée ou transitoire. Et leur estime de soi fragilissime n'y résiste pas. Plusieurs études ont pu montrer que ces personnes ont le plus souvent souffert de carences affectives graves dans l'enfance, allant parfois jusqu'aux mauvais traitements, y compris les abus sexuels[40].

Guérir, c'est retrouver son estime de soi

Bien souvent, la guérison en psychiatrie passe par une estime de soi retrouvée. Trois raisons rendent important le fait de prendre mieux en compte l'estime de soi des patients.

D'abord, parce que être un « patient de psychiatrie », c'est déjà une première offense à l'estime de soi. Pendant longtemps, les personnes n'osaient pas parler de leurs problèmes psychiatriques, car il existait un jugement social très négatif sur la maladie mentale. C'était un facteur d'isolement et de souffrance supplémentaire. Aujourd'hui, les problèmes psychologiques sont mieux reconnus, les patients n'hésitent pas à se regrouper en associations[41] et à défendre leurs intérêts au grand jour. C'est un notable progrès dans la voie d'une estime de soi retrouvée.

Ensuite, parce que la plupart des affections psychopathologiques sont liées à des problèmes d'estime de soi, quelle que soit la nature de ce rapport, comme le montre le tableau page suivante.

Enfin, parce qu'il reste nécessaire que les thérapeutes prennent peu à peu l'habitude de développer avec leurs patients des relations encore plus respectueuses et égalitaires : trop souvent, le savoir et le pouvoir ont été du côté du thérapeute, et le patient devait accepter l'absence d'explications sur la maladie et les questions sans réponses.

Rôle de l'estime de soi basse	Exemple de pathologie
L'estime de soi basse est à l'origine du trouble	Dépression
L'estime de soi basse aggrave le trouble	Timidité et phobie sociale
L'estime de soi basse chronicise le trouble	Traumatismes psychologiques
L'estime de soi basse est à l'origine des difficultés à améliorer le trouble	Boulimie

Estime de soi et troubles psychologiques

À l'image d'une formule politique malheureusement célèbre, les patients d'aujourd'hui se veulent « responsables » (et souhaitent un rôle actif dans les soins), mais non « coupables » (en n'acceptant plus d'être stigmatisés pour des maladies dont ils n'ont pas choisi de souffrir).

Chapitre X

Petits arrangements avec l'estime de soi. Comment la protéger à court terme ?

Beaucoup de nos comportements quotidiens servent, parfois à notre insu, à rehausser ou défendre quotidiennement notre estime de soi quand elle est menacée. Car celle-ci n'est jamais donnée une fois pour toutes. Comme un être vivant, elle a besoin d'être régulièrement alimentée et protégée.

Ces petits arrangements n'ont pourtant qu'un effet limité sur l'estime de soi. Il arrive qu'ils suffisent à court terme, mais ils ne remplacent pas l'action en profondeur que nous décrirons au chapitre suivant. Autant, donc, les connaître pour ne pas en être dupe.

Les mécanismes de défense de l'estime de soi

Charles, huit ans, a décrété qu'il ne voulait pas aller à son cours de judo. Son père l'interroge :

« Pourquoi ? Tu as peur à cause des combats ?

— Non, non, pas du tout. Ça ne me fait pas peur, au contraire.

— Tu es sûr ?

— Oui, oui, je te promets.

— Alors, c'est quoi ?

— Oh, je trouve qu'il y a une mauvaise ambiance, les grands ne sont pas sympa avec nous... »

Le père de Charles sait que, depuis qu'il s'est inscrit au club, son fils est anxieux, car il déteste les petits combats d'entraînement qui se déroulent à la fin de chaque cours. Mais Charles ne veut pas l'avouer à son père, pour des raisons d'amour-propre. Et il n'ose pas non plus se l'avouer à lui-même : le judo, c'est sa passion, il est abonné à toutes les revues spécialisées, et c'est lui qui a voulu cette inscription... Alors ?

Alors, Charles vient de mettre en branle ce que l'on appelle un « mécanisme de défense », c'est-à-dire une opération mentale ou un comportement dont le but est de protéger notre estime de soi d'une réalité que nous ne pouvons ou ne voulons pas assumer : il a dénié son anxiété face à la compétition, pour ne pas perdre la face aux yeux de son père et vis-à-vis de lui-même.

À quoi servent les mécanismes de défense ?

Principalement à nous éviter des émotions ou des pensées pénibles à notre conscience. Il est d'ailleurs normal d'y avoir recours lorsque nous sommes confronté à des difficultés, car ils jouent un rôle d'amortisseur. Refouler un souvenir pénible dans l'oubli ou se réfugier dans la rêverie quand on a des soucis, sont, par exemple, deux mécanismes de défense qui nous permettent de ne plus avoir à réfléchir à ce qui a pu nous arriver de désagréable.

Plus nous sommes fragile, plus nous avons tendance à les utiliser, car ils protègent l'estime de soi. Ils évitent des remises en question trop frontales et représentent une forme de remaniement et d'évitement de la réalité.

Comme tous les évitements, cependant, ils accroissent notre fragilité. Ils fonctionnent comme des courtisans qui passeraient leur temps à dire : « Tout va très bien, Sire » à un roi vivant reclus dans son palais alors que, au dehors, la révolution gronderait : aucun effort de changement ne sera conduit par le souverain puisque les seuls messages qu'il accepte d'entendre sont ceux qui sont rassurants. Nos patients procèdent ainsi, ils filtrent littéralement les informations pour ne retenir que celles qui les sécurisent et ne leur demandent pas d'efforts d'adaptation.

D'une certaine façon, les mécanismes de défense représentent donc un troc inconscient au cours duquel les sujets sacrifient leur développement personnel contre un sentiment – factice – de sécurité[1].

Mécanisme de défense	Fonction dans le maintien de l'estime de soi
Évitement, retrait	Échapper au risque d'échec
Déni	Refuser d'admettre les problèmes
Projection	Attribuer ses propres sentiments négatifs et difficultés aux autres
Fantasmes et rêveries	Imaginer sa réussite au lieu de la construire
Rationalisation	Reconnaître les problèmes, mais leur attribuer des causes qui éviteront une remise en question
Compensation	Fuir un sentiment d'infériorité en s'investissant dans d'autres domaines

Les principaux mécanismes de défense

Les mécanismes de défense ont des avantages et des inconvénients. Lorsque nous avons été soumis à un échec cuisant, nous pouvons choisir d'en raconter une version amusante à nos proches pour éviter de nous plaindre ou de donner une image dévalorisante de nous-même, et pour lutter contre le sentiment de détresse qui nous envahit à l'évocation du mauvais souvenir. Par contre – et c'est le revers de la médaille –, donner une version humoristique d'un naufrage personnel peut aussi être une façon d'éviter de réfléchir à sa souffrance et de se confronter à ses conséquences.

D'autre part, ce n'est pas l'utilisation occasionnelle d'un mécanisme de défense qui pose problème, mais c'est d'y avoir recours à l'excès : une personne qui plaisante sans arrêt sur elle et n'est « jamais sérieuse » laisse souvent une sensation de malaise à ses interlocuteurs, qui perçoivent bien l'aspect défensif d'un comportement systématique d'autodérision.

Comment mal protéger son estime de soi

Jérôme est un jeune homme de vingt-six ans, qui vit chez ses parents. Il a interrompu ses études de langues dès la première année de faculté, car il se sentait mal à l'aise à l'université et n'y travaillait pas. Il a ensuite effectué un stage d'une année en Grande-Bretagne pour y passer un diplôme commercial dans une université privée. Mais, de retour en France, il n'a pas trouvé le type d'emploi qu'il recherchait et vit depuis de petits boulots par intérim.

Ses parents l'ont poussé à prendre contact avec certains amis et connaissances de la famille qui auraient pu l'aider à trouver un travail plus intéressant, mais Jérôme a toujours refusé de les solliciter. Il évite aussi de se rendre aux quelques soirées auxquelles il est convié. Ces *évitements* lui permettent de ne pas se sentir dévalorisé dans ces situations, où il craint peut-être d'être jugé négativement à cause de sa situation professionnelle précaire.

Lorsque sa sœur lui parle de sa solitude sentimentale, il lui répond qu'il n'en souffre pas le moins du monde. Quand ses parents lui font la remarque qu'il ne se mobilise pas assez, il leur explique que beaucoup de jeunes sont comme lui, que le cocooning est une tendance chez les personnes de son âge : ce *déni* lui permet d'éviter de reconnaître que son comportement n'est pas normal.

Il ajoute que, de toute façon, les filles de son âge sont trop superficielles, qu'il s'ennuie dans les soirées et que les emplois que lui proposeraient les amis de ses parents ne l'intéresseraient sûrement pas : par ces *rationalisations*, il évite d'affronter les véritables problèmes, et ses doutes sur lui-même.

Il accuse parfois ses parents de le stresser et de le rendre malade en lui « mettant la pression » et en le culpabilisant à l'excès : il *projette* sur eux ses propres états d'âme, et les en rend responsables, pour ne pas voir qu'il alimente lui-même en grande partie ses sentiments d'angoisse et de dévalorisation.

Il passe de longues heures à rêver qu'un jour il rencontrera la femme de sa vie, qu'il séduira d'un seul regard : ces *fantasmes* lui font du bien sur le moment, mais le maintiennent dans une vision totalement fausse des véritables rapports humains, et il sera profondément déçu s'il réussit un jour à avoir une aventure sentimentale.

Il manie parfaitement l'informatique, passe son temps sur Internet, et se considère comme un expert dans ce domaine : cette compétence lui permet de *compenser* en partie la totale faillite de sa vie personnelle. Il rêve d'ailleurs de fonder un mouvement humanitaire qu'il appellerait « Informaticiens sans frontières » pour apprendre aux enfants des pays sous-développés à se servir d'ordinateurs...

Tout le monde a recours aux mécanismes de défense. Que l'on ait une haute ou une basse estime de soi, ces petites compromissions avec la réalité font partie du quotidien de chacune et de chacun d'entre nous. Ils se présentent parfois sous une forme relativement pure et proche de ce que nous venons de décrire. D'autres fois, ils avancent masqués. Nous allons maintenant procéder à un tour d'horizon de leurs manifestations.

Comment protéger une basse estime de soi ?

Les sujets à basse estime de soi redoutent avant tout l'échec. C'est pourquoi ils se consacrent plus à la protection de leur estime de soi qu'à son développement, plus à la prévention des échecs qu'à la gestion du risque. De ce fait, on retrouve souvent chez eux des mécanismes de défense tels que l'évitement et le retrait (ne pas agir pour ne pas échouer), ou le déni (ne pas reconnaître ses frustrations et ses évitements).

Cette crainte de l'échec va se manifester globalement par une attitude sociale prudente et réservée, voire précautionneuse : ne pas trop se mettre en avant pour ne pas risquer la critique ou le rejet. Beaucoup de personnes à estime de soi modérée restent ainsi dans l'ombre, non pas parce qu'elles n'aiment pas la lumière de la réussite, mais parce qu'elles se sentent incapables de payer le prix pour y accéder. Car, pour obtenir un succès, il faut en général rentrer en compétition avec d'autres. Et donc prendre le risque d'irriter, de susciter des oppositions, de perdre... Trop déstabilisant pour un sujet à basse estime de soi !

Mais ces personnes ont, comme les autres, besoin de réussites et de gratifications pour maintenir leur estime de soi à un niveau acceptable. Comment procéder ? Voici quelques-unes des solutions auxquelles elles ont fréquemment recours.

Réussir à travers les autres : le succès par procuration

Une première stratégie possible va consister à bénéficier de la réussite d'une autre personne, au succès de laquelle nous nous sentons associé. Cette autre personne peut être un proche de notre entourage, comme un enfant ou un conjoint. Ainsi, pour quelqu'un qui a souffert de ne pouvoir faire d'études, voir ses enfants réussir à l'école sera bien sûr une source de plaisir altruiste, mais aussi un moyen de rehausser son estime de soi. C'est ce qui est arrivé à

Élodie, vingt-deux ans, étudiante en lettres : « Notre mère venait d'un milieu modeste ; son mariage avec mon père, issu de la bourgeoisie, avait été un échec, et elle s'était retrouvée seule pour nous élever. Comme le divorce s'était mal passé, elle avait coupé les ponts avec notre père et ne touchait pas de pension alimentaire. Elle s'est sacrifiée pour nous payer des études supérieures. Pour nous, c'était une charge lourde à assumer, on avait la pression sur les examens, on se disait qu'on n'avait pas le droit de la décevoir. À chaque mauvaise note, j'ai encore le sentiment culpabilisant d'avoir trahi sa confiance. Je sens que c'est tellement important pour elle qu'on réussisse dans nos études. »

Cela peut aussi concerner la réussite d'un conjoint : à une époque, nombre de femmes se sacrifiaient pour assurer la réussite de leur mari, dont elles pouvaient ensuite être fières. Ainsi les femmes de médecins jusqu'aux années 1960 (être la « femme du docteur » était bon pour l'estime de soi).

Le succès par procuration peut également concerner des liens plus lointains avec l'acteur de la réussite, comme chez les supporters de clubs sportifs, qui se sentent fiers ou abattus en fonction des réussites ou des échecs de leur équipe favorite. À une échelle collective, les observateurs étrangers avaient observé comment l'estime de soi de la France s'était améliorée après la victoire de ses footballeurs lors de la Coupe du monde en 1998. La satisfaction fut si intense que cette victoire donna lieu à une des plus grandes fêtes populaires dans le pays depuis la Libération.

Entendons-nous bien : nous ne sommes pas en train de vous dire que toute forme de soutien ou de plaisir tiré du succès d'une personne ou d'un groupe avec qui on a des liens est une preuve de basse estime de soi ! Il est normal de s'investir dans la réussite des autres. Mais il faut savoir que la volonté inconsciente de remonter son estime de soi est souvent liée à ces comportements.

À quoi identifie-t-on les excès de ce type de stratégie ? D'abord, lorsque ce mécanisme de procuration est le seul à pouvoir valoriser la personne. Ensuite, lorsque celle-ci réagit avec violence à l'échec de ceux qu'elle a investi. Ce phénomène a été observé de façon spectaculaire chez les supporters sportifs : des personnes se suicident si leur équipe perd, ou agressent les responsables présumés de la défaite (arbitres, joueurs, dirigeants). On se souvient du joueur colombien assassiné en 1994, à son retour de la Coupe du monde de football qui se déroulait aux États-Unis : il avait marqué un but contre son camp et fait éliminer son équipe. Dernier signe d'excès, enfin, lorsque la pression exercée sur les personnes chargées de valoriser notre estime de soi est abusive : c'est le cas des enfants « chargés de mission » par leurs parents. Ceux-ci ayant plus ou moins raté leur vie (à leurs propres yeux du moins), ils chargent, comme nous l'avons vu, leur progéniture de réaliser ce qu'ils n'ont pu faire eux-mêmes : études brillantes, changement de classe sociale, réussite sportive, etc.

Pour gagner sans combattre

Les personnes à haute estime de soi utilisent aussi le succès par procuration : au Moyen Âge, les souverains étaient représentés dans les tournois par leurs « champions » – un roi ne pouvant prendre le risque de mordre la poussière ! De façon générale, les sujets à haute estime de soi savourent également les succès par procuration, mais ils les exploitent plus ouvertement : ils ne craignent pas de se mettre en avant à l'occasion et de tirer la couverture à eux.

Restons groupés !

Être intégré à un groupe, c'est bon pour l'estime de soi.

La reconnaissance sociale est très liée, nous l'avons vu, à l'estime de soi : être accepté dans un groupe témoigne d'un minimum d'acceptation par des semblables. Le niveau d'estime sociale dont bénéficie le groupe aux yeux de l'extérieur a en fait peu d'importance. Le plus souvent, les sujets à basse estime de soi préfèrent avoir leur place assurée dans un groupe peu performant ou peu valorisé socialement que « ramer » pour défendre un strapontin dans un groupe où la compétition est dure. Ainsi, un petit garçon à basse estime de soi sera plus à l'aise dans une équipe de foot qui encaisse défaite sur défaite, mais où il est assuré de jouer et d'être à la hauteur de ses partenaires...

Surtout, le groupe permet le partage : partage des succès, mais aussi des échecs. On comprend pourquoi les personnes à basse estime de soi sont particulièrement attirées par l'insertion dans un collectif : prêtes à partager les succès, elles y trouvent surtout la sécurité d'une dilution des responsabilités en cas d'échec. Et donc de dévalorisation moindre en matière d'estime de soi. Car elles redoutent l'échec plus qu'elles n'apprécient le succès.

Pas d'étonnement à ce que l'adolescence soit l'âge d'or des bandes. Nous avons vu que c'est une période où l'estime de soi est particulièrement vulnérable.

Pourquoi rejoindre un groupe ?

Chez les personnes à haute estime de soi, se regrouper sert plutôt à se différencier (par exemple appartenir à un club huppé). Alors que, chez les sujets à basse estime de soi, se regrouper sert à être moins seul, et mieux protégé.

Rêveries, projets flous et mondes virtuels...

Certaines personnes à basse estime de soi s'adonnent parfois sans limites à la rêverie. « Je passais des journées dans ma chambre à ne rien faire, explique ce patient ; j'avais des rêves de réussite brillante : tantôt je devenais P-DG, ou chercheur et prix Nobel ; tantôt champion du monde de formule 1, et autres inepties... Bien sûr, tout ça ne s'accompagnait pas du moindre début de passage à l'acte, comme m'inscrire à une école de commerce ou prendre des cours de conduite sportive. J'allais d'une chimère à l'autre, comme un insecte passe de fleur en fleur ; mais c'était comme un papillon, sans rien produire, même pas comme une abeille qui au moins fait du miel en butinant... »

La rêverie a parfois du bon. Mais, chez les personnes à basse estime de soi, elle présente des dangers car elle apporte des satisfactions qui remplacent celles de l'action, et elle habitue le sujet à négliger les étapes intermédiaires de la réussite (et donc les efforts à produire, les échecs, les tentatives ratées, les difficultés diverses à affronter).

La fréquentation d'univers virtuels (jeux vidéo, feuilletons télévisés, romans) peut aussi relever de la même démarche. Chez certains gros consommateurs de ces moyens d'évasion, le principal moteur est l'évitement de la réalité, trop douloureuse pour l'estime de soi.

Ces rêveries existent aussi chez les personnes à haute estime de soi, mais, chez elles, le rêve est plus souvent un préambule à l'action, au lieu d'en représenter une alternative.

Comment protéger une haute estime de soi ?

A priori, les choses sont plus simples pour les sujets à haute estime de soi. De manière générale, leur façon de faire (prendre des risques, chercher à développer leurs compétences, à repousser leurs limites) permet un maintien ou un développement régulier de leur estime de soi. Les personnes à basse estime de soi agissent peu afin d'être confrontées le moins possible à l'échec. Ce n'est pas le cas des sujets à haute estime de soi : ils agissent, donc ils connaissent plus de réussites, mais aussi plus d'échecs. Personne ne vous dira jamais avoir pris plaisir à échouer. Alors, comment font-ils pour gérer ceux-ci ?

Les biais attributifs

Il existe plusieurs façons de réagir à l'échec. Soit on l'accepte tel qu'il est et on en tire les leçons – c'est l'attitude la plus utile, mais aussi la plus coûteuse émotionnellement, surtout si les échecs sont assez nombreux ou répétés. Soit on regarde les choses d'une autre façon : « Ce n'est pas ma faute, ça n'est pas grave, ça va changer. » C'est ce que les psychologues appellent « la théorie des attributions ». À partir d'un événement donné, nous avons tendance à lui attribuer certaines caractéristiques : ce qui s'est passé dépend de moi ou de l'extérieur, va se reproduire ou sera un fait isolé, est représentatif ou limité.

Jongler avec ces attributions permet de s'accommoder d'un bon nombre de problèmes existentiels. Par exemple, les sujets à haute estime de soi ont une propension irrésistible à s'attribuer les réussites et à imputer la responsabilité des échecs à des circonstances extérieures – destin ou autres personnes[2]. En cas d'échec, ils sont capables d'être plus spécifiques dans leur autocritique[3] : « J'ai été mauvais sur tel et tel point » et non pas : « J'ai été lamentable. » François Ier, mis en déroute et fait prisonnier à la bataille de Pavie, en 1525, écrivit à sa mère la duchesse d'Angoulême le fameux

STRATÉGIE	EXEMPLE
Externaliser les causes de l'échec (au lieu d'internaliser)	« J'ai fait ce qu'il y avait à faire, en fait c'est la faute de... »
Ne pas généraliser l'autocritique (mais la limiter et la rendre spécifique)	« Il y a un point de mon plan qui n'a pas fonctionné comme prévu... » (mais le reste était parfait)
Ne pas tirer de conclusions sur la durée (au lieu de généraliser)	« Ça ne remet rien en question, ça marchera la prochaine fois... »

Les stratégies attributives des sujets à haute estime de soi confrontés à l'échec

« Tout est perdu, fors l'honneur » : bel exemple de non-généralisation d'une autocritique.

Au bloc opératoire...

Retrouvez les stratégies utilisées par ce chirurgien à haute estime de soi qui a été confronté à un accident opératoire :
« Mon intervention a parfaitement réussi. Le malade est décédé parce que les anesthésistes n'ont pas su gérer le problème. De toute façon, c'était un cas très particulier, j'ai bien voulu l'opérer parce que personne d'autre ne voulait le faire, il fallait bien intervenir... »

Prêter attention aux défauts des autres : la comparaison vers le bas

90 % des hommes d'affaires s'estiment supérieurs à l'homme d'affaires moyen, et 70 % des sujets sortis de grandes écoles ou d'universités prestigieuses considèrent avoir des capacités au-dessus de la moyenne de leurs camarades[4]. Les personnes à haute estime de soi se jugent volontiers favorablement lorsqu'elles se comparent à leurs pairs ! D'ailleurs, on a constaté qu'elles prenaient soin de choisir comme points de comparaison les dimensions qui leur étaient les plus favorables. C'est sans doute ce qui explique que cette tendance à la comparaison sociale flatteuse se retrouve aussi dans toutes les catégories sociales. Chez les enseignants, par exemple, 90 % des professeurs de lycée s'estiment supérieurs à leurs collègues. Chez les étudiants de l'enseignement

supérieur, 25 % pensent qu'ils font partie des 1 % capables et dignes de diriger les autres[5]. Il semble, par contre, que cette comparaison sociale ne se manifeste pas dans toutes les cultures (ou du moins ne s'exprime pas de la même façon) : une étude conduite auprès de collégiens japonais ne montrait chez eux aucune tendance à se valoriser en se comparant favorablement aux autres ; c'était même plutôt l'inverse[6] !

Même les grands hommes regardent parfois vers le bas...

La vie de Freud est une inépuisable source d'anecdotes pour qui s'intéresse à l'estime de soi, car celle du grand homme était à la fois florissante et cruelle pour autrui, notamment à l'égard de ses élèves trop audacieux. Voici ce que raconte à ce propos son biographe et élève, Ernest Jones[7] :

« Alors que Steckel [un élève de Freud] pensait avoir été plus loin que Freud dans certaines découvertes et qu'il s'en excusait avec une demi-modestie, disant qu'un nain juché sur les épaules d'un géant pouvait voir plus loin que le géant lui-même, Freud déclara ironiquement : "C'est peut-être exact, mais pas quand il s'agit d'un pou sur la tête d'un astronome." »

Cette tendance est bien sûr exacerbée si on met en échec les personnes à haute estime de soi. Elles auront alors plus que jamais tendance à se rassurer en se comparant avec plus bas qu'elles sur l'échelle des succès et des compétences. Pour cela, elles seront plus attentives aux défauts et aux lacunes des autres personnes. D'amusants travaux ont prouvé cela[8]. Des sujets à haute et à basse estime de soi étaient mis en échec sur des tâches simples. À la suite de ces échecs (qui leur étaient clairement soulignés), on leur faisait passer une autre épreuve qui consistait à lire une liste de comportements positifs ou négatifs de la part d'autres personnes (« Jacques a brillamment réussi un examen difficile », « Mais il a refusé de prêter de l'argent à un ami dans le besoin », etc.). En leur demandant quelque temps plus tard de se remémorer les comportements lus, on s'apercevait que les sujets à haute estime de soi, après avoir été mis en échec, se souvenaient plus volontiers des travers des autres. Attention, donc, à votre chef, s'il vient de subir un revers qui affecte l'estime qu'il se porte : il se rappellera soudain toutes vos erreurs passées, ou se mettra à vous reprocher des vétilles – pour se convaincre qu'il n'est pas le seul incompétent de l'entreprise et se prouver qu'il y a pire que lui...

La critique du juge

« Dis-moi ce que tu penses de moi, je te dirai ce que tu vaux. » Cette stratégie est souvent utilisée par les sujets à haute estime de soi. En voici un exemple : des volontaires passent un entretien avec un psychologue. À l'issue de l'entretien, le psychologue leur délivre un portrait valorisant ou critique. On demande alors aux volontaires d'évaluer la validité du jugement délivré et la compétence supposée du psychologue. Chez les sujets à basse estime de soi, l'aspect positif ou négatif du portrait brossé par le psychologue n'interfère pas avec leur avis. Chez les sujets à haute estime de soi, plus leur portrait a été positif, plus il est jugé pertinent... et plus le psychologue est jugé compétent[9] !

FAUT-IL SE METTRE DES BÂTONS DANS LES ROUES POUR AMÉLIORER SON ESTIME DE SOI ?

La petite Bérangère, trois ans et demi, joue au Memory – un jeu d'attention pour enfants – avec sa sœur aînée, âgée de cinq ans et demi, et une amie de celle-ci. Son père, à qui elle est très attachée, passe par là et lance (maladroitement !) : « Alors, les filles, qui va gagner ? » Puis il observe le jeu pendant quelques instants. À partir de ce moment, Bérangère commence à mal jouer, ne se concentre plus, ne regarde plus les cartes, se met à « parler bébé ». Les deux grandes s'indignent, menacent de l'exclure du jeu. Comprenant qu'il a gaffé, le père s'assied à la table de jeu, prend Bérangère sur ses genoux, la rassure et l'incite à se concentrer. Peu à peu, elle se remet dans la partie...

Qu'est-il arrivé à Bérangère ? Pourquoi, en l'espace d'un instant, a-t-elle compromis ses chances de gagner, alors qu'elle était tout à fait capable de tenir sa place dans le jeu ?

Depuis longtemps, on a remarqué que certains individus adoptent des comportements paradoxaux qui semblent ruiner leurs chances de réussites, en relâchant leurs efforts alors que le plus gros est fait et qu'un succès est à leur portée, en ne se préparant pas avant une échéance importante (par exemple l'étudiant qui ne révise pas ses examens), ou encore en se plaçant carrément des bâtons dans les roues (par exemple le demandeur d'emploi qui arrive en retard à un rendez-vous)... Pourquoi procèdent-ils ainsi ?

La névrose d'échec existe-t-elle ?

Les psychanalystes se sont beaucoup intéressés à ce qu'ils appellent la « névrose d'échec [10] ». Ils pensent qu'un certain nombre d'individus présentent un goût pour l'échec, ou une peur du succès. Le sentiment de ne pas mériter son succès, une culpabilité par rapport à la réussite, expliquent selon eux ces phénomènes de mise en échec. Cette théorie est d'ailleurs devenue très populaire, notamment dans le monde du sport, où on parle souvent de la « peur de gagner » de tel ou tel champion.

Mais il existe d'autres explications à ce phénomène, dont certaines sont liées à l'estime de soi. On a vu, par exemple, que les sujets à basse estime de soi se « retrouvent » plus dans l'échec que dans la réussite, sans pour autant aller jusqu'à s'en réjouir. C'est ce que nous disait une patiente : « Parfois, j'ai l'impression que je suis plus sécurisée par l'échec ; au moins, j'en ai l'habitude, pas de surprise, ça me rassure presque. » La théorie la plus intéressante pour expliquer cela est celle de l'auto-handicap [11]. Elle dit tout simplement que, en ne se préparant pas pour une échéance importante, ou en choisissant systématiquement des objectifs trop difficiles, on cherche non pas à se punir, mais à prendre soin de son estime de soi !

Prenons l'exemple d'un étudiant qui ne préparerait pas un examen. En ne révisant pas comme il le faudrait, il se livre à une belle manœuvre d'auto-handicap. Dans quel but ? Eh bien, en cas d'échec, il pourra toujours dire : « C'est vrai, j'ai échoué, mais c'est parce que je n'avais pas assez travaillé. » Ce faisant, ce n'est pas sa compétence personnelle globale (dont dépend son estime de soi) qui est en jeu, mais simplement son manque d'organisation... Le même étudiant peut aussi se parler de la sorte (bien que, le plus souvent, ce genre de stratégies soient inconscientes) : « Si je travaille de toutes mes forces et qu'en plus j'échoue, ce sera la preuve de mon manque de valeur ; alors que si j'échoue sans avoir vraiment fait d'efforts, mon échec sera imputable à ce manque d'efforts plus qu'à mon manque de compétences. »

Si vous avez bien lu les chapitres précédents, vous en conclurez qu'une personne qui raisonne de cette manière doit avoir une basse estime d'elle-même, car elle anticipe un échec plus qu'une réussite. Et vous aurez raison : l'auto-handicap est une stratégie souvent utilisée en cas de basse estime de soi.

Que font les personnes à haute estime de soi ? Elles anticipent leur réussite plus que leur échec. Et elles s'auto-handicapent non plus pour se protéger de l'échec, mais pour augmenter leur mérite en cas de réussite. Revenons à notre étudiant, mais choisissons-le cette fois avec une haute estime de soi. Que se passera-t-il s'il ne révise pas ? Et si – comme il en est persuadé, puisqu'il a une haute estime de lui-même – il réussit ses examens ? Eh bien, son prestige en sortira grandi : « J'ai réussi sans rien réviser. »

Notons que le recours déclaré à la stratégie de l'auto-handicap peut être alors une forme de snobisme : on fait croire aux autres que l'on n'a pas préparé une échéance, pour en retirer un plus grand mérite ensuite. C'est un exercice de style très prisé par certains sujets à haute estime de soi. Il nous semble du reste que cette stratégie est anormalement développée en France et dans les pays latins, où l'on valorise beaucoup la réussite par le don, ou par l'inspiration, plus que par le travail patient. Il est socialement meilleur pour l'estime de soi d'être un élève doué qu'un élève travailleur. Des étudiants anglo-saxons, par exemple, chercheront moins à truquer la réalité : s'ils travaillent beaucoup, ils n'auront pas honte de l'avouer.

Haute estime de soi	Basse estime de soi
Pour augmenter son estime de soi en cas de succès (augmenter les gains)	Pour protéger son estime de soi en cas d'échec (limiter les pertes)
Activé dans les situations où le succès est anticipé	Activé dans les situations où l'échec est anticipé
Associé à de l'excitation	Associé à de l'appréhension

Quand utilise-t-on l'auto-handicap ?

Scènes de la vie quotidienne

De près ou de loin, beaucoup de nos agissements quotidiens mettent en jeu l'estime de soi. Acheter quelque chose ou dire du mal de son voisin sont, souvent à notre insu, des comportements destinés à faire du bien à notre estime de soi, qu'elle soit haute ou basse. Faisons ensemble un petit tour d'horizon de ces conduites au jour le jour...

Consommer pour s'estimer

➤ Acheter

On a souvent fait le procès de la société de consommation, qui nous pousse à acheter et à posséder plus que nécessaire. Des impératifs marchands et le savoir-faire des gens de marketing sont certes en jeu, mais, si cela marche aussi bien, c'est sans doute que l'achat répond à des besoins plus fondamentaux qu'il n'y paraît. Notamment en matière d'estime de soi. Acheter, c'est se valoriser, même s'il s'agit d'un stratagème dont l'effet est labile et transitoire. Les marchands et les publicitaires l'ont bien compris, en particulier dans l'industrie du luxe : on vous incite à penser qu'acheter un objet luxueux, c'est rentrer dans une catégorie sociale de connaisseurs et de privilégiés. Le shopping du samedi après-midi est-il une drogue de l'estime de soi ? En tout cas, les bons vendeurs se débrouilleront toujours pour flatter l'ego de leurs clients, de manière que le déclic se produise sur leur estime de soi...

« Chez moi, c'est maladif, nous racontait un jour cet avocat de trente-six ans. Ma femme appelle ça mes "achats névrotiques". Il y a des achats que je fais par besoin non pas matériel, mais psychologique. Par exemple, m'acheter un très beau cartable, ou une lampe hors de prix pour mon cabinet. Le plus souvent, je ne fais pas ce genre d'achat quand le vieux cartable est usé, ou que la lampe précédente est cassée. Mais c'est quand je suis un peu malheureux, un peu en échec. Que j'ai besoin de me valoriser. Je n'achète pas dans la joie, mais pour me soigner, pour colmater mon vague à l'âme, pour me revaloriser à mes propres yeux. Faire rentrer dans ma vie un nouvel objet, beau, fonctionnel, comme ça, en trente secondes, le temps de payer, sans efforts, ça me fait du bien. »

Lucidité

« Qu'est-ce qui vous insupporte le plus dans ce monde ? » À cette question, qui lui fut posée dans le magazine *Elle* en 1998, l'humoriste Muriel Robin répondait :

« Moi. Moi et mon cul entre deux chaises, mes contradictions. Comme de me faire croire qu'en achetant le dernier Caméscope qui vient de sortir, et qui est superchouette, ça ira mieux. Comme tout le monde l'a autour de moi, hop ! je le fourre chez moi, et après ? Je me sens con, je me dis : "Mais qu'est-ce que ça t'apporte, idiote ! Je vais me dépasser pour gagner quinze mille francs, tout ça pour les placer dans le Caméscope, et après il m'en faudra encore quinze mille pour autre chose, et après ?" »

Les psychiatres rencontrent parfois des « acheteurs compulsifs », qui procèdent à des achats fréquents, inutiles, et au-delà de leurs ressources. Chez ces patients, les problèmes d'estime de soi sont systématiques, un peu comme chez les personnes boulimiques ou kleptomanes, ces trois troubles étant du reste fréquemment associés.

➤ Posséder

Le plaisir de l'achat précède souvent celui de la possession. Mais ce dernier est plus durable. La possession d'objets valorisants représente des prothèses à l'estime de soi : beaux meubles, belle maison, etc. Il y a aussi – et surtout – les voitures : belles, grosses ou propres, de telle ou telle marque. Comment ne pas penser à un besoin ostentatoire de montrer sa valeur en voyant la prolifération de gros véhicules 4×4 rutilants, chromés et inutiles dans les grandes villes ? Les 4×4 seraient-ils à l'estime de soi ce que la silicone est à la poitrine ?

➤ Montrer

Acheter et posséder, c'est bien. Mais quel dommage de ne pas montrer, pour faire encore plus de bien à son estime de soi ! C'est tellement plus valorisant de faire fonctionner son autoradio à plein volume devant une terrasse de café que sur une petite route déserte. Et de garer sa grosse voiture devant le restaurant où l'on va dîner en terrasse que de la ranger dans un anonyme parc souterrain, où personne ne nous verra en descendre. L'ostentation est en général au service de l'estime de soi. La publicité d'une carte de crédit pour gros comptes bancaires présentait, ainsi, en 1998, la possession de cette – coûteuse – carte comme « le signe extérieur de vos richesses intérieures »...

➤ Faire des envieux

Au fond, tout cela nous renvoie au plaisir enfantin d'être admiré pour ce que l'on a plus que pour ce que l'on est. Certains catalogues de vente par correspondance jouent sur ce mécanisme. Ainsi le catalogue de l'Homme moderne (mai 1998), à propos d'un « matelas piscine » : « Loin des plages et des piscines surpeuplées, bercé par la douceur de l'air ou plongé dans un roman, *vous ferez des envieux dans tout le voisinage.* » Le but est clair : il ne s'agit pas seulement de profiter du confort d'un improbable matériel, mais surtout d'être vu, par les voisins, en train de se la couler douce ! Comme par hasard, la photo illustrant l'article montre ledit « matelas piscine », occupé par une jolie blonde (et non par un acheteur mâle comme ceux à qui le catalogue est adressé). Sous-entendu : non seulement vous ferez des envieux, mais toutes les jolies filles de votre entourage n'auront plus qu'une idée, venir chez vous pour se rouler dans votre « matelas piscine ».

Séduire et se vanter :
un sport vieux comme le monde

Accusant volontiers les femmes d'être superficielles et bavardes, les hommes aiment bien, de leur côté, se glorifier de leurs conquêtes : la vantardise renforce l'estime qu'ils se portent.
Pendant le tournage de *La Comtesse aux pieds nus*, le film de Mankiewicz, Ava Gardner eut une liaison avec le torero Luis Miguel Dominguin. La légende veut qu'au premier soir de leur liaison « Dominguin se lève, s'habille et enjambe la fenêtre. "Peut-on savoir où tu vas ?" se renseigne la belle Ava. "Raconter ça aux copains", répondit ingénument le matador[12] »...

Les petites joies de l'existence

➤ Exercer des compétences rares

Il vous est sans doute arrivé de vous demander quel était l'intérêt d'être champion du monde de bilboquet, ou de maîtriser le javanais sur le bout des doigts... Eh bien, outre que cela peut apporter d'authentiques satisfactions, c'est peut-être une affaire liée à l'estime de soi... Si vous avez des doutes sur vous, vous trouverez deux avantages à exceller dans un domaine très peu pratiqué. Le premier, c'est que la concurrence y est rare ; il vous sera donc plus facile de briller. Le second, c'est que vous ne menacez personne ; donc, vous ne courez pas le risque de déclencher la jalousie ou l'agressivité d'autrui. Si votre estime de soi est haute, vous apprécierez surtout d'être unique ou pionnier. Il faudra néanmoins que cette compétence soit appréciée dans le milieu social où vous aspirez à être reconnu.

➤ Contrôler et dominer

Plus son estime de soi est élevée, plus le sujet éprouve le besoin de contrôler la situation ; plus il exerce de contrôle, plus il augmente son estime de soi [13]. Comment ce double mouvement s'exprime-t-il au quotidien ? En conquérant et en exerçant le pouvoir, bien sûr ! Certains se lancent dans la politique. D'autres choisissent des solutions plus simples. Pourquoi, par exemple, tant de citadins s'obstinent-ils à posséder des races de gros chiens énergiques ? Pourquoi les loubards de banlieue aiment-ils tant les pittbulls ? Au-delà de raisons sentimentales (avoir trop regardé *Belle et Sébastien* à la télévision quand on était petit) ou terre à terre (pouvoir intimider les ennemis), la réponse est simple : cela fait du bien à l'estime de soi. Plus le chien est gros et appartient à une race réputée agressive, plus le problème d'estime de soi du maître peut être suspecté. Le fin du fin est d'expliquer doctement que, justement, il s'agit de races inoffensives, « à condition de bien leur faire comprendre qui est le chef »... Les propriétaires de chiens plus petits, la catégorie des maîtres persécuteurs (« assis ! couché ! au pied ! tiens-toi tranquille ! viens ici ! ») sont dans le même cas, d'ailleurs : « Comme personne ne m'obéit ici-bas, j'ai trouvé une créature à dominer. »

Notons qu'il existe des variantes : avec son conjoint, ses enfants, ou ses subordonnés...

➤ Être le plus fort au Monopoly

Le jeu de société est un dérivé des rapports de force sociaux. Des miniatures du Moyen Âge montrent ainsi Saladin et Richard Cœur de Lion s'affrontant aux échecs. Chez certains, cette filiation du jeu avec l'affrontement est perceptible : il leur fait oublier le plaisir du jeu et son caractère normalement convivial. Deux indices doivent mettre sur la piste d'un investissement excessif de l'estime de soi dans le jeu : être mauvais perdant (« puisque c'est ça, je m'en vais »), prêt à se disputer sévèrement avec ses partenaires ; être prêt à tricher pour le plaisir de gagner, ou par incapacité à supporter la défaite.

➤ Transgresser ou resquiller

Transgresser les lois, qui sont faites pour le commun des mortels, rouler plus vite que les autres, ne pas payer ses amendes, frauder le fisc – autant de façons pour certaines personnalités (les narcissiques, par exemple) de doper considérablement leur estime de soi. D'autres préféreront seulement resquiller. Qui dira le plaisir que procure le fait de passer devant les autres dans une file d'attente ? Le trait est devenu dans notre pays une vertu nationale sous le nom de débrouillardise : est-ce un bon signe pour l'estime de soi de notre nation ?

Moi et les autres

➤ Dénigrer, médire, se moquer

« C'est un nul, ce type », « Cette fille est jolie, mais stupide. » Quel intérêt y a-t-il à dire du mal des autres ? Pourquoi est-ce que « ça fait du bien » ?

La médisance permet de réduire l'écart entre soi et les autres. Dire du mal des stars (« il paraît que cet acteur n'est pas très intelligent »), imaginer que les puissants de ce monde, princes ou millionnaires, sont en réalité très malheureux, cela les rapproche de nous.

La médisance est-elle bonne pour le moral ?

Des chercheurs se sont penchés sur la question en présentant à des sujets déprimés et à des sujets non déprimés des personnages célèbres et en leur demandant de les juger[14].
Ils se sont aperçus que les participants avaient tendance à dévaloriser la célébrité sur les dimensions où elles se sentaient « en concurrence » avec elle. Par exemple, les femmes se trouvant attirantes avaient tendance à dire d'un top model : « Elle n'est pas si terrible que ça » ; ou bien les hommes se trouvant intelligents avaient tendance à affirmer d'un intellectuel en vogue : « Il ne dit pas que des choses géniales. »
En évaluant l'humeur de la personne avant et après l'exercice, les chercheurs se sont également rendu compte que la critique ainsi effectuée ne faisait du bien qu'aux sujets déprimés. Les autres voyaient plutôt leur humeur s'assombrir. Est-ce parce que la médisance les soulage – du moins, à court terme – qu'un certain nombre de dépressifs non traités se présentent souvent comme des grincheux ?
Attention tout de même : si vous n'êtes pas dépressif, médire ne vous fera aucun bien !

Des sujets à haute estime de soi qui viennent de connaître un échec disent volontiers du mal des personnes moins chanceuses ou moins bien loties. Pour une part, le snobisme consiste à se moquer des plus vulnérables dans le but de valoriser son estime de soi. Certains humoristes s'attachent également à tourner en dérision les insuffisances verbales des sportifs, souvent issus d'un milieu social plus défavorisé que le leur : cette stratégie du fort qui attaque le faible est toujours désagréable et irritante, car il s'agit tout simplement de rabaisser autrui pour un gain personnel, psychologique ou financier.

➤ Ne pas perdre la face

« Les vacances en Bretagne ? C'était super !
— Mais il paraît qu'il a plu tout le temps !
— Non, tu parles, c'est ce qu'a fait croire la météo. Non, et puis, de toute façon, nous, on adore la pluie... »

Refuser de reconnaître ses échecs, ses ratages ou ses points faibles est une façon de protéger son estime de soi. Elle peut s'exercer à l'échelle des individus. Mais elle peut aussi être le fait de pays entiers. Les régimes communistes ont été sans doute ceux qui ont porté au plus haut point ces stratégies. Par exemple, la Chine communiste, dont un quart de la population est morte de faim lors du « grand bond en avant », mais qui distribuait des prétendus surplus alimentaires aux pays frères pour sauver la face. Une variante plus offensive consiste à dénigrer, en préambule à une discussion, le point de vue d'autrui : « C'est nul de voir les choses comme ça, laisse-moi t'expliquer... »

L'art d'avoir toujours raison

Dans *L'Art d'avoir toujours raison*[15], le philosophe allemand Schopenhauer établit une impressionnante liste de ce qu'il nomme des « ruses et astuces » pour ne jamais avoir à reconnaître ses torts. En voici quelques-unes :

– Stratagème 32 : « Nous pouvons nous débarrasser rapidement d'une affirmation de notre adversaire contraire aux nôtres, ou du moins la rendre suspecte, en la rangeant dans une catégorie généralement détestée, lorsqu'elle ne s'y rattache que par similitude ou par un rapport vague. Par exemple : "Mais c'est du manichéisme, c'est de l'arianisme, c'est du pélagianisme..." »

– Stratagème 33 : affirmer, quand on est à court d'arguments, « C'est peut-être vrai en théorie, mais c'est faux en pratique. »

– Stratagème 36 : « Ébaudir, stupéfier l'adversaire par un flot absurde de paroles... »

Peut-être bon pour l'estime de soi, mais sans doute moins pour les relations sociales...

➤ Faire son autopromotion

Comment se faire valoir, si possible sans en avoir l'air ? Voici trois stratégies classiques :

– Le *name-dropping* (littéralement « laisser tomber les noms ») est un procédé qui consiste à faire comprendre que l'on côtoie les grands de ce monde : « Tiens, hier au soir, nous étions invités chez

Claudia. Comment ? Claudia Schiffer, bien sûr, ah, pardon, je ne t'avais pas dit. Elle est a-do-ra-ble... »

– La *sur-perspicacité* consiste à détenir des informations que les autres n'ont pas, ou à voir des problèmes là où personne n'en avait remarqué : « Mais tu es bien naïf de croire ça, c'est beaucoup plus compliqué que tu ne le penses... » Version psy : les interprétations sauvages sur les comportements de vos voisins de table ou des membres de votre famille.

– La *pêche aux compliments* (*fishing for compliments*), au cours de laquelle on fait assaut de fausse modestie afin de susciter des félicitations de la part de ses interlocuteurs.

Il n'y a pas que l'estime de soi dans la vie...

Peut-être avez-vous maintenant l'impression que l'estime de soi se niche partout. C'est vrai, mais il n'y a pas qu'elle dans la vie ! Si nous avons un chien, si nous nous réjouissons du succès scolaire ou des bonnes mines de nos enfants, ce n'est pas forcément parce que nous éprouvons le besoin de nous valoriser. Cependant, si c'est le cas, il n'y a là rien de critiquable.

Notre souhait, en vous faisant faire ce petit tour d'horizon, était simplement d'attirer votre attention sur les stratégies – achats, vantardises, critiques, médisances, etc. – que nous mettons tous quotidiennement au service de notre estime de soi. Car il ne faut pas leur demander plus qu'elles ne peuvent donner. Elles ne permettent que des ajustements limités de l'estime de soi. Pour protéger ou augmenter durablement cette dernière, d'autres stratégies sont nécessaires. Ce sont elles que nous allons aborder maintenant.

Chapitre XI

Je m'aime, donc je suis. Comment développer son estime de soi

À certains moments de notre vie nous éprouvons le besoin de nous pencher sur notre estime de soi. Petites opérations de maintenance, chantiers de rénovation ou reconstructions complètes : comment s'y prendre ?

CHANGER, C'EST POSSIBLE !

Peut-on modifier son estime de soi une fois atteint l'âge adulte ? Nombreux sont ceux qui n'y croient pas. Pour eux, l'estime de soi fait partie de ces traits psychologiques qui sont donnés une fois pour toutes. Ce n'est pas le cas. Au cours de notre vie, en effet, des modifications peuvent intervenir. Certes, si vous avez une haute estime de vous-même, il y a peu de risques que vous passiez dans la catégorie des personnes à basse estime de soi ; mais l'inverse est possible. C'est ce que montre une récente étude au cours de laquelle cent deux femmes ont été suivies pendant plusieurs années : au bout de sept ans, la moitié de celles qui avaient une basse estime de soi ne l'avait plus [1].

À quoi est dû ce changement ? Dans l'étude que nous venons d'évoquer, on a pu établir une corrélation entre l'augmentation de l'estime de soi et une amélioration des relations interpersonnelles et du statut professionnel. Mais est-ce l'amélioration de l'estime de soi qui a entraîné ces événements de vie favorables, ou l'inverse ? L'étude ne le dit pas... L'anecdote suivante illustre bien la difficulté à trouver la cause exacte d'un changement de ce genre.

Une patiente vient consulter pour une psychothérapie. Elle souffre d'importants problèmes d'estime de soi, d'une boulimie, et se dit très insatisfaite de sa vie sentimentale et professionnelle. Un an et demi plus tard, elle a trouvé un nouveau petit ami avec lequel elle s'entend enfin, un nouveau travail, elle n'est plus boulimique ; bref, elle se sent bien mieux dans sa peau.

Ravi, et d'autant plus fier de son travail qu'il était assez inquiet au début, le thérapeute est persuadé que tous ces bienfaits sont une conséquence directe de sa thérapie. Cela lui paraît d'autant plus clair que, selon lui, les choses se sont bien déroulées dans l'ordre logique : l'estime de soi de la patiente s'est améliorée, et peu à peu ses conditions de vie ont changé.

Reprenant en fin de thérapie le travail effectué, le thérapeute demande à sa patiente ce qui, selon elle, l'a le plus aidée durant ces derniers mois. La patiente un peu gênée lui répond : « Eh bien, docteur, votre thérapie m'a beaucoup aidée, mais je pense que, si je n'avais pas rencontré mon ami, je n'aurais pas autant progressé ! »

Il est incontestable que certaines occasions de vie sont des nouveaux départs pour l'estime de soi. Une rencontre sentimentale avec un conjoint qui, bien que lucide à votre égard, vous donne confiance en vous, par son amour ou par ses conseils, une rencontre amicale, l'insertion dans un groupe, l'accès à une profession, l'accession à un statut social – tout cela peut aider à la construction, ou plutôt parachever la consolidation d'une estime de soi jusqu'alors un peu hésitante.

Mais l'événement ne suffit pas toujours. Certaines personnes, qu'elles aient une haute ou une basse estime d'elles-mêmes, semblent s'être fait une spécialité de « rater les occasions ». La vie sentimentale est en ce domaine un terrain d'étude quasi expérimental. Les uns vont pécher par orgueil, comme cette jeune femme jolie et exigeante sur le choix de ses conjoints qui, après les avoir régulièrement éconduits, s'aperçut qu'ils se faisaient plus rares alors qu'elle approchait de la quarantaine. Les autres pèchent par excès d'inhibition, comme ce jeune homme convaincu qu'il n'avait pas su saisir sa chance et avait laissé la femme de sa vie filer dans les bras d'un autre.

Si des changements sont possibles, faut-il pour autant faire quelque chose de particulier pour qu'ils se produisent ? Agir ou ne pas agir : telle pourrait être la question... Comme beaucoup de manifestations psychologiques – l'anxiété et la dépression, par exemple –, l'estime de soi est un phénomène qui s'auto-entretient.

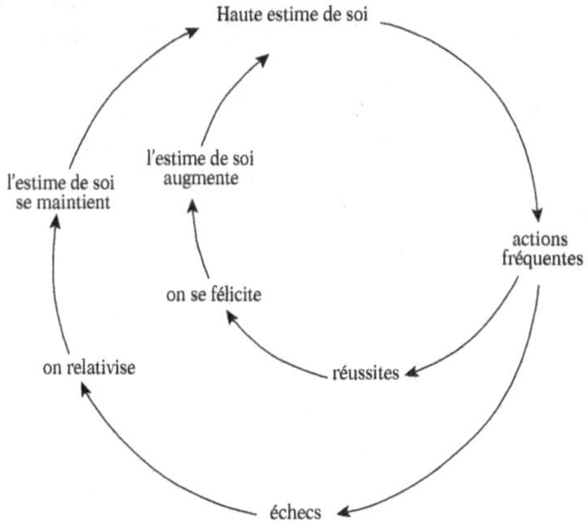

Les boucles de la haute estime de soi

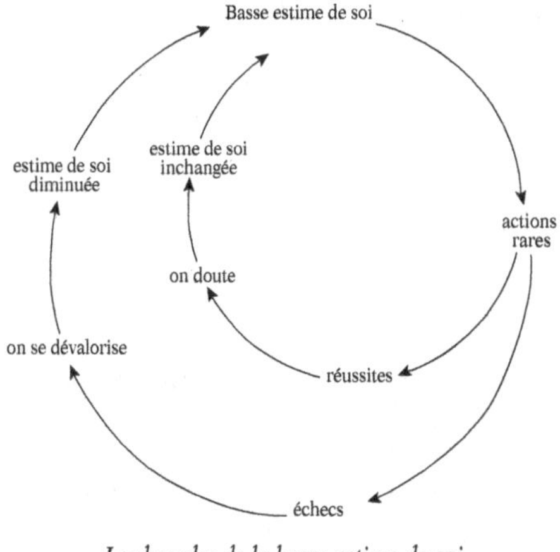

Les boucles de la basse estime de soi

Nous l'avons vu dans ce livre, un sujet à haute estime de soi agira davantage, récoltant donc plus de succès qui le valoriseront d'autant. S'il connaît des échecs, son estime de soi l'empêchera de s'effondrer et ne le dissuadera pas de tenter à nouveau sa chance un peu plus tard. En revanche, un sujet à basse estime de soi hésitera longuement avant de se lancer dans l'action. Les succès qu'il récoltera seront donc peu nombreux. Comme il doutera de les avoir vraiment mérités et qu'il se demandera s'il est capable de les reproduire, ces succès augmenteront peu son estime de soi. En cas d'échec, touché de plein fouet dans le regard qu'il porte sur lui-même, le sujet sera dissuadé de persévérer ou de tenter à nouveau sa chance.

La tendance naturelle de l'estime de soi est de rester à son niveau de départ, malgré de petites oscillations liées à la vie quotidienne. Mais elle peut se modifier notablement lors d'événements de vie majeurs (il faut garder espoir !) ou en cas de décision personnelle à changer (qui entraînera à son tour des événements de vie).

Dans *Les Nouvelles Confessions*, l'écrivain anglais William Boyd raconte comment, alors qu'il se sent « maussade et résigné » – deux signes de souffrance de l'estime de soi –, il essaie de se mobiliser : « Je m'efforçai de ranimer mon optimisme inné, je tentai de régénérer en moi un sentiment de ma valeur. Sans l'estime de soi, on ne peut rien accomplir. » Ce sont de ces efforts personnels que nous allons maintenant vous parler.

Comment modifier son estime de soi ?

Nous vous proposons de faire porter vos efforts dans trois domaines principaux, chacun d'eux étant composé de trois dimensions spécifiques que nous avons appelé des « clés ».

Chaque domaine et chaque clé ont leur importance, mais il est possible que tous ne vous concernent pas.

D'autre part, soyez attentif à l'équilibre entre ces trois domaines. Nous avons souvent rencontré des personnes qui avaient développé des efforts sur l'un d'entre eux en particulier, ce qui les avait conduites à des excès d'introspection (comme la course aux stages de développement personnel), de sociabilité (comme la course aux liens sociaux), ou encore d'engagement dans l'action (comme chez certaines personnes obsédées par leur travail).

Il n'existe bien sûr aucune recette miracle pour modifier rapidement et sans douleur son estime de soi. Cela se saurait... En fait, notre expérience de thérapeutes nous a appris que c'est surtout le premier pas qui coûte. Notre conseil sera de ne choisir qu'un objectif et de s'y attaquer vigoureusement. Changer une seule des pièces du problème provoquera des réactions en chaîne et vous apprendra une manière d'agir que vous reproduirez ensuite.

DOMAINE	CLÉS
Le rapport à soi-même	1) Se connaître 2) S'accepter 3) Être honnête avec soi-même
Le rapport à l'action	4) Agir 5) Faire taire le critique intérieur 6) Accepter l'échec
Le rapport aux autres	7) S'affirmer 8) Être empathique 9) S'appuyer sur le soutien social

Les neuf clés de l'estime de soi

Changer son rapport à soi-même

➤ Clé n° 1 : se connaître

« Connais-toi toi-même », rappelait souvent Socrate. C'est la première des règles en matière d'estime de soi. Elle concerne aussi bien le regard que vous portez sur vous-même que la manière dont vous vous présentez aux autres. Attention : il ne s'agit pas ici de se perdre dans l'introspection, mais plutôt de prendre conscience de ses capacités et de ses limites.

Un outil de réflexion sur soi utilisé en psychothérapie, la « fenêtre de Johari », peut nous être utile dans cet exercice[2]. Il postule l'existence de quatre grands domaines concernant la connaissance de soi :

– Le « domaine public » : c'est tout ce qui est connu à la fois de vous et de votre entourage. Exemple : « On dit de moi que je suis quelqu'un de fidèle dans mes amitiés. Et de serviable. C'est vrai, je suis d'accord. »

– La « tâche aveugle » : il s'agit de ce que les autres savent de vous, sans que vous en soyez clairement conscient. Par exemple, on peut dire de vous : « C'est une fille intelligente, mais trop susceptible », alors que vous vous voyez plutôt comme une personne aimable et pas très douée.

– Le « domaine caché » : c'est tout ce que vous connaissez de vous, mais que les autres ignorent. Exemple : « Je suis quelqu'un de très jaloux. Et pas du tout sûr de moi : derrière mes airs de personne à l'aise et détendue, je doute de moi en permanence et je le cache soigneusement aux autres. »

– Le « domaine inconnu » : nous touchons là à tout ce que la personne n'a pas encore révélé d'elle-même et que son entourage ne pressent pas non plus. Dans certaines circonstances nouvelles, des individus vont ainsi « se découvrir ». Exemple : « On m'a confié des responsabilités et je me suis aperçu que j'aimais ça, que j'étais capable de devenir un leader. »

	Ce qui est connu de soi	Ce qui est inconnu de soi
Ce qui est connu des autres	Domaine public	Tâche aveugle
Ce qui est inconnu des autres	Domaine caché	Domaine inconnu

La « fenêtre de Johari »

On considère que tout ce qui augmente le « domaine public » améliore l'estime de soi. Pour cela, il faut :

– Transformer la « tâche aveugle » en « domaine public » : il est alors nécessaire de systématiquement écouter, et même de solliciter l'avis des personnes de son entourage. Même en cas de message critique, il est utile de remercier la personne pour ce qu'elle nous a appris sur nous : « Eh bien, écoute, ce que tu me dis n'est pas agréable à entendre, mais je te remercie de ta franchise, c'est important pour moi d'avoir été mis au courant. »

– Transformer le « domaine caché » en « domaine public » : l'outil principal est la *révélation de soi*, qui consiste à ne pas hésiter à exprimer ses pensées et ses émotions, même si on n'est pas sûr qu'elles concordent avec celles de nos interlocuteurs ou qu'elles leur fassent plaisir : « Je dois te dire que je ne pense pas du tout comme toi. » Autre bénéfice de cette attitude : elle permet de confronter ce que l'on pense et ce que l'on ressent à l'épreuve des faits. Et souvent de corriger certaines erreurs. Bien sûr, la révélation de soi doit se pratiquer avec précaution. La vie sociale serait impossible sans une certaine part de dissimulation. Ne vous sentez pas obligé de vous exclamer : « Oh, quel coup de vieux tu as pris depuis notre dernière rencontre ! » ou : « J'ai trouvé le discours du patron complètement hors sujet ! »

– Transformer le « domaine inconnu » en « domaine public » : c'est tout l'intérêt de se mettre dans des situations inhabituelles, de faire de nouvelles expériences.

Quelques questions pour mieux vous connaître

Voici une liste, non limitative, de questions à vous poser. Mais réfléchissez aussi à la manière dont ces points peuvent être communiqués aux personnes de votre entourage. Si votre estime de soi est plutôt basse, nous avons vu que votre tendance sera de peu parler de vous, et de manière très ou trop neutre et « tempérée » : pensez à mettre un peu plus de tranchant et de couleurs dans votre autoportrait !

→ J'aime/je n'aime pas.
Êtes-vous capable de définir avec clarté ce que vous aimez et ce que vous n'aimez pas ? Comment en parleriez-vous aux autres ? Et comment accepteriez-vous des points de vue différents du vôtre ?

→ Je connais/je ne connais pas.
Quels sont les domaines où vous avez plus de connaissances que la moyenne ? Comment en parleriez-vous pour apprendre des choses aux autres ? Oseriez-vous poser des questions dans les domaines où vous êtes ignorant ?

→ Mes échecs/mes réussites.
Êtes-vous à même de parler de vos échecs sans vous dévaloriser ? Et de vos succès sans avoir l'impression de vous vanter ?

→ Mes défauts/mes qualités.
Savez-vous identifier vos défauts et vos qualités ? Et – quand la situation l'appelle – les commenter autour de vous sans forfanterie ni lamentations ?

➤ Clé n° 2 : s'accepter

Se connaître n'est qu'une première étape. Que faire ensuite des défauts et des limites que l'on a identifiés ? Contrairement à ce que l'on pense parfois, il n'est pas nécessaire d'être sans défauts pour avoir une bonne estime de soi. Par contre, il faut être capable de les assumer ou de les changer. Comment expliquer que certaines personnes assument leurs défauts, tandis que d'autres en retirent un sentiment de honte si fort qu'il « taraude l'amour-propre et l'estime de soi[3] » ? Les psychiatres et les psychologues ont étudié la culpabilité, qui est le remords de *ce que l'on a fait*, laissant la honte, ce mouvement de confusion envers *ce que l'on est*, aux moralistes et aux philosophes. Elle est pourtant étroitement associée aux problèmes d'estime de soi.

C'est la honte qui transforme la conscience d'un défaut en complexe. Si vous ne savez pas danser et que l'on vous invite, une alternative s'offre à vous : soit vous avez honte et vous ne l'avouez pas, en inventant un prétexte quelconque – trois inconvénients cependant : vous vous sentez mal à l'aise, la personne qui vous a invité le sent peut-être, et vous n'apprendrez pas à danser comme cela – ; soit vous avouez que vous ne savez pas danser, et les choses s'inversent : vous êtes plus calme, l'interlocuteur comprend, et va peut-être même vous proposer son aide pour apprendre.

Dans notre métier de thérapeute, nous sommes souvent confrontés à ce problème, par exemple chez les personnes timides qui ont peur de rougir[4]. Tant que le rougissement est associé chez elles à de la honte (« c'est ridicule d'être comme ça »), les progrès sont impossibles : tout à l'obsession du « je dois le cacher », ces sujets s'enferment dans leur trouble. Un des objectifs de la thérapie sera de les pousser à ne plus se focaliser dessus et à en parler (spontanément ou en réponse à des remarques).

Les deux meilleurs alliés de la honte sont le silence et la solitude. Dès que vous aurez décidé de parler de ce qui vous fait honte à une personne choisie, vous aurez fait l'essentiel du chemin. Comme le disait l'écrivain Indien V.S. Naipaul dans une interview : « Je sais, moi, qu'à la minute où l'on admet sa honte, elle disparaît. »

➤ Clé nº 3 : être honnête envers soi

Nous avons vu au chapitre précédent, en décrivant les mécanismes de défense, qu'il était parfois tentant d'avoir recours à des petits trucages, de se mentir à soi-même, pour protéger, du moins dans le court terme, son estime de soi. Et que l'un des mécanismes les plus fréquents était le déni.

Vous êtes dans une voiture que son conducteur mène trop vite à votre goût. Vous avez peur, mais vous n'osez pas le dire. Le conducteur sent votre appréhension et vous demande : « Vous n'avez pas peur, j'espère ? » Que répondez-vous ?

Vous attendez les résultats d'un concours que vous avez passé pour obtenir un emploi. Vous apprenez que vous n'avez pas obtenu le poste que vous convoitiez. Un de vos collègues s'approche de vous et vous dit : « Pas trop déçu ? » Que répondez-vous ?

Vous êtes en train de hausser le ton face à un proche qui a fait quelque chose qui vous déplaisait. Il vous demande : « Tu n'es pas fâché, au moins ? » Que répondez-vous ?

Dans ces trois cas, vous aurez peut-être la tentation de dénier vos émotions, pour des raisons d'estime de soi mal placée : ne pas avouer qu'on a peur, qu'on est triste ou qu'on est contrarié, fait certes partie des convenances sociales. Mais, derrière ces convenances, on trouve bien souvent des problèmes d'estime de soi : on veut surtout ne pas perdre la face en avouant des émotions.

Nous pouvons observer deux réactions de déni vis-à-vis des événements menaçant notre estime de soi : l'autodéfense (« mais pas du tout ! ») et la soumission aux événements (« c'est comme ça »). Dans le premier cas, l'autodéfense, la personne a tendance à systématiquement nier ses états émotionnels : ce serait avouer son engagement dans certains objectifs (« je tiens beaucoup à être reçu à cet examen »), certaines exigences (« je ne veux pas qu'on fasse des choses qui me déplaisent ») ou certaines limites (« j'ai peur en voiture »). Dans le second cas, la soumission aux événements, il s'agit d'une forme inverse de mensonge à soi-même : on passe du refus de l'implication au refus de la tentative d'agir pour changer. Les discours sont alors dominés par la résignation (« on ne pourra rien changer de toute façon ») ou par la banalisation (« je n'arrive pas à ce que je souhaite : ça n'est pas grave »).

Certains de nos patients procèdent systématiquement ainsi lors des consultations, ce qui ne manque pas de laisser au thérapeute une sensation de malaise jusqu'à ce qu'il identifie le problème. Une jeune femme ponctuait, par exemple, toutes ses plaintes par des « c'est comme ça de toute façon » afin de désamorcer toute intervention du thérapeute en lui signifiant que ces problèmes, elle les acceptait, et afin de lui faire ainsi partager sa vision du monde, soumise et résignée. Un homme plus âgé (et envoyé en thérapie par son épouse, lassée de ses angoisses) adoptait quant à lui l'attitude inverse : à peine esquissé un problème, que le thérapeute tentait de reprendre, il s'empressait de le minimiser (« en fait, ce n'est pas si terrible que ça, je ne veux pas vous donner l'impression d'exagérer »). Le round d'observation dura près de trois mois avant qu'il puisse parler directement et honnêtement de sa souffrance.

Ne pas assumer ses émotions négatives	Ne pas assumer l'envie de changer les situations
« Je ne suis pas en colère »	« C'est la vie »
« Je ne suis pas déçu »	« Il faut s'y faire »
« Je ne suis pas inquiet »	« C'est comme ça »

Deux façons de se mentir à soi-même

Changer son rapport à l'action

➤ Clé n° 4 : agir

Les actes sont la gymnastique d'entretien de l'estime de soi. Certes, les grandes réussites augmentent celle-ci, mais ce n'est pas tous les jours que l'on connaît des succès professionnels, sentimentaux ou athlétiques. En revanche, la vie quotidienne nous fournit une foule d'objectifs, même modestes, qui, une fois atteints, nous permettent de ressentir une amélioration de notre estime de soi.

Par exemple, en comparant des personnes âgées qui avaient arrêté, par choix personnel ou à cause de problèmes de santé, la conduite automobile avec d'autres qui, elles, n'avaient pas cessé de conduire, on s'est aperçu que, à conditions d'âge et de santé égales, celles qui ne conduisaient plus présentaient plus de petits signes dépressifs et d'atteinte à l'estime de soi que les autres[5].

Considérez donc certaines activités quotidiennes non plus comme de simples corvées, mais comme des moyens d'augmenter votre sensation de contrôle sur vous-même et de vous rapprocher de votre image idéale. C'est ce que ressentent certaines personnes quand elles nous disent : « Une fois que j'ai fait un peu de ménage, je me sens mieux pour faire autre chose », ou : « Quand je suis de mauvaise humeur, je fais du bricolage. »

À objectifs modestes, gains modestes, direz-vous. Mais il est préférable de se sentir un peu mieux après avoir rangé la vaisselle que de rester à ruminer des pensées moroses en n'arrivant pas à se mettre à un travail important. Sans compter que passer à l'action dans un domaine modeste pourra vous aider, comme un échauffement, à vous mettre ensuite à un travail plus exigeant.

Une de nos patientes, à basse estime de soi mais disposant de beaucoup d'humour sur elle-même, nous racontait ainsi ses difficultés à agir : « Je suis une grande spécialiste de la non-action. Je pourrais même écrire un livre à ce sujet. Par exemple, je pourrais confier à mes lecteurs la recette des "4R" : Ruminer, Ressasser, Râler, et ne Rien faire... »

Il faut toutefois éviter que ces petites activités ne vous servent à éviter les tâches importantes ou urgentes, comme l'étudiant qui passe son temps à classer ses cours plutôt que de les apprendre, ou le salarié qui entame la journée en dépouillant minutieusement son courrier plutôt que de passer quelques coups de téléphone urgents.

Autre manière d'agir, devenez un expert dans un domaine. On retrouve ce conseil dans beaucoup de traités sur l'estime de soi ou le bien-être personnel. La pratique régulière d'un hobby ou d'une passion semble faire du bien à l'estime de soi, en améliorant le sentiment de compétence personnelle, mais aussi en favorisant la reconnaissance sociale (surtout si vous choisissez, par exemple, la cuisine comme zone d'excellence !). On a ainsi pu montrer que la pratique des arts martiaux favorisait le développement de l'estime de soi[6].

Pour changer, il est donc indispensable d'agir. C'est par une modification concrète du comportement que tout commence. Il ne sert à rien de changer uniquement dans sa tête ; l'estime de soi ne s'en trouvera pas modifiée de manière durable. Même minime ou symbolique, un projet qui se traduit par un acte est promis à un meilleur avenir que celui qui demeure au stade de l'intention. À la limite, toute décision de changement devrait se traduire par un geste dans la minute qui suit : prendre son téléphone, faire un courrier, sortir immédiatement de chez soi, etc.

➤ Clé n° 5 : faire taire le « critique intérieur »

Élodie, 36 ans, pédiatre : « J'ai mis six ans à passer ma thèse de médecine. Chaque fois, je ne me sentais pas prête, pas à la hauteur. D'ailleurs, j'ai changé trois fois de sujet à cause de ça. Mon problème était simple : dès que je me mettais au travail et que j'avais écrit quelques lignes, je me sentais insatisfaite. Mes directeurs de thèse avaient beau me dire que c'était bien, qu'on pouvait toujours en faire quelque chose, c'était épuisant pour moi, comme une voix intérieure qui m'aurait en permanence répété que ça n'allait pas, que ce n'était pas bon. Je m'imaginais les membres du jury en train de faire la moue en feuilletant ma thèse... Heureusement, mon dernier directeur s'est énervé, et m'a dit ce qu'il fallait : "Chacun son boulot ! Toi tu travailles et moi je critique !" C'est ce qui m'a aidé à ne plus mélanger les deux : j'avais tendance à agir et à juger mon action dans le même instant : en procédant ainsi, on n'arrive à rien... »

Le « critique intérieur [7] », ce sont toutes les pensées *a priori* critiques que nous nous adressons à nous-même. Il s'agit souvent d'un discours parental intériorisé, conséquence de ce que nous avons entendu lorsque nous étions enfant. Il en existe plusieurs sortes, selon que nous nous situons avant l'action (« à quoi bon ? », « ça ne marchera pas ») ou après l'action (« c'était nul », « ça n'a servi à rien », « ça n'est pas suffisant »).

Le critique intérieur	Impact sur l'estime de soi
« C'est inutile, à quoi bon ? »	Dissuade d'essayer
« Ça ne marchera pas »	Inquiétude ou perfectionnisme inutile
« C'était nul »	Dévalorisation
« Ça n'a servi à rien »	Dissuade de recommencer
« Ça n'est pas suffisant »	Insatisfaction

Le critique intérieur et son impact sur l'estime de soi

Que faire face au critique intérieur ? Tout d'abord, prendre conscience de son existence. Cela suppose que vous compreniez que vos difficultés ne proviennent pas seulement de la tâche que vous entreprenez, mais aussi de vos problèmes d'estime de soi (« je ne me sens protégé que par la perfection »). Ensuite, prenez l'habitude de vous poser les bonnes questions sur les pensées présentes à votre esprit dans ces moments-là : cette pensée est-elle réaliste ? Est-ce qu'elle m'aide à me sentir mieux ? Est-ce qu'elle m'aide à mieux gérer la situation ? Est-ce qu'elle m'aidera à mieux faire face la prochaine fois ?

« Je n'ai pas été à la hauteur hier soir »	RÉPONSE	STRATÉGIE
1) Cette pensée est-elle réaliste ?	Je ne sais pas, je n'ai pas d'autre avis que le mien	Je vais demander à d'autres personnes ce qu'elles en pensent
2) Est-ce que cette pensée m'aide à me sentir mieux ?	Non, elle m'attriste et m'angoisse	J'arrête de ruminer, et j'agis : « Que faire maintenant ? »
3) Est-ce que cette pensée m'aide à mieux faire face à la situation actuelle ?	Non, je me replie sur moi	Je vais essayer de téléphoner tout de suite à un ami
4) Est-ce que cette pensée m'aidera à mieux faire face à la situation la prochaine fois ?	Non, au contraire elle augmentera mes difficultés : la prochaine fois, je serai encore plus mal à l'aise	Je vais réfléchir à la prochaine soirée : « Comment puis-je m'y prendre pour ne pas ressentir à nouveau ce sentiment d'insatisfaction ? »

Les quatre questions à se poser pour lutter contre le critique intérieur (exemple d'un homme de trente-cinq ans, insatisfait de son comportement lors d'une soirée à laquelle il avait été invité la veille)

➤ Clé n° 6 : accepter l'idée de l'échec

« L'échec est un morceau de la victoire. » La maxime est de l'alpiniste Éric Escoffier, disparu en juillet 1998 alors qu'il escaladait le Broad Peak (8 407 mètres) en Inde... Après avoir été « un monstre dont la force faisait peur aux autres alpinistes », Escoffier est victime en 1987 d'un grave accident de voiture dont il sort hémiplégique. Dans une attitude de défi, qui évoque une haute estime de soi, il reprend pourtant l'escalade malgré les séquelles de son handicap... jusqu'à sa mort accidentelle[8].

D'une manière générale, personne n'aime l'échec. Or, pour changer, il faut agir, donc prendre le risque d'échouer. Comme le disait l'un de nos patients : « Ce n'est pas l'échec qu'il faut accepter, mais l'idée de l'échec. » À certains moments, un thérapeute peut même « prescrire » l'échec à son patient s'il estime qu'il vaut mieux faire cette expérience – pour la dédramatiser – que l'éviter à tout prix !

C'est ce que nous avions fait pour Sébastien : il était venu nous consulter à la suite d'une dépression assez sévère, dont il avait été guéri par antidépresseurs. Guéri, mais pas rassuré, car il redoutait une rechute ; il se sentait très amoindri par ce qui lui était arrivé. Selon lui, c'est son manque de confiance en lui-même qui avait provoqué sa dépression ; et ce manque de confiance avait été encore aggravé par la dépression...

Sébastien était obsédé par la peur de l'échec et de la défaillance. Après en avoir beaucoup discuté avec lui, nous avions pu déceler d'où provenait cette peur : son père était un perfectionniste anxieux et autoritaire, au jugement très critique envers ses propres enfants. Les carnets de notes étaient lus à haute voix le soir en famille, au moment du dîner, et malheur à qui avait failli, même de manière relative. Il n'y avait jamais d'encouragements, car « bien travailler était normal ». Sébastien avait ainsi adopté un style de pensée caractérisé par des injonctions très exigeantes : « Tu dois comprendre du premier coup », « Tu ne dois jamais être pris en défaut », « Tu dois tout maîtriser », etc. Son estime de soi était particulièrement basse, et sans arrêt menacée par une contre-performance.

À un moment de la thérapie, il parut évident que Sébastien, tout en ayant bien compris d'où provenait son problème, ne pouvait modifier sa façon de voir les choses. Nous lui proposâmes alors ce que les thérapeutes cognitivistes appellent des « épreuves de réalité » : vérifier *réellement* si ses prédictions étaient fondées. Autrement dit, échouer pour voir enfin si les échecs de sa vie d'adulte s'avéreraient aussi terribles que ceux de sa vie d'enfant.

Après avoir convaincu Sébastien, et pris la décision d'un commun accord, nous avions retenu trois « tests » dans lesquels il devait se mettre en échec : 1) se rendre dans un magasin d'informatique et dire au vendeur qu'il n'avait rien compris à ses explications ; 2) aller chez un commerçant qu'il connaissait dans son quartier, afin d'acheter quelque chose et faire alors semblant de découvrir qu'il n'a pas d'argent sur lui ; 3) ne pas préparer une partie d'un exposé qu'il avait à présenter toutes les semaines à son travail. Nous avions vérifié avec lui que chacune de ces situations, de difficulté croissante, ne poserait pas de problème majeur à être provoquée (même celle qui concernait son travail).

Sébastien s'acquitta de ces exercices et put s'apercevoir à l'occasion que ce qu'il avait fait n'entraînait aucune catastrophe et que son estime de soi sortait même plutôt grandie de l'opération : le vendeur avait reconnu ne pas avoir été clair, le commerçant avait ri et lui avait dit de prendre la marchandise et de repasser une autre fois, quant à ses collègues, ils avaient répondu à ses excuses en lui affirmant que cela n'avait aucune importance...

Peu à peu, Sébastien arriva à se débarrasser de sa crainte excessive et handicapante de l'échec. Sa guérison s'accéléra alors considérablement.

VISION AGGRAVANTE DE L'ÉCHEC : LES PENSÉES CATASTROPHES	VISION AIDANTE DE L'ÉCHEC : LES PENSÉES RÉALISTES
Un échec est toujours total « c'est la catastrophe »	Un échec est un désagrément « c'est ennuyeux »
Un échec est toujours définitif « je ne serai jamais capable d'affronter cette situation »	Un échec est une étape « je dois progresser pour être à l'aise dans cette situation »
Un échec est toujours irrattrapable « les conséquences sont irrémédiables »	La plupart des échecs sont rattrapables « est-ce qu'il y a des conséquences ? »
Un échec est toujours risqué « je vais me laisser aller et m'habituer à la médiocrité »	Il n'existe pas d'addiction à l'échec « personne n'aime échouer, aucun risque que je m'habitue »
Un échec est toujours ridiculisant « mon image en a pris un coup mortel »	Il n'est pas ridicule d'échouer « on a peut-être vu que j'avais encore des progrès à faire »
Un échec est toujours source de perte de confiance de la part des autres « on ne me fera plus confiance après ça »	Un échec est toujours effacé par une réussite ultérieure « les gens verront que j'ai d'autres compétences pour réussir plus tard »

Comment avoir une vision réaliste de l'échec

Voici quelques conseils pour bien savoir gérer les échecs :

– *Ne pas voir les choses en noir ou en blanc* (pensée dichotomique). C'est un des problèmes les plus fréquents chez les personnes qui ont du mal à agir. Elles ne parviennent pas à imaginer un résultat intermédiaire entre le triomphe et la catastrophe.

Comme elles sont assez lucides pour voir qu'elles ne sont pas sur la voie du triomphe, elles anticipent la catastrophe. La plupart du temps, il faut simplement nuancer la vision de l'échec.

– *Se rappeler que tout le monde a échoué, échoue ou échouera...* Notre société est souvent hypocrite avec les échecs : lorsqu'elle célèbre les réussites, elle oublie souvent de parler des ratages qui les ont précédées. Du coup, beaucoup de personnes croient que les autres n'échouent pas. Mais les gens qui ont réussi ont en général commencé par échouer. Nous fréquentons souvent les congrès de psychiatrie et nous avons remarqué qu'il est très rare d'y entendre des communications sur les échecs de telle ou telle méthode ; elles seraient pourtant aussi intéressantes que celles qui concernent les succès. En discutant avec les jeunes thérapeutes, ceux-ci nous confient souvent qu'après avoir écouté leurs aînés et tenté d'appliquer les méthodes qu'ils ont proposées ils n'arrivent pas à reproduire leurs résultats. Ils en concluent donc qu'ils sont de médiocres praticiens (altération de l'estime de soi), alors qu'en fait les thérapeutes chevronnés ont peut-être tout simplement passé sous silence leurs premiers tâtonnements, pour ne présenter que leurs résultats favorables (promotion de l'estime de soi).

– *Tirer les enseignements des échecs*. Considérez vos échecs comme des sources d'information sur vous-même et non comme des preuves d'incapacité. Si vous arrivez à vous mettre dans cet état d'esprit, alors chaque échec vous rapprochera de la réussite.

Changer son rapport aux autres

➤ Clé nº 7 : s'affirmer

L'affirmation de soi, c'est la capacité à exprimer ce qu'on pense, ce qu'on veut, ce qu'on ressent, tout en respectant ce que l'autre pense, veut et ressent. C'est pouvoir dire non sans agressivité, demander quelque chose sans toujours s'excuser, répondre avec calme à une critique, etc.

À la fin des années 1960, les premiers travaux sur l'affirmation de soi [9] ont très clairement montré que s'affirmer ne sert pas seulement à obtenir ce que l'on veut et à se faire respecter, mais aussi à se sentir bien dans sa peau et à développer son estime de soi. S'affirmer nécessite de se respecter suffisamment pour se donner des droits face aux autres personnes (droit d'exprimer, de contredire, de répondre, de demander, etc.). Or se donner ces droits, c'est prendre le risque de déranger l'interlocuteur ou de lui déplaire.

C'est pour cela que les personnes à basse estime de soi, trop sensibles au risque de rejet social, ont le plus souvent du mal à s'affirmer : « Si je refuse, mon interlocuteur va se mettre en colère » ; « Si je dis ce que je pense vraiment, nous allons nous fâcher. »

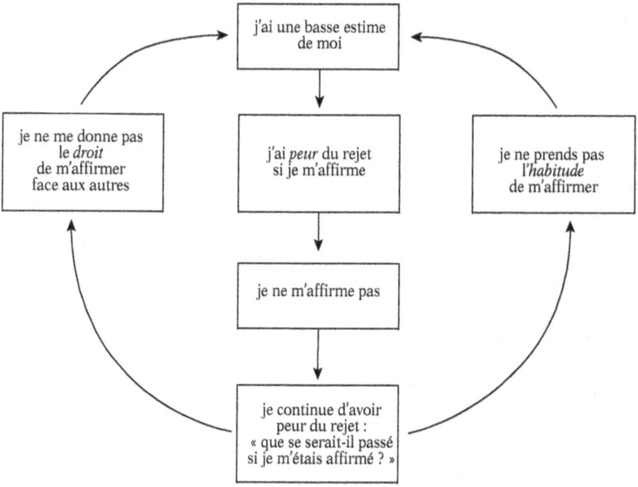

Basse estime de soi et manque d'affirmation de soi

Lorsqu'on ne peut s'affirmer, on a recours à d'autres comportements relationnels :

– Le comportement inhibé (« paillasson ») : il consiste à subir les relations à autrui, sans oser exprimer ce que l'on pense ou veut. Par contre, on accepte systématiquement toutes les idées et demandes des autres (ne pas savoir dire non en est le principal symptôme). Ce comportement est toujours associé à une basse estime de soi.

– Le comportement agressif (« hérisson ») : il consiste à privilégier ses besoins et points de vue et à négliger ceux des autres. En cas de résistance des interlocuteurs, on n'hésite pas à recourir au conflit ou à la menace. Ce comportement est le plus souvent associé à une haute estime de soi (« mes besoins doivent être respectés »), mais en général instable (« je ne supporte pas la contradiction »). On le retrouve aussi parfois chez des sujets à basse estime de soi lorsqu'ils sortent de leurs gonds.

Apprendre à s'affirmer augmentera immanquablement votre estime de soi. Mais, à partir du moment où vous aurez appris à le faire, vous aurez le choix ; et parfois, vous choisirez de ne pas vous affirmer ! « Plutôt que de tenter d'être heureux, les gens préfèrent souvent avoir raison [10] » : savoir renoncer – dans l'immédiat – pour éviter un conflit peu utile témoigne aussi d'une bonne estime de soi !

➤ Clé nº 8 : être empathique

L'empathie, c'est la capacité d'écouter et de ressentir le point de vue des autres, de chercher à le comprendre et de le respecter, même si l'on n'est pas totalement d'accord avec eux. Elle consiste à dire par exemple : « Je comprends bien ce que tu veux dire, mais je ne pense pas forcément comme toi. »

L'empathie authentique est un puissant moteur du développement de l'estime de soi. Elle nous permet de rester proche des autres et d'être apprécié d'eux. Elle nous permet également de nous affirmer plus facilement : on écoutera plus volontiers nos points de vue si nous nous sommes montré capable d'écouter ceux que l'on nous a exprimés.

Lorsqu'on souffre d'une basse estime de soi, on peut cependant se montrer très à l'écoute des autres personnes, au point parfois de s'oublier soi-même et de perdre de vue ses propres intérêts. L'effacement et la soumission de la personne à basse estime de soi traduisent alors le besoin que celle-ci éprouve d'« acheter » l'approbation des autres par l'écoute. C'est ce qu'on appelle « hyper-empathie » : écouter sans s'affirmer. Le témoignage de Franck, trente ans, est tout à fait éclairant :

« Je suis trop à l'écoute des autres, nous dit-il. Dès qu'on me demande quelque chose, je me mets en quatre pour faire plaisir. Et ce n'est pas à contrecœur : j'en ai vraiment envie. Mais quand je fais le bilan de ma vie, je m'aperçois que j'écoute beaucoup, mais que je ne me fais pas assez entendre. L'autre soir, au retour d'une soirée, une amie à qui j'en parlais, et qui m'avait observé pendant la soirée, me disait : “Ça ne m'étonne pas, tu t'es entendu quand tu parles avec les gens ? Tu es toujours à dire : je comprends, tout à fait, absolument, bien sûr... Tu ne fais qu'approuver ce que disent les autres." Elle avait raison, je m'aperçois que je suis plus attentif à être d'accord avec les autres qu'à faire entendre mon point de vue. Comme s'il me semblait que c'est contradictoire... »

➤ Clé n° 9 : s'appuyer sur le soutien social

Le soutien social, dont nous avons déjà parlé plusieurs fois dans ce livre, est constitué de l'ensemble des relations que nous entretenons avec les personnes de notre entourage, et de l'aide que nous en retirons. Répétons-le, ce rapport aux autres est un élément essentiel de l'estime de soi. Les théoriciens disent souvent qu'il se compose de quatre « ingrédients » : le soutien d'estime (« on sait que tu es quelqu'un de bien ») ; le soutien affectif (« on est à tes côtés, on t'aime ») ; le soutien matériel (« on va t'aider ») ; le soutien informatif (« voici une information qui va te rendre service »). Il va apporter deux nourritures précieuses à l'estime de soi : le sentiment d'être *aimé* et le sentiment d'être *aidé*.

Comment développer son soutien social ? Voici quelques conseils :

– *N'hésitez pas à demander du soutien*, mais acceptez qu'on ne puisse vous le fournir sur l'instant. Le soutien social ne peut être une béquille permanente.

– *Activez régulièrement votre réseau social*. N'utilisez pas uniquement votre soutien social pour vous plaindre ou en cas de coup dur.

– *Diversifiez votre soutien social*. Les proches ne sont pas les seules personnes à apporter du soutien social. On considère qu'il y a trois cercles concentriques : les intimes, les collègues et camarades, les connaissances. Ces trois catégories sont importantes à des degrés divers. Des études ont montré que, lorsqu'on est au chômage, c'est surtout grâce aux connaissances (cercle élargi du soutien social) que l'on retrouve plus facilement du travail.

Les stratégies du changement

Prêt à changer ? Très bien ! Voici nos derniers conseils, qui vous seront utiles dans vos efforts de mise en œuvre du changement.

Transformez vos plaintes en objectifs

Cette recette est vieille comme le monde, mais elle marche toujours... Il s'agit tout simplement de modifier la formulation des choses, de dire : « J'aimerais », plutôt que « J'en ai marre. » Pour cela, il vous faut vous demander quel besoin se cache derrière votre plainte ; donc, rechercher une solution à cette plainte.

Cette stratégie est notamment utilisée dans les thérapies cognitives des états dépressifs, au cours desquelles les thérapeutes, chaque fois que leurs patients émettent une plainte due à leur souffrance dépressive, essaient de la leur faire préciser sous forme d'objectif :

« Docteur, je n'ai plus de goût à rien.

— C'est-à-dire ?

— Eh bien, dans tout ce que j'arrivais à faire auparavant, plus rien ne me motive.

— Vous voudriez avoir de nouveau envie de certaines activités, c'est ça ?

— Oui.

— Pouvez-vous me dire lesquelles, par exemple ?

— Des choses toutes simples : aller me promener avec mon chien, lire le journal, faire la cuisine, appeler des amis au téléphone...

— Je vois. Pouvons-nous nous donner cela comme premier objectif de notre thérapie : que vous puissiez à nouveau pratiquer ces activités avec un certain plaisir ? »

Choisissez des objectifs adaptés

Choisir des objectifs inadaptés est souvent la première des causes d'échec. Nous vous engageons certes à mieux tolérer les échecs, mais inutile de les faciliter en visant mal son but.

Procédez par étapes

Nous avons vu que la rêverie n'était pas un moyen efficace d'atteindre ses objectifs. Elle présente tout de même un intérêt, celui de nous montrer l'idéal vers lequel nous tendons. Mais, comme cet objectif est en général assez éloigné de notre réalité actuelle, la perception d'un grand écart nous décourage souvent de produire

Exemple d'objectif adapté	Exemple d'objectif inadapté
Dépend de vous (inviter plus souvent mes amis)	Dépend des autres (être invité plus souvent)
Peut être répété régulièrement (faire une promenade deux fois par semaine)	Ne peut être pratiqué que rarement (aller en thalassothérapie)
Réaliste (reprendre les cours de théâtre)	Irréaliste (devenir une star)
Précis (systématiquement oser demander de l'aide dans mon travail quand je ne comprends pas)	Général (avoir plus confiance en moi)
A un intérêt pour vous (partir en vacances avec des amis)	Peu d'intérêt pour vous (repeindre la porte de ma cave)

L'art de choisir ses objectifs pour développer son estime de soi

des efforts de changement. Une bonne règle sera donc de réfléchir à la notion d'étapes intermédiaires entre votre point de départ et votre objectif.

Imaginez, par exemple, une personne qui note dans un tableau à deux colonnes la réalité et ses rêves.

La réalité	Mon rêve
Je n'ai pas de vie sentimentale satisfaisante	Rencontrer le grand amour
Je m'ennuie dans mon travail	Avoir un travail passionnant
Je rencontre toujours les mêmes personnes	Connaître beaucoup de monde
Je me sens toujours stressé(e)	Être toujours détendu(e)

Un écart décourageant

Ce genre de tableau va-t-il aider cette personne ou, au contraire, la déprimer un peu plus ? Et surtout, tel qu'il est rédigé, donne-t-il des indications précises sur la manière de procéder ? Non, bien sûr. Il manque en effet une colonne en son centre, que nous pourrions intituler « les étapes intermédiaires ».

La réalité	Exemples d'étapes intermédiaires	Mon rêve
Je n'ai pas de vie sentimentale satisfaisante	Parler davantage aux collègues féminines (masculins) de mon entreprise	Rencontrer le grand amour
Je m'ennuie dans mon travail	Demander une formation continue, répondre à des petites annonces	Avoir un travail passionnant
Je rencontre toujours les mêmes personnes	M'inscrire à un club de sport, à un club de danse	Connaître beaucoup de monde
Je me sens toujours stressé(e)	Faire du yoga, faire du sport une fois par semaine	Être toujours détendu(e)

Atteindre ses objectifs par étapes

Les thérapies

« Je ne suis pas satisfaite de ce que je vis et je ne sais comment m'y prendre pour changer de vie, d'autant plus que j'ai bien du mal à faire la part des choses entre ce qui est difficilement vivable objectivement et ce qui ne l'est pas du fait de mes réactions inappropriées...

« J'ai du mal à y voir clair aussi, parce que mes états d'âme du matin fluctuent au fil du temps, je dirais même que ceux du matin n'ont généralement pas grand-chose à voir avec ceux du soir...

« J'ai besoin que l'on m'aide à grandir, parce que, toute seule, je sens que je n'évolue guère, je ne sais comment m'y prendre et je finis inéluctablement par me retrouver dans les situations douloureuses connues, et envahie par les mêmes sentiments et émotions perturbatrices, peut-être même destructrices, parce que je ne comprends pas pourquoi elles m'assaillent et je ne peux les maîtriser... »

Quand aller en thérapie ?

Comme on le voit dans l'extrait ci-dessus d'une lettre que nous adressa l'une de nos patientes, il est parfois difficile de modifier seul son estime de soi.

Vous pouvez avoir intérêt à consulter si vous ressentez régulièrement certaines émotions : insatisfaction, frustration, tristesse, impuissance, ou si vous avez l'impression que les mêmes difficultés se répètent : échecs sentimentaux ou professionnels, inhibitions face à des objectifs que vous aimeriez atteindre, etc.

Vous pouvez aussi avoir intérêt à consulter si certains troubles apparaissent : dépression, anxiété, dépendance à l'alcool...

Parfois, c'est votre entourage qui vous incitera à consulter : les plaintes ou menaces d'un conjoint, les remarques de supérieurs ou de collègues de travail, les conseils d'amis auxquels vous avez parlé de vous...

Qu'attendre d'une thérapie ?

Le travail sur l'estime de soi est au fond le but direct ou indirect de toute psychothérapie. Mais thérapie ne veut pas dire magie. Il est préférable de savoir ce qu'elle peut vous apporter : mieux se connaître et mieux s'exprimer, modifier peu à peu des petits comportements quotidiens, et ce qu'elle ne peut pas vous garantir : une métamorphose complète, rapide, facile, des succès immédiats...

Choisir le bon thérapeute

La psychothérapie demeure pour nombre de personnes un univers mystérieux, aux règles bizarres (« on ne répond jamais à mes questions »), peuplé de gens étranges : les psychothérapeutes.

Vous devez savoir que « psychothérapeute » ne sous-entend pas, du moins pour l'instant, « diplôme officiel », à la différence d'un titre de psychiatre ou de psychologue. N'importe qui peut donc se proclamer psychothérapeute et s'installer comme tel. Le diplôme n'est pas une garantie, certes, et nous connaissons de bons thérapeutes qui ne sont ni psychiatres ni psychologues. Mais l'absence de diplôme vous donne le droit de poser des questions au thérapeute sur son expérience et sa légitimité.

➤ Les droits du patient

En tant que patient, vous avez des droits inaliénables :

– *Le droit d'être écouté*. Si votre thérapeute ne vous écoute manifestement pas, et ce, de façon régulière (tout le monde peut être fatigué un jour !), s'il a trop souvent l'air pressé ou agacé par vos propos, posez-vous des questions sur sa capacité à vous aider.

– *Le droit de recevoir des réponses aux questions que vous vous posez* : à quelle école appartient le thérapeute ? quels sont ses diplômes ? quelles sont ses méthodes ? pourquoi utilise-t-il telle ou telle technique ?

– *Le droit de recevoir les meilleurs soins possibles en l'état des connaissances actuelles*. La psychothérapie, comme la médecine, comporte ce qu'on appelle une « obligation » de moyens, et non de résultats. Le thérapeute ne peut pas vous garantir la guérison. Par contre, il doit s'engager, s'il accepte de vous soigner, à faire de son mieux pour vous guérir.

➤ Les devoirs du thérapeute

Voici quelques caractéristiques importantes, selon nous, pour tout bon thérapeute :

– Il ne vous embarque pas tout de suite dans une thérapie.
– Il vous explique comment il voit votre problème.
– Il vous explique comment va se passer la thérapie.
– Il met au point avec vous des objectifs réalistes.
– Il accepte ou encourage vos questions et vos remarques.
– Il ne cherche pas à devenir votre ami ou votre gourou.
– Il ne se sent pas obligé de dire du mal des autres écoles de thérapie.
– Il accepte que vous interrompiez la thérapie, sans essayer de vous culpabiliser ou de vous angoisser, mais après vous avoir donné son avis sur ce point.

Qu'est-ce qu'une psychothérapie ?

« La psychothérapie ne doit pas être une technique non définie, s'adressant à des problèmes non précisés, avec des résultats non mesurables[11]. »

Les différents types de thérapie

➤ Les médicaments

Avant de parler des psychothérapies, nous souhaitons soulever la question des médicaments. Peuvent-ils agir sur l'estime de soi ? *A priori*, la réponse semble être non. L'estime de soi est la résultante d'un grand nombre de phénomènes psychologiques, et, de ce fait, aucune molécule à ce jour ne peut prétendre l'améliorer. Pas plus qu'il n'y a de pilule du bonheur, il n'y a de pilule de l'estime de soi.

Cependant, il existe des traitements – notamment les antidépresseurs – qui agissent indirectement sur l'estime de soi, par exemple en améliorant le moral d'un déprimé, ou en apaisant les angoisses d'un phobique. On a même émis l'hypothèse qu'une famille particulière d'antidépresseurs, les sérotoninergiques, qui élèvent les taux cérébraux de sérotonine (un important neurotransmetteur), pouvait avoir un effet sur l'estime de soi [12]. Cela demandera à être confirmé dans l'avenir.

➤ Les psychothérapies

Le principe d'une psychothérapie est simple : réfléchir sur soi avec l'aide d'un professionnel, de façon à adopter de nouvelles façons de penser et d'agir, plus conformes à nos aspirations.

L'amélioration de la connaissance de soi et de l'estime de soi est un résultat commun à toutes les psychothérapies, en tout cas lorsqu'elles marchent... Mais les moyens utilisés pour atteindre ces objectifs diffèrent. Il existe en gros deux grandes familles de psychothérapies : celles qui appartiennent à la famille de la psychanalyse, et les thérapies comportementales et cognitives.

Les premières correspondent à l'idée que l'on se fait habituellement de la psychothérapie : on y est encouragé à parler de son passé avec un thérapeute qui lui-même parle peu et ne donne que peu de conseils pratiques.

Les secondes, d'apparition plus récente, sont dispensées par un thérapeute plus interactif, qui donne son avis, dispense des conseils et propose à son patient des techniques pour développer de nouvelles façons d'être.

Thérapies de type psychanalytique	Thérapies comportementales et cognitives
Surtout centrées sur le passé, ou sur l'interface passé-présent	Surtout centrées sur l'ici et maintenant
Tournées vers la reviviscence et la compréhension des éléments importants de l'histoire personnelle	Tournées vers l'acquisition de compétences à gérer les difficultés actuelles
Thérapeute neutre	Thérapeute interactif
Peu d'informations spécifiques délivrées par le thérapeute sur les troubles du patient et sur la thérapie	Beaucoup d'informations spécifiques délivrées par le thérapeute sur les troubles du patient et sur la thérapie
Objectifs et durée non déterminés	Objectifs et durée déterminés
But principal : la modification de la structure psychique sous-jacente (ce qui permettra la modification des symptômes et des conduites)	But principal : la modification des symptômes et des conduites (ce qui permettra la modification de structures psychologiques plus profondes)

Les deux grandes familles de psychothérapies

• *Les thérapies comportementales et cognitives*. Un des principes des thérapies comportementales et cognitives est que le travail sur le passé ne suffit pas toujours à résoudre ses difficultés. Nous avons souvent rencontré des patients qui avaient parfaitement compris d'où venaient leurs problèmes, sans pour autant arriver à s'en affranchir. L'objectif est alors d'apprendre au patient des méthodes pour modifier ses comportements et ses pensées (les « cognitions »), et d'expérimenter des nouvelles façons d'être, plus en rapport avec ses attentes personnelles.

Par exemple, chez un sujet phobique, le thérapeute, après avoir compris d'où venait la phobie, aidera le patient à affronter peu à peu ce qu'il redoute. Pour les problèmes d'estime de soi, il cherchera, selon les cas, à aider son patient à agir davantage, à avoir moins de pensées dévalorisantes sur lui-même, à s'affirmer davantage face aux autres, etc. [13]

De façon générale, le thérapeute comportementaliste et cognitiviste est impliqué et interactif : il donne son avis, propose des conseils, encourage les efforts de son patient. En contrepartie, le patient aura des efforts à accomplir, ce qui n'est pas si facile pour certains sujets à basse estime de soi : on a pu montrer, par exemple, que les patientes boulimiques qui ne s'engagent pas dans une thérapie comportementale et cognitive sont celles qui ont l'estime de soi la plus basse [14].

Voici un extrait de l'histoire de Catherine, l'une de nos patientes, qui fut aidée par une thérapie comportementale et cognitive. Elle était venue nous consulter à l'âge de trente-six ans pour un problème d'anxiété sociale et de timidité dans ses rapports avec les autres.

« Je viens d'un milieu rural très pauvre de l'ouest de la France. Je suis la troisième d'une fratrie de six frères et sœurs. Nous avons tous reçu une éducation dure, sans jamais de tendresse ni de valorisation de la part de nos parents. Au fond, ce milieu était très fruste. Il n'y avait jamais d'autres discussions chez nous que celles portant sur la marche matérielle de la métairie. J'ai toujours eu le désir de m'échapper de cette vie. Penser que je risquais d'y passer mon existence me terrifiait, comme une condamnation à mort.

« Heureusement, j'étais une très bonne élève, je réussissais très bien en classe. C'était le seul endroit où j'entendais des choses agréables sur moi : que j'étais intelligente, appliquée, disciplinée... Cela m'a permis de faire des études supérieures de droit. Et de décrocher des postes de responsable juridique dans de grandes entreprises.

« Mais moi qui croyais que, devenue adulte, et éloignée de ma famille, tout allait être rose et merveilleux, j'ai dû déchanter. Je me suis aperçue que non seulement j'avais souffert dans mon enfance, mais aussi que j'avais été rendue inapte au bonheur. J'étais incapable de m'épanouir dans une relation sentimentale. J'étais toujours insatisfaite de mon travail. Alors je changeais régulièrement d'employeur et de petit ami. Les gens me pensaient orgueilleuse et exigeante : ils s'imaginaient que je pensais mériter mieux. Mais en fait c'était tout autre chose : j'avais peur de ne pas être à la hauteur.

« Par exemple, quand un homme tombait amoureux de moi, c'était de mon image. Mais pas de moi. Et quand je m'en rendais compte, je rompais par peur de le décevoir si la relation se poursuivait. Dans mon travail c'était la même chose : j'avais toujours peur qu'au bout d'un moment je ne puisse plus donner le change.

« Malgré les apparences extérieures, je n'ai jamais cru en moi. Je ne m'aime pas. On me trouve plutôt jolie physiquement, mais je me souviens très bien d'avoir envié des amies ou des collègues moins belles mais que je trouvais plus charmantes et plus féminines que moi. J'aurais aimé être quelqu'un d'autre. Je ne corresponds en rien à ce que j'aime chez les autres. »

Catherine avait excessivement peur du jugement des autres – ce qu'on appelle « l'anxiété sociale » –, mais elle présentait aussi des problèmes de boulimie et des épisodes dépressifs réguliers. Son thérapeute identifia rapidement ses problèmes majeurs d'estime de soi comme la principale source de ses difficultés. Il lui proposa alors une thérapie « bifocale », c'est-à-dire dirigée vers deux objectifs simultanés.

Le premier travail consista en une thérapie de groupe par affirmation de soi. Dans ce type de groupe, réunissant environ huit patients, on travaille par jeux de rôles mettant en scène des situations de la vie courante. Les participants sont entraînés à développer des façons de communiquer qui correspondent à leurs besoins. Catherine apprit par exemple à dire non aux demandes abusives, à parler d'elle sans se dévaloriser, à exprimer ses sentiments et ses points de vue, même si elle craignait que ses interlocuteurs ne pensent pas la même chose. En effet, avant la thérapie, elle redoutait toujours de ne pas savoir répondre à une question, de dire des choses inintéressantes, d'être rejetée si elle s'affirmait.

Catherine travailla également, lors de séances individuelles de thérapie cognitive, sur ses « croyances » : « si je montre aux autres qui je suis vraiment, alors je serai rejetée, ou moquée » ; « je n'ai pas assez de qualités pour que quelqu'un puisse s'attacher durablement à moi » ; « le seul moyen d'être acceptée par les autres, c'est de me soumettre à leurs points de vue »... Elle apprit avec son thérapeute à identifier comment ces croyances la poussaient à adopter des attitudes peu valorisantes, qui confirmaient encore la pauvre vision qu'elle avait d'elle-même. Après avoir pris conscience du phénomène, elle entreprit ce qu'on appelle des « épreuves de réalité » : tester si ses prédictions s'avéraient justes ou non. Par exemple, parler de sa timidité et de son manque de confiance en elle à son ami actuel, pour voir s'il allait la quitter dans l'heure, comme elle le pensait. Il n'en fut rien, bien sûr. Ou bien se dire – sans agressivité – en désaccord avec quelqu'un lors d'un dîner chez des amis. À sa grande surprise, non seulement la personne contredite ne le prit pas mal, et reconnut même le bien-fondé de la position de Catherine, mais plusieurs autres invités qui n'avaient rien dit jusque-là se rangèrent à son avis...

Après deux ans de thérapie, Catherine allait beaucoup mieux. Elle avait une meilleure estime d'elle-même : elle savait reconnaître ses qualités et assumer ses défauts. Elle put accepter un poste à responsabilités qu'elle avait jusqu'ici refusé. Elle se mit en ménage avec un ami qui connaissait ses difficultés et ses limites, dont elle lui avait parlé : mais elle ne se sentait pas obligée de les lui dissimuler ou de se sentir inférieure à lui pour autant. Ses progrès se maintiennent depuis la fin de sa thérapie, il y a trois ans. Elle ne souffre plus de boulimie et n'a pas non plus présenté de rechute dépressive.

Les « plus » des thérapies comportementales et cognitives :

- → Ce sont les plus efficaces pour modifier les comportements et les modes de pensée.
- → Le thérapeute propose un soutien actif.
- → Elles sont validées par de nombreuses études scientifiques.

Les « moins » des thérapies comportementales et cognitives :

- → Elles demandent des efforts au patient.
- → Elles nécessitent de se confronter à ce que l'on redoute ou à ce qui nous est difficile (ce qui n'est pas toujours agréable).
- → Elles sont peu tournées vers la compréhension du « pourquoi suis-je comme ça ? ».

• *Les thérapies analytiques*. Le principe d'une psychothérapie d'inspiration analytique est que comprendre et revivre, au travers de la thérapie, des éléments de son passé va permettre de se débarrasser de ses difficultés, qui représentent des formes de « blocage » sur une époque donnée de sa vie. Ces blocages sont à l'origine de « compulsions de répétition », autrement dit d'une inexorable tendance à rejouer une difficulté non réglée de son enfance.

Les objectifs de ces thérapies sont principalement d'aider le patient à prendre conscience de certaines significations cachées de ses difficultés et, au fond, d'acquérir une plus grande lucidité sur lui-même. Les sentiments et les pensées que le patient éprouve à l'égard de son thérapeute (ce que les psychanalystes appellent le *transfert*) vont faire partie intégrante du processus thérapeutique en permettant de comprendre et de revivre des relations nouées avec les personnes importantes de son enfance, sources des difficultés dans les relations de la vie adulte.

Le style du thérapeute est plutôt neutre ; on parle de « neutralité bienveillante ». Dans ce qu'on appelle la « cure type » – sorte de modèle le plus abouti de cette technique –, le psychanalyste intervient très peu, ne dispense aucun conseil, mais pose des questions pour faciliter la prise de conscience, et propose des interprétations. En fait, beaucoup de thérapeutes pratiquant les thérapies d'inspiration analytique adoptent un style intermédiaire et s'impliquent tout de même davantage. Une étude récente a d'ailleurs montré que Freud lui-même, tout en recommandant à ses disciples de suivre ses conseils de neutralité, se permettait parfois d'être très engagé et impliqué avec ses propres patients [15].

Voici le récit d'Emmanuel, trente-cinq ans, aidé par une thérapie analytique. Il était le deuxième fils d'une famille de trois garçons.

« J'ai l'impression d'avoir toujours été pris en grippe par mon père. Dès mes premiers souvenirs, je revois des scènes où il me dévalorisait par rapport à mes frères, plus conformes à ce qu'il attendait de nous. Par exemple, j'ai toujours été nul à l'école, ça ne m'intéressait pas, puis ça me complexait. Alors que mes frères ont fait de bonnes études, comme mon père, qui était haut fonctionnaire.

« Ma mère, du coup, m'a toujours surprotégé, comme pour compenser le rejet que mon père me faisait subir. Avec le recul, je crois que ça n'a pas arrangé les choses, car ça a poussé mon père à me désinvestir, ça l'a déculpabilisé de se dire que j'étais un "fils à maman". Parfois, je rêvais que ma mère mourait pour que mon père s'occupe enfin de moi... C'était une femme malheureuse, et seule, dont mon père ne s'occupait pas. Elle souffrait aussi d'être dans son ombre et d'avoir renoncé à une carrière professionnelle pour s'occuper des enfants et de la maison. Elle se consolait en menant une vie assez mondaine et superficielle, en étant très séduisante, en plaisant...

« Elle m'a appris tout ça et m'a élevé moi aussi dans le faux-semblant. Je m'en suis servi largement. Je suis devenu un beau parleur. Les gens m'ont toujours pensé considérablement plus capable que je ne l'étais vraiment. Après avoir raté complètement mes études, j'ai fait des boulots où on croise beaucoup de gens comme moi : travailler dans l'immobilier, gérer des boutiques de vêtements... Chaque fois c'était le même scénario : je plaisais par mon look, mon bagout, ma bonne éducation. Puis c'était le flop, car je ne faisais pas correctement le travail. J'ai longtemps cru – et fait croire – que c'était par paresse : en fait, c'était par incompétence. Mais une incompétence qui aurait été simple à résoudre : il m'aurait suffi d'avouer mes limites, de demander deux ou trois conseils à droite ou à gauche, de suivre de petites formations sur quelques jours pour réussir... Pourtant, je ne le faisais pas, sans doute parce que je m'imaginais que le problème était bien plus grave : j'étais persuadé d'être un imposteur total. Et que ma situation était donc au-delà de toute ressource. Donc, je ne faisais aucun effort pour progresser.

« Quand j'ai rencontré ma femme, enseignante, je lui ai menti à elle aussi. Elle a cru que j'étais un artiste, un incompris, égaré dans le monde du commerce. Alors elle m'a permis de ne rien faire pendant presque deux ans, sous le prétexte d'écrire des romans. Inutile de vous dire que je n'ai rien écrit du tout. Ce n'est pas mon truc, c'est évident. Je le savais à l'époque, mais ça me faisait toujours un répit... Le problème, c'est que nous avons fait deux enfants pendant ce temps, toujours mon envie d'être conforme, de faire "comme si" tout allait bien...

« Quand nous avons commencé à avoir des problèmes financiers sérieux, je suis allé voir un psychothérapeute. Ça s'est très mal passé, le type n'ouvrait pas la bouche pendant trois quarts d'heure, sauf à la fin pour me dire : "Très bien, nous continuerons la prochaine fois"... et pour me demander de payer la consultation. Je n'ai plus voulu y retourner, et ma femme a menacé de me quitter. Je ne le lui ai pas dit à l'époque, mais ça m'aurait presque soulagé qu'elle me plaque. C'est tellement fatigant de mentir sans arrêt sur ce que l'on est ! Puis un jour, un ami m'a parlé d'une autre thérapeute qui l'avait soigné. J'y suis allé, et là, ça s'est bien passé. Elle m'a proposé une thérapie en face à face.

« Au début, elle me posait des questions sur mon passé. Ça me forçait à réfléchir sur des points de détail auxquels je n'avais jamais songé. Comme, par exemple, les faiblesses de mon père, sa responsabilité envers moi, alors que j'avais toujours pensé être le seul coupable. La thérapeute me montrait aussi comment, même avec elle, j'essayais de faire de l'esbroufe, en minimisant mes difficultés, et en me présentant sous un jour flatteur. Un jour, elle m'a dit comme ça : "Vous savez, vous n'êtes pas obligé de me plaire."

« Au bout d'un moment, j'ai fait une dépression assez importante, parce que la thérapie me forçait à me regarder en face et que le résultat était pitoyable. La thérapeute m'a alors soutenu davantage, mais sans me materner, en me renvoyant toujours à mes responsabilités. Personne ne m'avait encore traité comme ça : me respecter assez pour être exigeant avec moi.

« Après ce mauvais passage, j'ai commencé à aller mieux. Je n'avais plus besoin de toujours chercher à faire semblant, à me justifier, à afficher en permanence une mine réjouie et contente... Plus besoin de séduire ou de tricher. J'avais une image juste de moi-même : plus humble et moins flatteuse. Mais, du coup, je pouvais enfin me mettre en position de progresser et d'apprendre. Et de reprendre confiance en moi... »

Emmanuel, après trois ans de thérapie, travaille aujourd'hui dans un laboratoire pharmaceutique en tant que visiteur médical. À ce jour, il continue d'aller bien. Ses rapports avec les autres se sont beaucoup simplifiés : il ne se sent plus systématiquement obligé de plaire ou de séduire pour masquer ses doutes...

Les « plus » des thérapies d'inspiration psychanalytique :

- → Elles apportent une bonne connaissance de soi.
- → Elles donnent des réponses à la question « pourquoi suis-je comme ça ? ».

Les « moins » des thérapies d'inspiration psychanalytique :

- → Elles ne sont pas toujours efficaces pour modifier les comportements.
- → Elles sont souvent longues.
- → Le thérapeute exprime peu de soutien.

➤ Comment choisir entre les différentes psychothérapies ?

On dit souvent que la qualité du thérapeute est aussi importante que le type de la thérapie. Ce n'est pas vrai pour toutes les difficultés : on sait aujourd'hui que, si vous souffrez de phobies, vous avez intérêt à consulter plutôt un comportementaliste qu'un psychanalyste, si compétent soit-il ; d'ailleurs, sauf cas particulier, ce dernier aura lui-même tendance à adresser un patient phobique à un confrère comportementaliste. À l'inverse, les comportementalistes pourront éventuellement vous conseiller d'aller voir un analyste si votre souhait est de comprendre pourquoi vos relations à votre père ont été si frustrantes et pourquoi elles continuent de vous faire souffrir aujourd'hui.

Cependant, de plus en plus de thérapeutes utilisent aujourd'hui des approches dites « éclectiques », c'est-à-dire reposant sur des outils issus de différents courants psychothérapiques[16]. Chez eux, plusieurs méthodes sont utilisées, par exemple de manière séquentielle : vous travaillerez d'abord avec de l'affirmation de soi, puis vous réfléchirez aux relations que vous avez eues avec votre père, pour mieux comprendre vos difficultés à vous affirmer.

Les conseils que nous vous avons proposés dans ces pages reposent sur notre expérience personnelle de thérapeutes. Nous espérons qu'ils vous auront permis de réfléchir à la manière dont vous pouvez agir sur votre estime de soi.

Ces conseils ne sont pas les seuls possibles, et il en existe certainement encore bien d'autres.

Dans tous les cas, pensez que vous ne vous résumez pas à vos difficultés ; pensez aussi à cultiver et à développer tout ce qui va bien chez vous. Une thérapie ou un changement personnel ne consistent pas seulement à se débarrasser de ses problèmes, mais aussi à renforcer ses points forts.

Les chemins de l'estime de soi sont différents d'une personne à l'autre. Pour certains, chanceux, ils ressembleront à une autoroute. Pour d'autres, à une voie étroite et cahoteuse. Mais l'important, n'est-ce pas d'arriver à bon port ?

QUESTIONNAIRE 2 – « COMMENT CHANGER ? »

Le questionnaire ci-dessous se propose de vous donner une indication sur les efforts de changement à entreprendre en matière d'estime de soi. Lisez attentivement chaque formulation et répondez sans prendre trop de temps en cochant d'une croix la colonne qui se rapproche le plus de votre point de vue *actuel*. Pour connaître nos commentaires, reportez-vous en annexe à la page 271.

QUESTIONS SUR LE RAPPORT À SOI-MÊME	Plutôt vrai	Plutôt faux
1) Je ne m'aime pas beaucoup		
2) J'ai du mal à prendre des décisions		
3) Je ne suis pas apprécié(e) et reconnu(e) par les autres comme je le voudrais		
4) Je ne sais pas vraiment ce que je vaux		
5) Je ne persévère pas si je rencontre des difficultés		
6) J'échoue dans ma vie sentimentale		
7) Même quand les choses vont plutôt bien, je me sens inquiet (inquiète)		
8) J'évite les situations où je ne suis pas à l'aise		
9) Je suis trop dépendant(e) du regard que l'on porte sur moi		
10) Quand j'ai des difficultés, je m'en prends souvent à moi-même et il m'arrive même de me détester		
11) On m'a souvent fait le reproche de fuir dans l'action et de « trop en faire »		
12) Je me sens souvent jaloux (jalouse), j'éprouve fréquemment du ressentiment envers certaines personnes		
13) Je ne fais pas les bons choix dans ma vie		
14) Je supporte mal l'échec ou la critique sur ce que je fais		
15) Je me laisse trop envahir par les autres		
16) Je me sens insatisfait(e)		
17) Je me mets souvent en échec		
18) Je suis souvent trop agressif (agressive) et critique envers les autres		
19) J'ai du mal à me trouver des qualités		
20) Je repousse souvent à plus tard des choses importantes que je devrais faire rapidement		
21) Parfois j'ai l'impression que je provoque moi-même inconsciemment les ruptures ou les conflits		

Conclusion

Cher Docteur,

Vous m'aviez demandé de vous envoyer de mes nouvelles : les voici, avec un peu de retard, car, ces derniers mois, ma vie est beaucoup plus active qu'à l'époque où je venais vous consulter.

Depuis mon déménagement de l'année dernière, tout continue de bien se passer, et je pense avoir encore progressé. Mon travail me donne satisfaction, et je me suis adaptée sans trop de difficultés à mes nouvelles responsabilités, sans ressentir ce fameux « syndrome de l'imposteur » dont nous avions souvent parlé. Je m'aperçois que je ne gère plus mes pensées en vase clos : j'arrive à parler de mes doutes et de mes interrogations sans avoir le sentiment de révéler une quelconque incompétence. Je donne plus souvent mon avis, et j'accepte qu'on le conteste : je ne me sens alors ni humiliée ni désavouée. Finalement, je m'aperçois le plus clairement de mes progrès en matière d'estime de moi-même à ce que je me sens plus à l'aise pour dire : « Je me suis trompée », ou : « J'ai fait une erreur. » Je n'en suis plus à un paradoxe près ! Mais ce n'est pas seulement sur cette dimension défensive que j'ai changé. Je sais aussi mieux « vendre mes idées » : dans nos réunions de travail, et avec mes clients, je m'accroche bien mieux qu'auparavant à mon point de vue et je n'ai pas honte d'essayer ouvertement de le faire passer. Cela ne m'attire aucun désagrément, au contraire je pense que je suis plus appréciée pour ma franchise que je ne l'étais pour mon conformisme ou ma discrétion.

Mais le plus important pour moi, c'est que je me sens moralement mieux, plus forte, plus stable. Je ne traverse plus ces longues périodes de démoralisation et de dévalorisation. Mes moments de bien-être ne ressemblent plus à ce « bonheur anxieux » dont nous avions parlé à plusieurs reprises. Je ne sais pas bien à quoi cela est dû. Sans doute en grande partie à mon attitude plus active qu'autrefois : je réalise aujourd'hui – par contraste – à quel point je vivais dans les évitements et l'inhibition de l'action. Dès mon arrivée ici, j'ai suivi vos conseils : j'ai sympathisé avec mes collègues, je suis allée vers eux au lieu d'attendre passivement qu'on m'accepte, je les ai invités chez moi, au lieu de me focaliser sur le déballage de mes cartons de déménagement et la décoration de mon appartement, et certaines de ces nouvelles connaissances sont en train de devenir des amitiés ! Je me suis aussi inscrite tout de suite à une chorale, sans me donner le prétexte d'une « période d'acclimatation » ou d'une fatigue pourtant bien réelle : je me suis lancée dans l'action, pour ne pas prendre le risque de me mettre à douter. Là encore, le souvenir de nos conversations m'a aidée. Je m'aperçois que je donne plus facilement mon avis qu'autrefois dans les soirées ou les réunions amicales. Dans les discussions, je me raconte, je pose des questions, j'avoue mon ignorance et ma curiosité d'en savoir plus, je contredis : bref, je me sens tout simplement *normale*. Enfin !

Cependant, tout cela dépend des jours : il y a encore des moments où je me remets à douter. C'est assez pénible, car cela peut dégrader mon moral très vite. En quelques instants, mes vieux démons reviennent, je ressens exactement la même détresse qu'autrefois. Dans ces instants, je perçois précisément à quel point mes progrès restent fragiles et mon mieux-être précaire : il ne m'en faudrait pas beaucoup pour replonger. La différence, c'est que, d'une part, je dispose de beaucoup plus de choses auxquelles me raccrocher : je me sens moins seule, je n'ai pas honte de me confier ou de demander de l'aide (ça me rappelle nos exercices et nos jeux de rôles sur les coups de téléphone à oser passer à des proches) ; et que, d'autre part, je freine rapidement ces états d'âme négatifs : je fais taire le « critique intérieur » que nous avons si souvent évoqué. Depuis mon arrivée, j'ai connu des moments de cafard ou de découragement, des dimanches plutôt gris et moroses, mais à aucun moment je ne me suis « confite » dans l'échec, les ruminations et le renoncement, comme il m'arrivait de le faire jadis. D'ailleurs, je perçois mieux les causes de mes morosités douloureuses : alors qu'auparavant j'avais l'impression d'être *victime* d'une sorte de fatalité biologique ou psychologique, et que ces moments sombres me tombaient dessus sans raison, j'arrive aujourd'hui à les comprendre et à les analyser. Je réalise plus clairement le rôle des déceptions et des échecs, que je minimisais autrefois, tant il m'était douloureux de m'avouer mes ratages. Mais il y a une contrepartie à ces progrès (il faut bien que les médailles aient un revers) : je suis devenue plus dépendante aux signes de reconnaissance ou d'estime, alors que j'y étais sourde auparavant. J'ai davantage besoin de réussir ou d'être valorisée de temps en temps ; et je m'emploie à susciter et à obtenir ces « nourritures de l'estime de soi ».

Cependant, le plus grand changement, c'est surtout que tous mes désarrois ne durent plus des semaines ou des mois. En général, après quelques heures, et dès la première expérience agréable qui suit, je me sens mieux : mes chagrins sont *curables*, au lieu d'être *durables*. J'ai pourtant le sentiment d'être restée une personne plus facilement triste que les autres : peut-être est-ce la trace des souffrances passées, comme une cicatrice psychologique qui resterait douloureuse. Pensez-vous que cela puisse me quitter un jour ? Vous allez sûrement me répondre que oui, et j'espère que vous avez raison. Pour conclure avec tous ces bémols, je me sens donc encore fragile par moments, et il m'arrive même de douter de mes progrès, d'avoir l'impression de piétiner : dans ces cas, je relis mes carnets et mes notes de thérapie. Je réalise alors le chemin parcouru. Et je m'autorise à être un instant fière de moi.

Vous devez aussi vous poser la question de ma vie sentimentale. Je suis avec un nouvel ami depuis six mois : pour l'instant, tout se passe bien. Et là aussi, il y a du nouveau : je n'ai pas peur de nos rencontres, peur de ne pas être belle (bien que je ne me plaise toujours guère, objectivement), peur de le décevoir par ma conversation. Chacun de nos rendez-vous n'est plus, comme autrefois, un examen de passage. Il m'arrive même d'être *naturelle* avec lui : je n'avais jamais ressenti cela auparavant avec un homme. Ces progrès s'accompagnent de nouvelles craintes : j'ai parfois peur que notre liaison ne s'arrête, mais cela me change du passé où c'est souvent moi qui provoquais les ruptures.

Voilà, j'espère que mes nouvelles vous auront fait plaisir : je sais que votre estime de vous-même dépend aussi des progrès des personnes que vous soignez ! Il me semble que je suis sur la bonne voie, et que j'avance jour après jour. C'est toujours trop lent à mon gré, mais j'ai enfin le sentiment de me *construire* au travers de mes expériences quotidiennes, là où j'avais jadis l'impression de me *détruire*.

Merci de m'avoir aidée à accomplir ces efforts.

Bien à vous.

ANNEXE 1

Résultats du questionnaire 1 de la page 49

« VOTRE NIVEAU D'ESTIME DE SOI »

QUE MESURE CE QUESTIONNAIRE ?

Ce questionnaire est la traduction française de l'un des outils d'évaluation de l'estime de soi les plus utilisés par la recherche en psychologie et en psychiatrie : l'échelle de Rosenberg [1], traduite en français par notre confrère et ami Olivier Chambon.

COMMENT CALCULER VOS RÉSULTATS ?

1. Comptez vos points selon les indications suivantes :

• Pour les questions 1, 3, 4, 7, 10 :
– si vous avez répondu « tout à fait d'accord », comptez 4 points,
– si vous avez répondu « d'accord », comptez 3 points,
– si vous avez répondu « pas d'accord », comptez 2 points,
– si vous avez répondu « pas du tout d'accord », comptez 1 point.

• Pour les questions 2, 5, 6, 8, 9 :
– si vous avez répondu « tout à fait d'accord », comptez 1 point,
– si vous avez répondu « d'accord », comptez 2 points,
– si vous avez répondu « pas d'accord », comptez 3 points,

– si vous avez répondu « pas du tout d'accord », comptez 4 points.

2. Faites la somme de tous vos points.

Comment interpréter vos résultats ?

Les notes que l'on peut obtenir à ce questionnaire se situent entre 10 (plus basse note d'estime de soi possible) et 40 (plus haute note d'estime de soi possible).

• Un score compris *entre 10 et 16* tend à indiquer une estime de soi plutôt basse. Est-ce que cela correspond à votre impression personnelle ?

• Si votre score se situe *entre 34 et 40*, vous appartenez sans doute au groupe des personnes à haute estime de soi. Ce résultat va peut-être encore augmenter votre estime de soi...

• *Entre 17 et 33*, vous êtes dans le groupe des sujets à estime de soi moyenne. Le questionnaire ne tranche pas, mais peut-être pouvez-vous le faire vous-même : à quel groupe avez-vous le sentiment subjectif d'appartenir ? Haute ou basse estime de soi ?

Remarque

Ces chiffres sont théoriques, car, dans l'idéal, les résultats obtenus à ce questionnaire devraient être comparés à ceux de plusieurs dizaines d'autres personnes (par exemple, tous les enseignants ou tous les élèves d'une école). Une fois tous les scores recueillis, on classerait les sujets en deux catégories : haute estime de soi (les 25 % à avoir obtenu les plus hauts scores) et basse estime de soi (les 25 % à avoir obtenu les plus bas scores).

ANNEXE 2

Résultats du questionnaire 2 de la page 264

« COMMENT CHANGER ? »

Que mesure ce questionnaire ?

Ce questionnaire évalue l'intérêt pour vous d'un effort de changement et vous indique dans quels domaines l'entreprendre.

Comment calculer vos résultats ?

Ce questionnaire vous permet d'obtenir quatre notes : une note de « besoin global de changement » et trois notes de « domaines de changement ».

• Besoin global de changement : chaque réponse « plutôt vrai » vous donnant 1 point, faites le total de vos points.

• Domaines de changement :
– Besoin de changement dans votre *rapport à vous-même* : faites le total des points aux questions 1, 4, 7, 10, 13, 16, 19.
– Besoin de changement dans votre *rapport à l'action* : faites le total des points aux questions 2, 5, 8, 11, 14, 17, 20.
– Besoin de changement dans votre *rapport aux autres* : faites le total des points aux questions 3, 6, 9, 12, 15, 18, 21.

Comment interpréter vos résultats ?

1. Votre note de « besoin global de changement » peut aller de 0 à 21 points.

• *De 0 à 7*, votre besoin de changement est limité. Vous pouvez vous contenter de faire fructifier votre capital d'estime de soi.

• *De 8 à 15*, votre besoin global de changement est moyen. Vous avez certainement quelques efforts personnels à accomplir en matière d'estime de soi.

• *De 16 à 21*, il semble que vous ayez intérêt à entreprendre des efforts de changement. Parlez-en avec quelques personnes de confiance de votre entourage pour recueillir leur avis.

2. Votre note, pour chacun des « domaines de changement », peut aller de 0 à 7 points.

Plus la note est importante, plus c'est dans ce domaine qu'il faudra sans doute fournir prioritairement vos efforts.

Là encore, nous vous conseillons de systématiquement confronter les résultats obtenus à ce questionnaire à votre propre avis et à celui de personnes proches à qui vous en aurez parlé.

Postface

L'estime de soi, quelle histoire !

Lors de la parution de notre livre, en 1999, nous ne pensions pas qu'il allait intéresser autant de lecteurs et connaître un succès qui continue encore aujourd'hui.

Ainsi, nous avons reçu, et continuons de recevoir, une grande quantité de courrier de gens venus d'horizons divers : lecteurs heureux d'avoir trouvé des pistes de réflexion sur eux-mêmes, patients demandant des adresses de confrères pour une consultation, professionnels de tous les milieux, qui nous disent être confrontés à des questions d'estime de soi dans leur quotidien ; il s'agit de soignants, bien sûr (médecins, infirmières, éducateurs, etc.), mais aussi de travailleurs sociaux, de spécialistes du recrutement ou de l'insertion professionnelle, de gardiens de prisons, et d'autres encore. Des prêtres nous ont également écrit, rappelant combien enseigner « la charité à l'égard de soi-même » fait partie de leur œuvre de tous les jours.

Dans un autre registre, les différents titres de la presse écrite à propos du livre témoignèrent de la multiplicité des regards et des attentes autour de *L'Estime de soi*. Par exemple : « Je veux que tout le monde m'aime » (*Top Santé*), « Oser être soi, c'est oser être quoi ? » (*Nouvelles Clés*), « Dites : je suis une fille formidable » (*Elle*), « Mais si ! vous êtes une fille formidable » (*Biba*), « Aime-toi et la vie t'aimera » (*Madame Figaro*), « Complexes : même Sharon Stone n'aime pas ses fesses » (*Marie-France*), « Moi d'abord : les nouvelles clés de la confiance en soi » (*L'Express*)...

La variété des points de vue sur l'estime de soi nous a aussi été confirmée par les différents dessins qui ont servi à illustrer des couvertures des traductions de notre livre à l'étranger. Le petit lapin couronné et ravi de notre version française a ainsi été remplacé dans l'édition italienne par un roi barbu se regardant dans un miroir. La version brésilienne montre une femme s'embrassant elle-même tendrement l'épaule ; l'allemande, un monsieur avec chapeau et cartable, attendant sagement son tour pour traverser, mais à qui le feu tricolore tirait la langue ; la grecque, une jeune femme élégamment vêtue montée sur une balance. La plus énigmatique est la japonaise : elle représente un monsieur prenant son petit déjeuner en regardant les actualités à la télévision... Références à des codes plus ou moins faciles à comprendre dans une autre culture. Pour autant, l'existence même de toutes ces versions confirme l'universalité du thème de l'estime de soi.

La notion d'estime de soi, on peut la retrouver dans de nombreux textes depuis l'Antiquité à nos jours. Mais elle n'a pris toute son importance qu'à l'époque moderne, à partir du siècle des Lumières : c'est alors, en effet, qu'on a commencé à considérer que chaque individu a droit à une égale dignité, quelles que soient sa naissance ou sa position sociale. Parmi les premiers auteurs à avoir utilisé explicitement le terme, on trouve Jean-Jacques Rousseau, dans la huitième promenade des *Rêveries du promeneur solitaire* : « L'estime de soi-même est le plus grand mobile des âmes fières, l'amour-propre fertile en illusions se déguise et se fait prendre pour cette estime... » Pour Rousseau, l'amour de soi est fondamentalement une bonne chose, sauf lorsqu'il se dégrade en amour-propre, cet amour de soi obsédé par le regard et le jugement d'autrui qu'avait avant lui si bien décrit La Rochefoucauld.

Dans le champ de la psychologie, le premier à avoir utilisé et commenté ce terme a été, nous l'avons dit dans ce livre, l'Américain William James, qui a publié en 1890, dans le premier traité de psychologie moderne, *Principles of Psychology*, ses réflexions sur la *self esteem* : « L'estime de soi est de deux sortes : la satisfaction et le mécontentement de soi. » En Europe, parmi les pionniers de la psychanalyse, l'Autrichien Alfred Adler a le premier, dès 1903, théorisé la notion de « complexe d'infériorité ». Au lendemain de la Seconde Guerre mondiale, l'Américain Maslow a proposé une théorie d'ensemble, rendant compte des besoins de l'être humain. Pour lui, nous n'atteignons notre plein épanouissement psychique que si nous sommes satisfaits sur tous les plans : physiologie, sécurité, amour (appartenance), estime (reconnaissance) et accomplissement de soi. Enfin, à partir des années 1960, le thème de l'estime de soi est devenu ce qu'il est aujourd'hui : un des grands objets de réflexion, de recherches et de publications en psychologie.

Un récent travail a évalué à quinze mille le nombre d'articles sur l'estime de soi publiés dans des revues scientifiques ces trente dernières années. Ils ne sont pas tous d'accord entre eux, d'ailleurs. Certains contestent l'intérêt même du concept : l'estime de soi ne serait rien d'autre qu'un mélange incertain entre l'état de notre moral, notre sentiment d'efficacité personnelle, et l'estime que nous portent les autres [1]. D'autres soulignent le coût émotionnel de la recherche à tout prix de l'estime de soi, dans une société qui met la barre de plus en plus haut en matière de standards de performance : faire toujours mieux, être toujours mieux [2]. D'autres enfin rappellent que l'estime de soi ne doit pas être un but en soi, mais un outil de mieux-être [3].

Si notre livre a connu le succès, c'est sans doute aussi parce qu'il est arrivé au bon moment. Il est paru en effet après les années 1980 et 1990 où le culte de la performance, des « défis », des « challenges » et autres injonctions plus ou moins déguisées à être des « battants » et des « winners » commençait à avoir sérieusement pesé sur notre ego. Parler de ce qui composait l'estime de soi, et rappeler que ce sentiment devait d'abord dépendre de nous-mêmes, et pas seulement du fait d'atteindre des objectifs extérieurs et socialement valorisés : voilà qui a sans doute fait du bien aux lectrices et lecteurs. Mais il est probable que d'autres évolutions attendent l'idée même d'estime de soi...

Notes

Première partie
VOUS ESTIMEZ-VOUS ?
FAITES VOTRE PROPRE DIAGNOSTIC

CHAPITRE PREMIER : Les trois piliers de l'estime de soi

1. B. CYRULNIK, *Les Nourritures affectives*, Paris, Odile Jacob, 1993.
2. B. CYRULNIK, *Sous le signe du lien*, Paris, Hachette, 1989.
3. J. FANTE, « 1933 fut une mauvaise année », *in L'Orgie*, Paris, Christian Bourgois, 1987.

CHAPITRE II : Estime et mésestime de soi. Votre estime de soi est-elle haute ou basse ?

1. J. D. CAMPBELL, « Self-esteem and the clarity of the self-concept », *Journal of Personality and Social Psychology*, 1990, 58, p. 538-549.
2. J. D. CAMPBELL, B. FEHR, « To know oneself is to like oneself : self-certainty and self-affect », *Journal of Personality and Social Psychology*, 1990, 58, p. 122-133.
3. D. BOORSTIN, *Les Créateurs*, Paris, Seghers, 1994.
4. A. H. BAUMGARDNER, « Self-esteem and the clarity of the self-concept », *Journal of Personality and Social Psychology*, 1990, 58, p. 1062-1072.
5. R. HYMAN, « Cold reading : how to convince strangers that you know all about them », *in* K. FRAZIER (éd), *Paranormal Borderland of Science*, New York, Prometheus Books, 1981.

6. M. GAUQUELIN, cité par J. Sadoul dans *L'Énigme du Zodiaque*, Paris, J'ai lu, 1973.

7. T. F. HEATHERTON, J. POLIVY, « Chronic dieting and eating disorders : a spiral model », *in* J. H. CROWTHER *et al.* (éd.), *The Etiology of Bulimia*, Washington DC, Hemisphere, 1992.

8. G. I. METALSKY *et al.*, « Depressive reactions to failure in a naturalistic setting : a test of the hopelessness and self-esteem theories of depression », *Journal of Abnormal Psychology*, 1993, 102, p. 101-109.

9. American Psychiatric Association, *DSM IV. Manuel diagnostique et statistique des troubles mentaux*, 4e édition, traduction française par J.-D. Guelfi *et al.*, Paris, Masson, 1996.

10. R. B. GIESLER *et al.*, « Self-verification in clinical depression : the desire for negative evaluation », *Journal of Abnormal Psychology*, 1996, 105, p. 358-368.

11. S. J. SPENCER, R. A. JOSEPHS, C. M. STEELE, « Low self-esteem : the uphill struggle for the self-integrity », *in* R. F. BAUMEISTER (éd.), *Self-Esteem*, New York, Plenum Press, 1993.

12. J. S. SHRAUGER, « Response to evaluation as a function of initial self-perceptions », *Journal of Personality*, 1975, 43, p. 94-108.

13. J. S. SHRAUGER, S. E. ROSENBERG, « Self-esteem and the effects of success and failure feedback on performance » *Journal of Personality*, 1970, 38, p. 404-417.

14. B. BLAINE, J. CROCKER, « Self-esteem and self-serving biases in reactions to positive and negative events », *in* R. F. BAUMEISTER (éd.), *op. cit.*

15. R. A. JOSEPHS *et al.*, « Protecting the self from the negative consequence of risky decisions » *Journal of Personality and Social Psychology*, 1992, 62, p. 26-37.

16. T. H. HOLMES, R. H. RAHE, « The social readjustment rating scale », *Journal of Psychosomatic Research*, 1967, 11, p. 213-218.

17. C. ANDRÉ, F. LELORD, P. LÉGERON, *Le Stress*, Toulouse, Privat, 1998.

18. J. M. BURGER, « Need for control and self-esteem », *in* M. H. KERNIS (éd), *Efficacy, Agency and Self-Esteem*, New York, Plenum Press, 1995.

19. N. BRANDEN, *The Six Pillars of Self-Esteem*, New York, Bantam Books, 1994.

20. C. ANDRÉ, P. LÉGERON, *La Peur des autres, trac, timidité et phobie sociale*, Paris, Odile Jacob, coll. « Opus », 1998.

21. J. D. BROWN, « Motivational conflict and the self », *in* R. F. BAUMEISTER (éd.), *op. cit.*

CHAPITRE III : Votre estime de soi n'est pas haute ? Ne désespérez pas !

1. J. BROCKNER, « Low self-esteem and behavioral plasticity », *Review of Personality and Social Psychology*, 1983, 4, p. 237-271.

2. *La Règle de saint Benoît*, Éditions de l'abbaye de Solesmes, 1988.
3. R. F. Baumeister, D. M. Tice, D. G. Hutton, « Self-presentational motivations and personality differences in self-esteem », *Journal of Personality*, 1989, 57, p. 547-579.
4. E. Mayr, *Darwin et la pensée moderne de l'évolution*, Paris, Odile Jacob, 1993.
5. Juvénal des Ursins, cité par G. Duby *in Histoire de la France*, Paris, Larousse, 1971.
6. *L'Équipe*, 12 juillet 1998.
7. *Le Monde*, 20 mai 1998.
8. D. B. McFarlin, R. F. Baumeister, J. Blascovich, « On knowing when to quit : task failure, self-esteem, advice and non-productive persistence », *Journal of Personality*, 1984, 52, p. 138-155.
9. L. E. Sandelands, J. Brockner, M. A. Glynn, « If at first you don't succeed, try, try again : effects of persistence-performance contingencies, ego-involvement, and self-esteem on task persistence », *Journal of Applied Psychology*, 1988, 73, p. 208-216.
10. N. Laneyrie-Dagen, *Les Grandes Batailles*, Paris, Larousse, 1997.
11. B. W. Pelham, « On the highly positive thoughts of the highly depressed », *in* R. F. Baumeister (éd.), *Self-Esteem, op. cit.*

CHAPITRE IV : Stable ou instable ? Testez la solidité de votre estime de soi

1. M. H. Kernis, B. D. Grannemann, L. C. Barclay, « Stability and level of self-esteem as predictors of anger arousal and hostility », *Journal of Personality and Social Psychology*, 1989, 56, p. 1013-1023.
2. A. Rémond, « La leçon du pianiste », *Télérama*, 23 septembre 1998.
3. C. Lloyd *et al.*, « The relationship of parental style to depression and self-esteem in adulthood », *Journal of Nervous and Mental Disease*, 1997, 185, p. 655-663.
4. E. M. Cioran, *De l'inconvénient d'être né*, Paris, Gallimard, 1973 ; *Syllogismes de l'amertume*, Paris, Gallimard, 1952.

Deuxième partie
COMPRENDRE L'ESTIME DE SOI

CHAPITRE V : D'où vient l'estime de soi ? Que faire avec bébé ?

1. S. Harter, « Comprendre l'estime de soi de l'enfant et de l'adolescent », *in* M. Bolognini, Y. Prêteur (éd.), *Estime de soi : perspectives développementales*, Lausanne, Delachaux et Niestlé, 1998.

2. J. Fante, *Le Vin de la jeunesse*, Paris, Christian Bourgois, 1986.
3. Voir, par exemple, le film de Claire Simon, *Récréations* (1998).
4. D. Ruble, « The development of social comparison processes and their role in achievement-related self-socialization », *in* T. Higgins *et al.* (éd.), *Social Cognitive Development*, Cambridge (MA), Cambridge University Press, 1983.
5. H. Montagner, *L'Enfant et la Communication*, Paris, Stock, 1978.
6. S. Harter, « Causes and consequences of low self-esteem in children and adolescents », *in* R. F. Baumeister (éd.), *op. cit.*
7. W. W. Hartup, « Social relationships and their developmental significance », *American Psychologist*, 1989, 44, p. 120-126.
8. Baromètre santé jeunes du Comité français d'éducation pour la santé (1997-1998).
9. A. Braconnier, D. Marcelli, *L'Adolescence aux mille visages*, Paris, Odile Jacob, 1998.
10. S. Harter, D. Marold, N. R. Whitesell, « A model of psychological risk factors leading to suicidal ideation in young adolescents », *Development and Psychopathology*, 1992, 4, p. 167-188.
11. E. Kjelsberg, E. Neegaard, A. A. Dahl, « Suicide in adolescents inpatients : incidence and predictive factors », *Acta Psychiatrica Scandinavica*, 1994, 89, p. 235-241. Voir aussi P. M. Lewinsohn, P. Rohde, J. R. Seeley, « Psychosocial risk factors for future adolescents suicide attempts », *Journal of Consulting and Clinical Psychology*, 1994, 62, p. 297-305.
12. A. Braconnier et D. Marcelli, *op. cit.*
13. D. P. Phillips, L. L. Carstensen, D. J. Paight. « Effects of mass media news stories on suicide », *in* : D. R. Pfeffer (éd.), *Suicide among Youth : Perspectives on Risk and Prevention*, Washington DC, American Psychiatric Press, 1989.
14. T. Field *et al.*, « Adolescent's intimacy with parents and friends », *Adolescence*, 1995, 30, p. 133-140.
15. T. Falbo, D. E. Pollit, « Quantitative review of the only child literature : research evidence and theory development », *Psychological Bulletin*, 1986, 100, p. 176-189.
16. N. Miller, G. Naruyama, « Ordinal position and peer popularity », *Journal of Personality and Social Psychology*, 1976, 33, p. 123-131.
17. F. J. Sulloway, *Les Enfants rebelles*, Paris, Odile Jacob, 1999.
18. M. de Léonardis, O. Lescarret, « Estime de soi, pratiques éducatives familiales et investissement de la scolarité à l'adolescence », *in* M. Bolognini, Y. Prêteur (éd.), *op. cit.*
19. F. Bariaud, C. Bourcet, « L'estime de soi à l'adolescence », *in* M. Bolognini, Y. Prêteur (éd.), *op. cit.*
20. B. Pierrehumbert, K. Tamagni-Bernasconi, S. Geldof, « Estime de soi et alternatives pédagogiques », *in* M. Bolognini, Y. Prêteur (éd.), *op. cit.*
21. R. Meyer, « Image de soi et statut scolaire. Influence des détermi-

nants familiaux et scolaires chez les élèves de cours moyen », *Bulletin de Psychologie*, 1987, 40, p. 933-942.

22. B. PIERREHUMBERT *et al.*, « Image de soi et échec scolaire », *Bulletin de Psychologie*, 1988, 41, p. 333-345.

23. R. PERRON, *Les Représentations de soi*, Toulouse, Privat, 1991.

24. A. S. NEILL, *Libres Enfants de Summerhill*, Paris, Maspero, 1970.

25. J. KELLERHALS, C. MONTANDON, *Les Stratégies éducatives des familles*, Lausanne, Delachaux et Niestlé, 1991.

26. M. DE LÉONARDIS, O. LESCARRET, art. cit.

27. G. ACHACHE, « Sondage : enfants, parents, éducateurs devant l'avenir du travail », *in* B. MONTELH (dir.), *C'est quoi le travail ?*, Paris, Autrement, 1997.

CHAPITRE VI : Des adultes sous influence : amour, couple, travail et estime de soi

1. S. FREUD, « On narcissism », *Encyclopedia Britannica*, 54, London, 1952.

2. M. ESCANDE, *L'Hystérie aujourd'hui*, Paris, Masson, 1996.

3. C. APT, D. F. HURLBERT, « The sexual attitudes, behavior and intimate relationships of women with histrionic personality disorders », *Journal of Sex and Marital Therapy*, 1994, 20, p. 125-133.

4. A.-L. COUVELAIRE, « Comment s'offrir un fiancé virtuel ? », *Le Nouvel Observateur*, 1er octobre 1998.

5. S. KIESLER, R. BARAL, « The search for a romantic partner : the effects of self-esteem and physical attractiveness on romantic behavior », *in* K. G. GERGEN, D. MARLOWE (éd.), *Personality and Social Behavior*, Reading, Addison-Wesley, 1970.

6. E. WALSTER, « The effect of self-esteem on romantic linking », *Journal of Experimental Social Psychology*, 1965, 1, p. 184-197.

7. W. B. SWANN, « To be admired or to be known ? The interplay of self-enhancement and self-verification », *in* E. T. HIGGINS, R. M. SORRENTINO (éd.), *Handbook of Motivation and Cognition*, vol. 2, Foundation of Social Behavior, New York, Guilford Press, 1990.

8. W. B. SWANN, J. G. HIXON, C. DE LA RONDE, « Embracing the bitter truth : negative self-concept and marital commitment », *Psychological Science*, 1994, 3, p. 118-121.

9. A. BIERCE, *Le Dictionnaire du diable*, Paris, Rivages, 1989.

10. W. B. SWANN *et al.*, « The fleeting gleam of praise : behavioral reactions to self-relevant feed-back », *Journal of Personality and Social Psychology*, 1993, 12, p. 471-494

11. S. R. H. BEACH, A. TESSER, « The self and the extended self-evaluation maintenance model », *in* M. H. KERNIS, *op. cit.*

12. S. R. H. Beach, A. Tesser, « Decision making power and marital satisfaction », *Journal of Social and Clinical Psychology*, 1990, 59, p. 17-26.
13. P. Corentin, *Papa n'a pas le temps*, Paris, Rivages, 1986.
14. C. Patrice, « Einstein et la relativité amoureuse », *Le Monde*, 18 novembre 1996.
15. Sondage IFOP pour *L'Express*, 24 décembre 1998.
16. G. L. Oates, « Self-esteem enhancement through fertility ? », *American Sociological Review*, 1997, 62.
17. P. Baverel, « Pourquoi les jeunes mères sont de plus en plus écartées du marché du travail », *Le Monde*, 21 octobre 1998.
18. F. Chandernagor, *La Première Épouse*, Paris, Bernard de Fallois, 1998.
19. E. Albee, *Qui a peur de Virginia Woolf ?*, Paris, Laffont, 1964.
20. E. Moss, « Treating the love-sick patients », *Israël Journal of Psychiatry and Related Sciences*, 1995, 32, p. 167-173.
21. M. D. Robinson, « On the advantage of modesty : the benefits of a balanced self-presentation », *Communication Research*, 1995, 22.
22. D. Carnegie, *Comment se faire des amis*, Paris, Hachette, 1962.
23. J. Gormly, « A comparison of predictions from consistency and affect theories for arousal during interpersonal agreement », *Journal of Personality and Social Psychology*, 1974, 30, p. 658-663
24. W. Griffit, R. Veitch, « Preacquaintance attitude similarity and attraction revisited : ten days in a fallout shelter », *Sociometry*, 1974, 37, p. 163-173.
25. L. Simard, « Cross-cultural interaction : potential invisible barriers », *Journal of Social Psychology*, 1981, 113, p. 171-192.
26. J. Crocker, B. Major, « Social stigma and self-esteem : the self-protective properties of stigma », *Psychological Review*, 1989, 96, p. 608-630.
27. R. E. Harlow, N. Cantor, « The social pursuit of academics : side-effects and spillover of strategic reassurance seeking », *Journal of Personality and Social Psychology*, 1994, 66, p. 386-397.
28. *Ibid.*
29. J. Conrad, *Au cœur des ténèbres*, Paris, Flammarion, 1989.
30. V. de Gaulejac, N. Auber, *Le Coût de l'excellence*, Paris, Seuil, 1991.
31. M.-F. Hirigoyen, *Le Harcèlement moral*, Paris, Syros, 1998.
32. S. Adams, *Les Misères de la vie de bureau*, Paris, Albin Michel, 1997.
33. P. Bourdieu (dir.), *La Misère du monde*, Paris, Seuil, 1993.
34. M.-P. Cazals, N. Cascino, « L'estime de soi comme indicateur de la variabilité des réactions psychologiques à la privation d'emploi », *in* M. Bolognini, Y. Prêteur (éd.), *op. cit.*
35. P. Valéry, *Mauvaises Pensées et autres*, Paris, Gallimard, coll. « La Pléiade », 1971.
36. California Task Force to Promote Self-Esteem and Personal and Social Responsibility, *Toward a State of Self-Esteem*, Sacramento, California State Department of Education, 1990.

37. K. WINEGAR, « Self-esteem is healthy for society », *Minnesota Star Tribune*, 27 novembre 1990 (cité par R. F. BAUMEISTER, *op. cit.*).
38. Réf. J. Bricard, *Dictionnaire de la mort des grands hommes*, Paris, Le Cherche Midi, 1995.
39. Cité par M. FOUCAULT dans *Le Souci de soi*, Paris, Gallimard, 1984.

CHAPITRE VII : Êtes-vous prisonnier des apparences ?

1. A. LAMIA, « L'estime de soi chez les enfants français de 6 à 10 ans. Différences d'appréciation selon le sexe et l'âge », *in* M. BOLOGNINI, Y. PRÊTEUR (éd.), *op. cit.*
2. M. LORANGER, « Les garçons et les filles en situation d'apprentissage », *in* P. DRUNING, R. E. TREMBLAY, *Relations entre enfants : recherches et interventions éducatives*, Paris, Fleurus, 1988.
3. C. ANDRÉ, P. LÉGERON, *La Peur des autres, op. cit.*
4. G. MÉDIONI, « Le miroir des hommes fragiles », *L'Express*, 19 novembre 1998.
5. J.-M. BORIS, « Ce qu'il faut savoir sur les effets pervers des diètes chez les adolescentes », *Quotidien du médecin*, 1998, n° 6362, p. 20-22.
6. J. BLOCK, R. W. ROBINS, « A longitudinal study of consistency and change in self-esteem from early adolescence to early adulthood », *Child Development*, 1993, 64, p. 909-923.
7. S. HARTER, art. cit.
8. A. E. FALLON, P. ROZIN, « Sex differences in perceptions of desirable body shape », *Journal of Abnormal Psychology*, 1985, 94, p. 102-105.
9. K. TAKAOKA, « Psychiatric comorbidity in eating disorders : psychopathological considerations », *Psychiatry and Clinical Neurosciences*, 1995, 49, p. 25-34.
10. T. F. HEATHERTON, C. P. HERMAN, J. POLIVY, « Effects on physical threats and ego threats on eating behavior », *Journal of Personality and Social Psychology*, 1991, 60, p. 138-143.
11. T. F. HEATHERTON, R. F. BAUMEISTER, « Binge eating as escape from self-awareness », *Psychological Bulletin*, 1991, 110, p. 86-108.
12. H. FIELDING, *Le Journal de Bridget Jones*, Paris, Albin Michel, 1998.
13. W. J. ICKES, R. A. WICKLUND, C. B. FERRIS, « Objective self-awareness and self-esteem », *Journal of Experimental Social Psychology*, 1973, 9, p. 202-219.
14. K. J. GERGEN, M. M. GERGEN, *Psychologie sociale*, Montréal, Études Vivantes, 1984.
15. P. BRUNEL, *Dictionnaire des mythes littéraires*, Paris, Éditions du Rocher, 1988.
16. J. LAPLANCHE, J.-B. PONTALIS, *Vocabulaire de la psychanalyse*, Paris, PUF, 1967.

17. M. SHELLEY, *Frankenstein, ou le Prométhée moderne*, Verviers, Marabout, 1964.

18. S. LOUTATY, I. DELALEU, « La taille du sexe a-t-elle une importance ? », *M Magazine*, décembre 1998.

19. H. F. ELLENBERGER, « Psychiatrie transculturelle », *in* R. DUGUAY, H. F. ELLENBERGER (éd.), *Précis pratique de psychiatrie*, Paris, Maloine, 1984.

20. R. KEYES, *The Height of Your Life*, Boston, Little, Brown and Company, 1980.

21. J.-P. SARTRE, *Les Mots*, Paris, Gallimard, 1964.

22. O. WILDE, *Une maison de grenades*, Paris, Gallimard, coll. « La Pléiade », 1996.

23. K. K. DION, « Young children's stereotyping of facial attractiveness », *Developmental Psychology*, 1973, 9, p. 183-188.

24. J. RENARD, *Poil de carotte*, Paris, Flammarion, 1965.

25. K. K. DION, E. BERSCHEID, « Physical attractiveness and peer perception among children », *Sociometry*, 1974, 37, p. 1-12.

26. T. UNGERER, *Le Géant de Zéralda*, Paris, L'École des Loisirs, 1971.

27. D. LANDY, H. SIGALL, « Beauty is talent : task evaluation as a function of the performer's physical attractiveness », *Journal of Personality and Social Psychology*, 1974, 29, p. 299-304.

28. D. S. HAMERMESH, J. E. BIDLE, « Beauty and the labor market », *The American Economic Review*, 1994, 84.

29. M. DERMER, D. J. THIEL, « When beauty may fail », *Journal of Personality and Social Psychology*, 1975, 31, p. 1168-1176.

30. H. SIGALL, N. OSTROVE, « Beautiful but dangerous : effects of offenders attractiveness and nature of the crime on juridic judgment », *Journal of Personality and Social Psychology*, 1975, 31, p. 410-414.

31. D. KREBS, A. ADINOLFI, « Physical attractiveness, social relations and personality style », *Journal of Personality and Social Psychology*, 1975, 31, p. 245-253.

32. H. T. REIS, J. NEZLEK, L. WHEELER, « Physical attractiveness in social interaction », *Journal of Personality and Social Psychology*, 1980, 38, p. 604-617.

33. K. K. DION, S. STEIN, « Physical attractiveness and interpersonal influence », *Journal of Experimental Social Psychology*, 1978, 14, p. 97-108.

34. K. J. GERGEN, M. M. GERGEN, *op. cit.*

35. N. DUPUIS, S. JORIF, « L'épreuve de la cabine d'essayage », *Elle*, 1998.

36. « Le miroir », émission Zinzin, France Inter, 12 janvier 1999.

37. D. PAQUET, *Une histoire de la beauté*, Paris, Gallimard, 1997.

38. S. MELCHIOR-BONNET, *Histoire du miroir*, Paris, Hachette, 1994.

39. M.-F. HANQUEZ-MAINCENT, *Barbie, poupée-totem*, Paris, Autrement, 1998. Les références du paragraphe sur Barbie sont issues de cet ouvrage.

40. « Votre corps, l'estime de vous-même », catalogue français 1998 de la marque The Body Shop.

CHAPITRE VIII : Théories

1. W. JAMES, « Prétentions et réussites », *in* M. BOLOGNINI, Y. PRÊTEUR (éd.), *op. cit.*
2. J. BROCKNE, A. J. B. HULTON, « How to reverse the vicious cycle of low self-esteem », *Journal of Experimental Social Psychology*, 1981, 14, p. 564-578.
3. D. M. TICE, « The social motivations of people with low self-esteem », *in* R. F. BAUMEISTER, *op. cit.*
4. C. H. COOLEY, *Human Nature and the Social Order*, New York, Scribner and Sons, 1902.
5. M. R. LEARY, D. L. DOWNS, « Interpersonal functions of the self-esteem motive », *in* M. H. KERNIS (éd.), *op. cit.*
6. K. J. GERGEN, « The effects of interaction goals and personalistic feedback on presentation of self », *Journal of Personality and Social Psychology*, 1965, 1, p. 413-425.
7. M. R. LEARY, D. L. DOWNS, *art. cit.*
8. S. TERDA, M. R. LEARY, « Self-esteem and perceived social exclusion », communication au congrès de la Southeastern Psychological Association, Atlanta, 1990.
9. S. E. ASCH, « Opinions and social pressure », *Scientific American*, 1955, 193, p. 31-35.
10. D. G. MYERS, *Psychologie*, Paris, Flammarion, 1998.
11. J. GREENBERG *et al.*, « Terror management and tolerance : does mortality salience always intensify negative reactions to others who threaten one's worldview ? », *Journal of Personality and Social Psychology*, 1992, 63, p. 212-220.
12. S. J. MORSE, K. J. GERGEN, « Social comparison, self-consistency and the concept of self », *Journal of Personality and Social Psychology*, 1970, 16, p. 149-156.
13. A. BANDURA, *L'Apprentissage social*, Bruxelles, Mardaga, 1980.
14. J. LAPLANCHE, J. B. PONTALIS, *op. cit.*

Troisième partie

FAIRE FACE
COMMENT ENTRETENIR ET RÉPARER SON ESTIME DE SOI

CHAPITRE IX : Les maladies de l'estime de soi

1. A. R. WILSON, R. V. KRANE, « Change in self-esteem and its effects on symptoms of depression », *Cognitive Therapy and Research*, 1980, 4, p. 419-421.

2. W. Styron, *Face aux ténèbres*, Paris, Gallimard, 1990.
3. D. B. Kandel, M. Davies, « Epidemiology of depressive mood in adolescents », *Archives of General Psychiatry*, 1982, 39, p. 1205-1212.
4. D. J. Terry *et al.*, « Depressive symptomatology in new mothers : a stress and coping perspective », *Journal of Abnormal Psychology*, 1996, 105, p. 220-231.
5. L. A. Hall *et al.*, « Self-esteem as mediator of the effects of stressors and social resources on depressive symptoms in postpartum mothers », *Nursing Research*, 1996, 45, p. 231-238.
6. Par exemple, S. H. Goodman *et al.* ont montré que les enfants de mères non déprimées ont une meilleure estime d'eux-mêmes que les enfants de mères déprimées. « Mother's expressed attitudes : associations with maternal depression and children's self-esteem and psychopathology », *Journal of the American Academy of Child and Adolescent Psychiatry*, 1994, 33, p. 1265-1274.
7. U. Palosaari, P. Laippala, « Parental divorce and depression in young adulthood : adolescents closeness to parents and self-esteem as mediating factor », *Acta Psychiatrica Scandinavica*, 1966, 93, p. 20-26.
8. D. J. Needles, L. Y. Abramson, « Positive life-events, attributional style and hopelessness : testing a model for recovery of depression », *Journal of Abnormal Psychology*, 1990, 99, p. 156-165.
9. D. Pardoen *et al.*, « Self-esteem in recovered bipolar and unipolar outpatients », *British Journal of Psychiatry*, 1993, 163, p. 755-762.
10. A. T. Beck, *Cognitive Therapy and the Emotional Disorders*, New York, International Universities Press, 1976. Voir aussi M. Bouvard, E. Mollard, « Version française de l'échelle de sociotropie-autonomie de Beck », *Journal de thérapie comportementale et cognitive*, 1991, 1, p. 25-29.
11. J.-P. Olié, M.-F. Poirier, H. Lôo, *Les Maladies dépressives*, Paris, Flammarion, 1995.
12. G. A. Fava *et al.*, « Prevention of recurrent depression with cognitive behavioral therapy », *Archives of General Psychiatry*, 1998, 55, p. 816-820.
13. C. Mirabel-Sarron *et al.*, « Estime de soi et dépression », communication aux 25es Journées scientifiques de l'Association française de thérapie comportementale et cognitive, Paris, 1997.
14. M.-C. Hardy-Baylé, P. Hardy, *Maniaco-dépressif*, Paris, Odile Jacob, 1996.
15. K. R. Jamison, *De l'exaltation à la dépression*, Paris, Laffont, 1997.
16. A. Frances, R. Ross, *DSM-IV. Cas cliniques*, Paris, Masson, 1997.
17. N. B. Schmidt, P. Harrington, « Cognitive-behavioral treatment of body-dysmorphic disorder : a case report », *Journal of Behavior Therapy and Experimental Psychiatry*, 1995, 26, p. 161-167.
18. A. de Saint-Exupéry, *Le Petit Prince*, Paris, Gallimard, 1946.
19. J. G. Hull, C.F. Bond, « Social and behavioral consequences of alco-

holism consumption and expectancy », *Psychological Bulletin*, 1986, 99, p. 347-360.

20. R. J. LIFTON, *The Nazis Doctors*, New York, Basic Books, 1986.

21. M. D. NEWCOMB, L. L. HARLOW, « Life events and substance use among adolescents : mediating effects of perceived loss of control and meaninglessness in life », *Journal of Personality and Social Psychology*, 1986, 51, p. 564-577.

22. C. M. STEELE, R.A. JOSEPHS, « Alcohol myopia : its prized and dangerous effects », *American Psychologist*, 1990, 45, p. 921-933.

23. D. G. MYERS, *Traité de psychologie*, Flammarion médecine, 1998, *art. cit.*

24. D. A. PRENTICE, D.T. MILLER, « Pluralistic ignorance and alcohol use on campus : some consequences of misperceiving the social norm », *Journal of Personality and Social Psychology*, 1993, 64, p. 243-256.

25. N. S. MILLER, *Addiction Psychiatry*, New York, John Wiley, 1995.

26. J. ADÈS, M. LEJOYEUX, *Alcoolisme et psychiatrie*, Paris, Masson, 1997.

27. R. VRASTI *et al.*, « Interpersonal dependency, self-esteem and depression in primary alcoholism », *Acta Psychiatrica Scandinavica*, 1988, 78, p. 448-450.

28. S. M. SAWRIE *et al.*, « Internal structure of the MMPI-2 Addiction Potential Scale in alcoholic and psychiatric inpatients », *Journal of Personality Assessment*, 1996, 66, p. 177-193.

29. D. G. MYERS, *art. cit.*

30. L. BENICHOU, C. ORCEL, *Groupes d'entraide et de soutien chez les alcooliques et les usagers d'autres drogues*, rapport du Congrès de psychiatrie et de neurologie de langue française, Paris, Masson, 1973.

31. S. C. BUNCE, R.J. LARSEN, C. PETERSON, « Life after trauma : personality daily life experiences of traumatized people », *Journal of Personality*, 1995, 63, p. 165-188.

32. C. ANDRÉ *et al.*, « Étude contrôlée sur l'efficacité d'une prise en charge précoce de 132 conducteurs de bus victimes d'agression », *L'Encéphale*, 1997, 23, p. 65-71.

33. J. MCCAULEY *et al.*, « The "battering syndrome" », *Annals of Internal Medicine*, 1995, 123, p. 737-746.

34. J.-M. ABGRALL, *Les Charlatans de la santé*, Paris, Payot, 1998.

35. J. DARCONDO, *La Pieuvre scientologique*, Paris, Fayard, 1998.

36. S. FORWARD, *Toxic Parents*, New York, Bantam Books, 1989.

37. J. M. BURGER, « Need for control and self-esteem », *in* M. H. KERNIS, *op. cit.*

38. S. FORWARD, *op. cit.*

39. S. A. JUMPER, « A meta-analysis of the relationship of child sexual abuse to adult psychological adjustment », *Child Abuse and Neglect*, 1995, 19, p. 715-728.

40. A. W. WAGNER, M. M. LINEHAN, « Relationship between childhood

sexual abuse and topography of parasucide among women with borderline personality disorder », *Journal of Personality Disorder*, 1994, 8, p. 1-9.
41. C. André, « Anxieux mais groupés », *Journal de thérapie comportementale et cognitive*, 1998, 8, p. 41-42.

CHAPITRE X : Petits arrangements avec l'estime de soi : comment la protéger à court terme

1. M. Marie-Cardine, O. Chambon, *Les Bases de la psychothérapie*, Paris, Dunod, 1999.
2. D. T. Miller, M. Ross, « Self-serving biases in attribution of causality : fact or fiction ? », *Psychological Bulletin*, 1975, 82, p. 213-225.
3. H. Tennen, G. Affleck, « The puzzles of self-esteem : a clinical perspective », *in* R. F. Baumeister (éd.), *op. cit.*
4. D. Martinot, *Le Soi : approches psychosociales*, Grenoble, Presses universitaires de Grenoble, 1995.
5. *Ibid.*
6. H. R. Markus, S. Kitiyama, « Culture and the self : implications for cognition, emotion and motivation », *Psychological Review*, 1991, 98, p. 224-253.
7. E. Jones, cité par S. Ionescu *et al.*, *Les Mécanismes de défense*, Paris, Nathan, 1997.
8. B. B. Blaine, J. K. Crocker, « Self-esteem and self-serving biases in reactions to positive and negative events », *in* R. F. Baumeister, *op. cit.*
9. J. S. Shrauger, A. K. Lund, « Self-evaluation and reactions to evaluations from others », *Journal of Personality*, 1975, 43, p. 94-108.
10. R. Laforgue, *Psychopathologie de l'échec*, Paris, Trédaniel, 1993.
11. D. M. Tice, « Esteem protection or enhancement ? Self-handicaping motives and attributions differ by trait self-esteem », *Journal of Personality and Social Psychology*, 1991, 60, p. 711-725.
12. S. Grassin, « Ava Gardner : la femme qui aimait les hommes », *L'Express*, 6 août 1998.
13. J. M. Burger, « *Desire for control : personality, social and clinical perspectives* », New York, Plenum Press, 1992.
14. B. W. Pelham, « On the highly positive thoughts of the highly depressed », *in* R. F. Baumeister, *op. cit.*
15. A. Schopenhauer, *L'Art d'avoir toujours raison*, Strasbourg, Circé, 1990.

CHAPITRE XI : Je m'aime, donc je suis. Comment développer son estime de soi ?

1. B. Andrews, G. W. Brown, « Stability and change in low self-esteem : the role of psychosocial factors », *Psychological Medicine*, 1995, 25, p. 23-31.

2. M. Marie-Cardine, O. Chambon, *op. cit.*

3. V. de Gaulejac, *Les Sources de la honte*, Paris, Desclée de Brouwer, 1996.

4. C. André, P. Légeron, *La Peur des autres, op. cit.*

5. R. A. Marotolli *et al.*, « Driving cessation and increased depressive symptoms », *Journal of American Geriatric Society*, 1997, 45, p. 202-206.

6. M. Weiser *et al.*, « Psychotherapeutic aspects of the martial art », *American Journal of Psychotherapy*, 1995, 49, p. 118-127.

7. M. Marie-Cardine, O. Chambon, *op. cit.*

8. J.-M. Bourget, « On a perdu la trace d'Éric Escoffier », *Paris Match*, 20 août 1998.

9. A. E. Alberti, M. L. Emmons, *S'affirmer*, Montréal, Le Jour, 1992.

10. N. Branden, *op. cit.*

11. V. C. Raimy, *Training in Clinical Psychology*, New York, Prentice-Hall, 1950.

12. P. Kramer, *Prozac : le bonheur sur ordonnance ?*, Paris, First, 1994.

13. M. McKay, P. Fannig, *Self-Esteem : a Proven Program of Cognitive Techniques for Assessing, Improving and Maintaining Your Self-Esteem*, Oakland, New Harbinger, 1992. Voir aussi G. Lindenfeld, *Self-Esteem : Developing Self-Worth, Healing Emotional Wounds*, London, Thorsons, 1995.

14. S. Coker *et al.*, « Patients with bulimia nervosa who fail to engage in cognitive behavior therapy », *International Journal of Eating Disorders*, 1993, 13, p. 35-40.

15. D. J. Lyn, G. E. Vaillant, « Anonymity, neutrality and confidentiality in the actual methods of Sigmund Freud : a review of 43 cases, 1907-1939 », *American Journal of Psychiatry*, 1998, 155, p. 163-171.

16. J. Norcross, M. Goldfried, *Psychothérapie intégrative*, Paris, Desclée de Brouwer, 1998.

ANNEXE 1 : Résultats du questionnaire

1. M. Rosenberg, *Conceiving the Self*, New York, Basic Books, 1979.

POSTFACE

1. Judge T.A. *et coll.*, « Are measures of self-esteem, neuroticism, locus of control, and generalized self-efficacy indicators of a common core construct ? », *Journal of Personality and Social Psychology*, 2002, 83, p. 693-710.

2. Crocker J., Park L.E., « The costly pursuit of self-esteem », *Psychological Bulletin*, 2004, 130, p. 392-414.

3. Hewwit J.P., « The social construction of self-esteem » *in* Snyder C.R. et Lopez S.J., *Handbook of positive psychology*, Oxford, Oxford University Press, 2000, p. 135-147.

Remerciements

Nous remercions tous nos patients, à qui ce livre est dédié, pour leur confiance.

Nos proches ont également nourri de leurs remarques et leurs témoignages les nombreuses observations portant sur l'estime de soi et la vie quotidienne. Qu'ils en soient ici remerciés.

Beaucoup de nos confrères et amis nous ont aidés par leurs conseils et leurs avis pertinents, en particulier le professeur Jacques Van Rillaer. Nous remercions aussi le professeur Henri Lôo et le professeur Jean-Pierre Olié pour leur soutien constant et amical à notre travail.

Toute notre gratitude également à Christophe Guias pour ses pertinentes remarques éditoriales et à Odile Jacob, dont l'intérêt pour ce livre a été pour nous très stimulant.

Enfin, nous remercions Pauline, Faustine, Louise et Céleste qui savent tout ce qu'elles ont apporté à cet ouvrage.

Table

Deuxième partie :

COMPRENDRE LES MÉCANISMES DE L'ESTIME DE SOI

Cet ouvrage a été transcodé et mis en pages
chez Nord Compo (Villeneuve d'Ascq)

Achevé d'imprimer en mars 2021
sur les presses de La Nouvelle Imprimerie Laballery (58)
La Nouvelle Imprimerie Laballery est titulaire de la marque Imprim'Vert®

N° d'impression : 103034
N° d'édition : 7381-5629-X
Dépôt légal : avril 2021

Imprimé en France